MÁXIMO

RENDIMIENTO

Título original: PEAK PERFORMANCE
Traducido del inglés por Vicente Merlo Lillo
Diseño de portada: Editorial Sirio, S.A.
Maquetaciñon y diseño de interior: Toñi F. Castellón

www.editorialsirio.com
sirio@editorialsirio.com

I.S.B.N.: 978-84-17030-99-5
Depósito Legal: MA-474-2018

Impreso en Imagraf Impresores, S. A.
c/ Nabucco, 14 D - Pol. Alameda
29006 - Málaga

Impreso en España

Puedes seguirnos en Facebook, Twitter, YouTube e Instagram.

BRAD STULBERG | STEVE MAGNESS

MÁXIMO RENDIMIENTO

SUBE DE NIVEL, EVITA EL AGOTAMIENTO, Y PROSPERA CON LA NUEVA CIENCIA DEL ÉXITO

EDITORIAL SIRIO

Para Caitlin, Mamá, Papá, Lois y Eric

Para Mamá, Papá, Emily y Phillip

Y para todos los investigadores, deportistas, artistas y profesionales
cuyo brillante trabajo
constituye el fundamento de este libro.
Gracias por darnos las piezas para construirlo.

ÍNDICE

PRÓLOGO

¿Es posible un rendimiento máximo, sano y sostenible?

En el verano del 2003, un precoz joven de dieciocho años se sentaba nerviosamente en un campo de césped flanqueado por ocho calles de una pista de precalentamiento, esperando la última llamada para situarse en la línea de salida. No se trataba de la competición universitaria de atletismo, ni siquiera de un campeonato nacional. Se trataba del Prefontaine Classic, la joya de la corona del atletismo. Unos días antes, el mismo joven de dieciocho años estaba sentado en su clase de Física pensando en la chica que le gustaba, Amanda. Ahora estaba sentado entre los mejores corredores del mundo, preguntándose si daría la talla en el acontecimiento más importante del deporte: la carrera de una milla.*

Mientras observaba a estrellas como el medallista olímpico Bernard Lagat ejecutar sus intrincados rituales previos a la carrera, él intentaba distraerse jugando con la Game Boy; destacaba como algo insólito. Pocos minutos después, cuando los

* Una milla equivale a 1.609 metros.

atletas fueron convocados en la línea de salida, se vio obligado a abandonar la comodidad del videojuego de *Super Mario Bros*. En un inútil intento de permanecer calmado mientras entraba en el abarrotado Hayward Field, situado en el campus de la Universidad de Oregón –la meca del atletismo, si es que hay una–, iba repitiendo el mantra: «No mires hacia arriba, no mires hacia arriba». Allí estaban las cámaras: la NBC estaba retransmitiendo, en vivo, la competición en todo el país. Antes de que pudiera procesar que estaba situado junto a Kevin Sullivan, que había quedado quinto en las olimpiadas anteriores, de pronto su nombre fue pronunciado potentemente por el altavoz. Cualquier ilusión de calma se hizo añicos. Una ola de ansiedad recorrió su cuerpo. La escasa comida que había en su estómago se le subió al pecho. «Mierda. Allá vamos –pensó cuando el encargado de dar el pistoletazo de salida levantó la pistola–. Al menos no vomites».

Cuatro minutos y un segundo más tarde, todo había terminado. En ese breve tiempo, se había convertido en el sexto corredor universitario más rápido en la historia de los Estados Unidos, el universitario en aquel entonces más rápido del país en una milla y el quinto estudiante más rápido del mundo. Había ido pisándole los talones a la estrella universitaria Alan Webb, que tenía en su haber un tiempo de 3:53 en la milla y que finalmente establecería el récord de América en 3:46. Terminó a la distancia de un brazo del olímpico Michael Stember y pasó al entonces campeón estadounidense de la milla, Seneca Lassiter, quien se retiró de la carrera inmediatamente después de ver cómo el joven universitario lo dejaba mordiendo el polvo en la última vuelta. En otras palabras, se había convertido oficialmente en un adolescente prodigio. Aun así, la decepción que le produjo terminar justo por debajo de los mágicos cuatro minutos la milla era evidente. Cuando se anunciaron los resultados oficiales, el programa de la NBC mostró un chico enjuto, agotado, que se cubría la cara con las manos. No obstante, cuando pasó aquella emoción inicial, no pudo evitar deleitarse con cierta satisfacción. Pensó: «Tengo dieciocho años y estoy corriendo en los encuentros profesionales más importantes del país; superar los cuatro minutos será pronto una menudencia».

Los comentaristas de color de la NBC hablaban de la actuación del joven universitario. «Es digno de mención un joven que puede mantener esa disciplina», insistían. ¡Si supieran!

Lograr ese nivel de rendimiento exigía más que simplemente talento y trabajo duro. Cuando les preguntaban a quienes lo conocían, una única palabra se repetía una y otra vez: *obsesivo*. Era la única palabra que encajaba. Los amigos y la familia la repetían con tanta frecuencia que fácilmente podría haberse descartado como un tópico manido. Excepto porque no lo era. Sus días eran una monótona persecución de la excelencia. Levantarse a las seis de la mañana, salir de casa para correr unos catorce kilómetros, ir a clases, levantar pesas y luego correr otros catorce kilómetros a las seis de la tarde. Para evitar lesiones y enfermedades, llevaba una dieta rígida y se iba a la cama, religiosamente, horas antes que sus compañeros. Su vida era un ejercicio de fuerza de voluntad y autocontrol. Siempre insistía en aferrarse a su plan de entrenamiento, incluso si eso implicaba correr ciento cincuenta kilómetros durante las vacaciones en un crucero durante una semana –dando vueltas a la pista de ciento sesenta metros que hay en cubierta, hasta que no la fatiga, sino el mareo, hacía que parase–. Corría en medio de tormentas tropicales, durante calores veraniegos en los que no se recomendaba hacerlo y en las urgencias familiares. No había desastre natural o humano que pudiera impedir que saliese a correr. Un ejemplo más de su obsesión se manifestaba en su vida amorosa, o en la falta de ella. Bien merecidas eran las disculpas a la desafortunada novia con la que terminó simplemente porque sus tiempos al correr se habían ido a pique, aunque ella, por supuesto, no tuviera nada que ver. Su obsesión se evidenciaba cada fin de semana cuando elegía irse a dormir a las diez de la noche, en lugar de asistir a fiestas y aprovechar oportunidades para conocer chicas. En otras palabras, estaba muy lejos del estudiante medio, pero, desde luego, los estudiantes medios no corren una milla en cuatro minutos. Tenía la furia necesaria para dominar la situación: la determinación implacable, infinita de hacer lo que pudiera para lograr sus objetivos. Y estaba dando sus frutos.

Era uno de los jóvenes de dieciocho años más rápidos en todo el planeta, y uno de los corredores universitarios más veloces en la historia del deporte. Recibió cartas para que se uniera a casi todas las universidades del país, desde potencias atléticas como Oregón hasta bastiones de las proezas académicas como Harvard. Sus sueños estaban llenos de aros olímpicos, medallas y pensamientos de conquistar el mundo. Y todos eran realistas.

Unos cuantos años más tarde, en Washington DC, un joven se preparaba para su primer día en un nuevo trabajo. Salió corriendo por la puerta después de su habitual higiene matinal –cepillarse los dientes, afeitarse y vestirse–, un hábito rutinario que concentraba en doce minutos. Su rutina matinal no siempre había sido semejante esprint. Pero tras dos años trabajando en la elitista consultora McKinsey & Company, había aplicado a su propia vida la asombrosa eficiencia que él mismo había ayudado a alcanzar algunas de las empresas que aparecen en Fortune 500. Nada de pérdida de tiempo. Nada de descansos. Todo simplificado. El único inconveniente de sus hipereficientes mañanas era que lo hacían sudar, algo que aumentaba por su traje apretado y la espesa humedad del verano en Washington DC.

Un único pensamiento dominaba los diez primeros minutos de su paseo al trabajo: dejar de sudar. No estaba acostumbrado al traje, que era un paso más en el código del vestir exigido por el nuevo trabajo. Había tenido que cambiar sus hábitos matutinos: o dedicarle más tiempo a su aseo o reducir la temperatura del agua en la ducha. Quizás ambas cosas. Él era muy bueno en este tipo de pensamiento analítico. En los meses anteriores, había creado un modelo que predecía el impacto económico de la reforma sanitaria en los Estados Unidos, una legislación de gran alcance, y conflictiva, que conmocionaría a múltiples industrias. Su modelo se había extendido a lo largo y ancho del país, y los expertos, la mayoría de los cuales le doblaban la edad, estuvieron de acuerdo en que era excelente. No cabe duda de que eso lo ayudó a aterrizar en su nuevo trabajo.

No obstante, cuando giró hacia la avenida de Pensilvania, sus pensamientos se alejaron de la preocupación respecto a qué variable de sus hábitos matutinos cambiaría en primer lugar. «¡La madre que te trajo, esto es brutal!», pensó al llegar al número 1600, la Casa Blanca. Allí trabajaría para el prestigioso Consejo Económico Nacional, ayudando a aconsejar al presidente de los Estados Unidos sobre cuestiones sanitarias.

Como en la mayoría de los triunfadores excepcionales, el viaje de este joven profesional a la Casa Blanca se basaba en una combinación de un buen ADN y mucho trabajo duro. Obtuvo una puntuación elevada en un test de inteligencia en la primera infancia, pero no algo desmesurado. Su inteligencia verbal era excepcional, pero su capacidad matemática y sus habilidades espaciales eran bastante ordinarias. Se dejó la piel trabajando en la escuela; generalmente prefería sumergirse en sus libros de filosofía, economía y psicología en lugar de dedicarse a beber y a ir de fiesta en fiesta. Aunque era bastante bueno jugando al fútbol en pequeñas escuelas universitarias, en lugar de eso eligió asistir a la Universidad de Míchigan y centrarse de manera exclusiva en cuestiones académicas. Su éxito académico atrajo a la prestigiosa consultora McKinsey & Company. Allí se ganó rápidamente una buena reputación por su excelente trabajo. En cualquier momento que le quedase al final de sus más de setenta horas de trabajo semanales, practicaba su habilidad de comunicación y leía el *Wall Street Journal*, la *Harvard Business Review* y multitud de libros de economía. Sus amigos bromeaban a menudo diciendo que era «antidiversión».

No hay duda de que trabajaba demasiado, pero también lo disfrutaba. Su excelente trabajo en McKinsey lo llevó a una trayectoria ascendente, y se le propuso participar en proyectos cada vez más importantes. No tardó mucho en convertirse en consejero de los directores generales de empresas multimillonarias. Fue entonces cuando, en el invierno de 2010, le pidieron que elaborara el modelo antes mencionado que predeciría los efectos de la reforma sanitaria de los Estados Unidos, una tarea hercúlea. Imagina tener que hacer frente a cincuenta variables, todas ellas interactuando entre sí y sin que ninguna sea segura, y que luego se te pida: «Dinos qué va a ocurrir, y hazlo en esta hoja de cálculo». Se dedicó a ello a fondo y se esforzó más que nunca. Si no perdía el sueño porque estaba trabajando, lo perdía porque estaba ansioso por no estar trabajando. Tenía frío constantemente en las manos y en los pies. Los médicos le dijeron que era estrés, aunque no podían estar seguros; sus consultas se realizaban todas por vía telefónica –no había manera de que tuviera tiempo para citas presenciales durante las horas normales–. Pero logró terminar el trabajo, y el modelo funcionó. Era eficiente y elegante. Las compañías de seguros y los hospitales de todo el país lo utilizaron. De hecho, trabajó tan bien que la Casa Blanca lo llamó y le preguntó si podía ayudarlos a implementar la ley. Se trataría de realizar unos cuantos informes para el presidente. Sus amigos, que antes bromeaban con la idea de que era «antidiversión», ahora bromeaban diciendo que un día podría gobernar el país. En el acelerado mundo de resolución de problemas de alto riesgo, él era una estrella naciente. Le faltaban pocos meses para cumplir veinticuatro años.

A estas alturas, puede que te preguntes: «¿Quiénes son estas personas y cómo puedo imitar su éxito?». Pero no es esa la historia que queremos contarte aquí.

El fenómeno universitario de las carreras ya no volvió a correr más rápido de lo que lo hizo ese día de verano en la Prefontaine Classic. Y el joven consejero no siguió siendo candidato ni se hizo socio de ninguna prestigiosa empresa. De hecho, dejó la Casa Blanca y desde entonces no ha recibido ninguna oferta. Tanto el corredor como el consejero brillaron de manera extremadamente esplendorosa, para luego ver cómo sus capacidades se estancaban, su salud sufría y su satisfacción se desvanecía.

Estas historias no son únicas. Ocurren en todas partes y le pueden suceder a cualquiera. Incluyéndonos a nosotros. Nosotros, los autores de este libro, somos el corredor (Steve) y el consejero (Brad). Nos conocimos unos dos años después de quedar extenuados, y al compartir nuestras historias junto a unas cervezas, nos dimos cuenta de que eran muy parecidas. En ese momento ambos estábamos empezando nuestra segunda vida. Steve, como exitoso científico e incipiente entrenador de atletas de resistencia y Brad, como escritor emergente. Ambos nos estábamos embarcando en nuevos viajes, y no pudimos evitar preguntarnos: «¿Podríamos alcanzar los niveles de rendimiento más elevados sin repetir nuestros errores anteriores?».

Lo que empezó como un grupo de apoyo de dos personas se transformó en una estrecha amistad basada en un interés compartido en la ciencia del rendimiento. Nos picó la curiosidad: ¿es posible un máximo rendimiento sano y sostenible? Si es así, ¿cómo? ¿Cuál es el secreto? ¿Cuáles son, si es que hay algunos, los principios que subyacen tras el alto rendimiento? ¿Cómo puede la gente como nosotros –es decir, prácticamente cualquier persona– adoptarlos?

¿Es posible un máximo rendimiento sano y sostenible? Si es así, ¿cómo? ¿Cuál es el secreto? ¿Cuáles son, si es que hay algunos, los principios que subyacen tras el alto rendimiento? ¿Cómo puede la gente como nosotros –es decir, prácticamente cualquier persona– adoptarlos?

Consumidos por estas preguntas, hicimos lo que haría cualquier científico y cualquier periodista. Analizamos la literatura y hablamos con una gran cantidad de grandes triunfadores con distintas capacidades y pertenecientes a campos diferentes –desde matemáticos hasta científicos y desde artistas hasta atletas– en busca de respuestas. Y como tantas otras osadas ideas concebidas junto a unos cuantos vasos de alcohol, este libro vio la luz.

No podemos garantizar que leer estas páginas te pondrá en camino de ganar un oro olímpico, pintar la próxima obra maestra o proponer una revolucionaria teoría matemática. Desafortunadamente, la genética desempeña un papel innegable en todas estas hazañas. Ahora bien, lo que sí podemos garantizar es que leer este libro te ayudará a cultivar tu naturaleza para que puedas maximizar tu potencial de un modo sano y sostenible.

INTRODUCCIÓN

Grandes expectativas

Empecemos con una pregunta sencilla: ¿has experimentado alguna vez el impulso de realizar algo grande? Si has contestado que no, quizás estés en algún trance meditativo, tipo zen. O quizás simplemente no haya nada que te preocupe mucho. En cualquier caso, probablemente este libro no es para ti. Pero si has contestado que sí, puedes considerar que eres como casi todo el mundo en este planeta. Así que ¡sigue leyendo!

Ya sea en la escuela, la oficina, el estudio del artista o el estadio, en algún momento la mayoría de nosotros hemos experimentado el deseo de subir de nivel. Y eso es algo bueno. El proceso de establecer una meta más allá de las fronteras de lo que nos parece posible y luego perseguirla sistemáticamente es uno de los aspectos más satisfactorios del ser humano. También es bueno que queramos subir

> El proceso de establecer una meta más allá de las fronteras de lo que nos parece posible y luego perseguirla sistemáticamente es uno de los aspectos más satisfactorios del ser humano.

de nivel porque, ahora más que nunca, no tenemos otra elección. La mayor parte de este libro se centra en mostrarte cómo mejorar tu rendimiento. Pero, en primer lugar, situemos el escenario explorando brevemente por qué hacerlo es más imperativo que nunca.

UNA PRESIÓN SIN PRECEDENTES

El listón del rendimiento humano está subiendo constantemente. Cada semana se baten nuevos retos en atletismo. Las exigencias para matricularse en la universidad están en niveles sin precedentes. La competencia feroz es común en casi cada rincón de la economía global. En su libro *The Coming Jobs War* [La inminente guerra por el trabajo], Jim Clifton escribe que nos hallamos ante el precipicio de «una guerra total por los trabajos buenos». No es un empleado descontento el que vierte esta afirmación en un blog de quejas, sino Clifton, presidente y director ejecutivo de Gallup, una empresa mundial de investigación que posee una reputación internacional por su enfoque riguroso y científico de las encuestas. Clifton sigue explicando que las encuestas recientes de Gallup muestran inequívocamente que la competencia global ha conducido a una escasez de «buenos trabajos para la gente buena». Como resultado, escribe, «un número creciente de personas en el mundo son infelices, están desesperanzadas, sufren y se están volviendo peligrosamente desdichadas».

> El listón del rendimiento humano está subiendo constantemente.

Nos pinta un panorama aterrador; desgraciadamente, está en lo cierto. Los datos muestran que el uso de antidepresivos entre los estadounidenses ha subido un 400 % en la década pasada, y la ansiedad se eleva constantemente. Aunque estados como la depresión o la ansiedad pueden tener raíces genéticas, muy probablemente son desencadenados también por el entorno en el que vivimos, descrito por Clifton.

Para comprender cómo hemos llegado a esta situación, no necesitamos mirar más allá de los artefactos electrónicos que manejamos la mayor parte del día. Poniendo a nuestro alcance el mundo entero en unos cuantos golpecitos y unas cuantas teclas, la tecnología digital abre el acceso al talento de un modo considerable. Tanto el número de personas disponibles para realizar un trabajo determinado como los lugares en los que pueden llevarse a cabo esos trabajos han aumentado de manera espectacular. Dan Schawbel, experto en recursos humanos y autor de *Promote Yourself* [Promociónate a ti mismo], éxito de ventas según la lista del *New York Times*, lo expresa así: «El trabajo actual no es como el de hace diez años. Hay mucha presión. Y es competitivo en el sentido de que cualquier persona del mundo podría hacer tu trabajo por menos dinero, así que tienes que trabajar más». Y en el panorama laboral de dentro de diez años, tendremos que competir no solo con otras personas, sino también con una especie sobrehumana que nunca se cansa y no necesita mucho cuidado. El listón del rendimiento humano está subiendo constantemente.

COMPETIR CONTRA LAS MÁQUINAS

El uso de ordenadores, robots y otras fuentes de inteligencia artificial está ejerciendo una presión cada vez mayor sobre la competencia humana. A veces esto ocurre de modos tan sutiles que ni siquiera nos damos cuenta. Por ejemplo, utilizando tecnología cada vez más sofisticada para eliminar la necesidad de espacio físico, existencias almacenadas y equipo de ventas, empresas como Amazon pueden reducir sus costes de operación. Esto les permite vender casi cualquier cosa que podamos desear a precios enormemente reducidos. Pero hay un lado oscuro en tales grandes almacenes *online*: el enorme número de trabajos que se vuelven obsoletos. Ciertamente, la subida de Amazon marcó la caída y finalmente la bancarrota de algunos de sus competidores, en particular a la icónica librería no-virtual Borders. En su momento cumbre, Borders empleaba alrededor de treinta y cinco mil personas. Son muchos puestos de trabajo perdidos. La parte terrible de esta historia es que, actualmente, Amazon vende muchos más artículos aparte de libros, y la compañía está empezando a explorar cómo puede entregar prácticamente todo no con seres humanos, sino con drones. Después de leer esto, ¿te sigue pareciendo estupendo tu principal proveedor?

El uso de ordenadores, robots y otras fuentes de inteligencia artificial está ejerciendo una presión cada vez mayor sobre la competencia humana.

No es solo el ámbito de las ventas el que está siendo aplastado por las máquinas. Zeynep Tufekci, un profesor de la Universidad de Carolina del Norte que estudia los impactos sociales de la tecnología, escribe: «Las máquinas se están volviendo más inteligentes, y realizan cada vez más trabajos». Durante la década pasada, las máquinas han aprendido cómo procesar el lenguaje coloquial hablado, reconocer los rostros humanos y leer sus expresiones, clasificar tipos de personalidad e incluso mantener conversaciones. Tufekci no es el único que está preocupado por el creciente impacto de la tecnología sobre los seres humanos. Algunas de las mentes más brillantes del planeta coinciden en ello. El físico Stephen Hawking, el escritor de novelas seriales Elon Mus, el director de investigación de Google, Peter Norvig, y otros firmaron una carta abierta en la que hacían un llamamiento a los investigadores para que tuvieran especial cuidado en el desarrollo de nueva inteligencia artificial. Hawking dijo en la BBC: «Ya hemos visto que las formas primitivas de inteligencia artificial son muy útiles, pero creo que el desarrollo de una inteligencia artificial plena podría llevar a la raza humana a su fin». Este libro no va de escenarios apocalípticos en los que entramos en guerra con las máquinas. Sin embargo, en más de un sentido, estamos ya librando esa guerra. Y para mantener el ritmo de las máquinas, necesitaremos subir nuestro nivel.

COMPETIR LOS UNOS CONTRA LOS OTROS

En 1954, cuando Sir Roger Bannister se convirtió en la primera persona en correr una milla en menos de cuatro minutos, muchos pensaron que su proeza marcaba el límite del logro humano. Poco después de cruzar la cinta, Bannister observó: «Los médicos y los científicos decían que romper la barrera de los cuatro minutos era imposible, que se moriría en el intento. Así que cuando me levanté de la pista después de sufrir un colapso en la meta, pensé que había muerto». Actualmente, más de veinte estadounidenses rompen la barrera de los cuatro minutos cada año. Cuando se tiene en cuenta a los atletas de otros países, incluyendo las potencias en carreras como Kenia y Etiopía, los expertos especulan que cientos de personas corren anualmente por debajo de los cuatro minutos. ¡Qué diablos, algunos corredores incluso realizan entrenamientos breves a ese ritmo! Para los adeptos es la nueva normalidad. Basta con mirar el actual récord –3:43– establecido por Hicham El Guerrouj en 1999. Bannister ni siquiera habría estado en la misma recta cuando El Guerrouj cruzaba la meta.

En casi todos los deportes en los que competimos contra reloj, lo que fueron récords mundiales hace medio siglo son superados regularmente por universitarios. También los deportes de equipo se han hecho cada vez más competitivos con el tiempo. En 1947, la altura media de un jugador de baloncesto profesional era de 1,93 metros. Actualmente, esa medida ha crecido hasta los 2,01 metros. No solo los rasgos físicos genéticamente determinados han aumentado, también las habilidades. Si miras vídeos deportivos desde los años cincuenta en adelante, te darás cuenta de que incluso los bases –los jugadores que se especializan en el manejo de la pelota– regateaban casi exclusivamente con su mano dominante. Hoy en día, casi todos los jugadores en la pista parecen ser ambidiestros.

En casi todos los deportes en los que competimos contra reloj, lo que fueron récords mundiales hace medio siglo son superados regularmente por universitarios.

¿Por qué y cómo sucede esto? De manera muy parecida a la economía tradicional, en la economía de los deportes, la emergencia de un fondo de talento global ha aumentado el número de personas dedicadas al deporte competitivo con genéticas ideales para una modalidad específica y dispuestas a dedicarse a lograr la excelencia. Teniendo en cuenta modos de entrenamiento, nutrición y métodos de recuperación mejorados, se entienden mejor los dieciséis segundos que separan a El Guerrouj y a Bannister.*

La creciente presión hacia la excelencia se halla presente en todos los ámbitos. Se trata de un movimiento cuyo final no se

* Dejaremos de lado el dopaje o el uso ilegal de drogas que mejoran el rendimiento. Desgraciadamente, el dopaje ha jugado un papel innegable en demasiados récords, algo que exploramos con mayor detalle en este libro. Aun así, el aumento general del rendimiento en todos los deportes es demasiado elevado como para atribuirlo solo a este factor.

vislumbra, y si Stephen Hawking estaba en lo cierto, puede que no estemos experimentando más que sus comienzos. Por tanto, no tendría que sorprender que la gente haga lo imposible para superar límites.

HACER LO IMPOSIBLE

¿Has entrado alguna vez en una tienda de vitaminas y suplementos? Si lo has hecho, y si eres como nosotros, probablemente te habrás preguntado: «¿Quién compra todas estas pastillas, polvos y batidos?». A juzgar por los números, la respuesta es, bueno, pues casi todo el mundo. Aunque solo una exigua minoría de la población del mundo desarrollado padece deficiencias de minerales o de vitaminas, que son quienes se beneficiarían de los suplementos, los ingresos anuales de la industria global de suplementos supera los cien mil millones de dólares.

Más notable todavía son las extravagantes afirmaciones realizadas por muchos de los fabricantes de suplementos –y productos relacionados– más vendidos. Tomemos, por ejemplo, un producto llamado Neuro Bliss –una bebida que promete reducir el estrés y mejorar las funciones cerebrales y corporales–. Se vende a unos dos dólares la botella. Aunque el sitio web de la compañía dice: «En un mundo acelerado, las neurobebidas ayudan a nivelar las oportunidades», todavía está por ver alguna ciencia que respalde esta pretensión. No obstante, Neuro Bliss sigue siendo una bebida muy popular y con grandes ventas. La gente se desespera por obtener alguna ventaja –cualquier ventaja– aunque no se haya comprobado que tal «ventaja» exista. Desafortunadamente, este tipo de desesperación a menudo es el primer paso en un peligroso sendero hacia el mundo de la explotación de sustancias controladas para mejorar el rendimiento.

Era tiempo de exámenes en una importante universidad cuando una estudiante a la que llamaremos Sara no pudo pasar por alto una tendencia que le estaba haciendo ponerse más nerviosa de lo habitual. Cada vez más compañeros suyos, estudiantes con los que sería comparada, tomaban Adderall, ideado para tratar el trastorno por déficit de atención e hiperactividad (TDAH) o la incapacidad de prestar atención y concentrarse. El Adderall combina los estimulantes levoanfetamina y dextroanfetamina, dando lugar a lo que en esencia es una versión moderada de la droga ilegal *speed*.

Aunque muchos expertos creen que en torno al 5 o 6 % de la población sufre TDAH, datos de los Centros para el Control y la Prevención de la Enfermedad (CDC) muestran que se diagnostica el doble de veces, es decir, en torno al 11 % de la juventud estadounidense. Pero, desde la perspectiva de Sara, casi todo el mundo en el campus utilizaba Adderall, independientemente de si se les había diagnosticado el trastorno o no. ¿A qué puede deberse esto? Según *WebMD*, fuente importante para los universitarios que buscan una descripción sencilla de los medicamentos, Adderall «aumenta la capacidad de prestar atención, concentrarse y dejar de estar inquieto». No importan los efectos secundarios, que incluyen pérdida de apetito, dolor de estómago, náuseas, dolor de cabeza, insomnio y alucinaciones. Aquellos estudiantes que no tenían signos de TDAH utilizaban el fármaco como un esteroide para aumentar su agudeza mental. Este abuso estudiantil de los medicamentos es muy parecido al de los atletas que utilizan esteroides en el deporte, donde sustancias inicialmente pensadas para tratar estados patológicos son usadas de manera ilegal por individuos sanos para obtener ventajas físicas. Algunos investigadores calculan que el 30 % de los estudiantes consumen estimulantes como Adderall por razones no médicas.

No es sorprendente que su mal uso sea más frecuente durante períodos de estrés elevado, por ejemplo durante los exámenes, ya que muchos estudiantes afirman que reduce la fatiga al mismo tiempo que aumenta la comprensión lectora, el interés, la cognición y la memoria.

En un reportaje de investigación, la CNN preguntó a diversos estudiantes sobre sus experiencias con Adderall. Las respuestas suenan como un anuncio publicitario:

- «El hecho de que sea ilegal no se me pasa por la mente. No es algo que me preocupe, porque está muy extendido y es muy simple».
- «Me siento muy vivo y despierto, y listo para los retos que surjan en mi camino».
- «En pocas horas tengo escritas quince páginas del trabajo... y eso hace que me sienta seguro».

No es de extrañar que Sara se sienta un poco presionada. «No lo utilizo porque me parece que es un engaño, pero es una invasión, una verdadera invasión», dice.

Ya sería bastante malo si el uso ilegal de medicamentos en busca de ciertas ventajas estuviera limitado a los ambientes académicos, pero parece que esta tendencia está impregnando también cada vez más los ambientes profesionales. La doctora Kimberly Dennis es directora médica de un centro de tratamiento de abuso de sustancias en las afueras de Chicago. Dice que ha observado un espectacular aumento del uso de fármacos como Adderall en profesionales de entre veinticinco y cuarenta y cinco años, quienes, igual que los estudiantes, buscan obtener alguna ventaja, por pequeña que sea.

Una de esas trabajadoras, Elizabeth, dijo al *New York Times*: «Es necesario, necesario para la supervivencia de los mejores, los más inteligentes y los de mayores logros». Durante el proceso de fundar una empresa innovadora de tecnología de la salud, Elizabeth sentía que esforzarse simplemente no bastaba. Pensaba que tenía que dedicar más tiempo, y dormir estaba resultando un obstáculo en el camino. Así que comenzó a tomar Adderall. «Amigos míos que se dedican a las finanzas y que trabajan en Wall Street, que tienen que empezar a las cinco de la mañana y estar en forma, la mayoría de ellos toma Adderall. No se puede ser el más lento... Es así en la mayoría de las empresas que conozco dirigidas por jóvenes. Hay una cierta expectativa de rendimiento».

El doctor Anhan Chatterjee, jefe del departamento de neurología del hospital de Pensilvania y autor de *The Aesthetic Brain* [El cerebro estético], considera que el uso de medicamentos para aumentar la productividad en los lugares de trabajo es el «futuro probable». Los estadounidenses seguirán trabajando muchas horas y teniendo pocas vacaciones. «¿Por qué no utilizar sustancias para energizarse, concentrarse y limitar esa molesta pérdida de tiempo (dormir)?».

Aunque puede parecer espantosa, la predicción de Chatterjee no es la única. Otro experto que coincide con él es Erik Parens, un científico de la conducta en el grupo de estudios de *The Hastings Center*. Asegura que la epidemia del uso de estimulantes en los Estados Unidos es simplemente un síntoma de la vida moderna: pasas las veinticuatro horas del día, los siete días de la semana, conectado a tus dispositivos electrónicos, con la necesidad de hacer las cosas mejor de lo que las hiciste ayer. Pero eso no significa que este estilo de vida, ni el uso de estimulantes requeridos para mantenerla, sea algo positivo. Como pronto veremos, con fármacos o sin fármacos, rendir de esta manera, sin suficiente descanso, está, en el mejor de los casos, por debajo de lo óptimo, y en el peor de los casos es realmente peligroso. Una cultura que empuja a la gente a romper la ley y engañar solo para mantenerse a flote, no digamos para obtener ventajas, no es buena, no es sostenible.

Una cultura que empuja a la gente a transgredir la ley y engañar solo para mantenerse a flote, no digamos para obtener ventajas, no es buena, no es sostenible.

Cuando Chatterjee y otros expertos hablan del dopaje en los lugares de trabajo, a menudo establecen analogías con los deportes –intensamente competitivos, desafiantes, entornos en los que hay que ganar a toda costa, en los cuales incluso la ventaja más nimia puede generar enormes ganancias, etcétera–. Desgraciadamente, si lo que ocurre en el deporte se está extendiendo también al ámbito laboral, tenemos un serio problema.

MÁS GRANDE, MÁS RÁPIDO, MÁS FUERTE, PERO ¿A QUÉ COSTE?

Los récords de *home-runs*, los maillots amarillos y las medallas olímpicas representan hazañas de rendimiento superhumano. Desafortunadamente, muchas de esas hazañas han demostrado ser solo eso: superhumanas. Son ilusiones ayudadas por recursos farmacológicos y sofisticación médica que rivalizan con lo que encontrarías en los mejores hospitales. Aunque se descubre a menos de un 2 % de quienes recurren al dopaje, la investigación sugiere que hasta un 40 % de los deportistas de élite utilizan sustancias prohibidas para mejorar su rendimiento. Más de una cuarta parte de los deportistas que vemos en televisión podrían estar compitiendo de manera fraudulenta.

Aunque resulta fácil creer que el problema se limita a los escalones superiores del deporte, eso no podría estar más lejos de la verdad. El dopaje es una realidad en el deporte escolar, el universitario y el *amateur*. Una investigación del 2013 dirigida por Partnership for Drug-Free Kids reveló que el 11 % de los universitarios habían utilizado la hormona sintética del crecimiento humano (HGH) al menos una vez durante el año anterior. Piensa en ello. El 11 % de los adolescentes están inyectándose una sustancia química de la hormona más poderosa del cuerpo directamente en sus organismos en desarrollo. Quizás lo único más desconcertante es que estos jóvenes pueden estar tomando ejemplo de sus propios padres.

Es desafortunado, pero cierto. Se ha descubierto que los «guerreros» competitivos de fin de semana –hombres y mujeres *amateurs* de mediana edad que intentan ganar en el grupo de su edad en carreras, ciclismo o triatlón– están utilizando cada vez más sustancias para mejorar su rendimiento. El problema está tan extendido que los organismos que dirigen estos deportes están realizando test de drogas incluso a deportistas no profesionales. David Epstein, un respetado periodista de investigación, ha buceado en el mundo de los medicamentos para mejorar el rendimiento utilizados por los «guerreros» de fin de semana. Lo que halló no es demasiado agradable: afirma que se dedican ciento veinte mil millones de dólares al «antienvejecimiento», buena parte de los cuales se destinan al tráfico de esteroides para hombres de mediana edad. Este mercado solo está destinado a crecer a medida que los *baby boomers*,* con sus ingresos y su deseo de seguir siendo jóvenes y competitivos, se hacen mayores.

* Se considera *Baby Boomers* a los nacidos entre los años 1945 y 1964 (aproximadamente), es decir, nacidos tras la Segunda Guerra Mundial. En ese intervalo de tiempo se produjo el llamado *baby boom* (aumento explosivo de la natalidad) en todo el mundo, principalmente en los países anglosajones.

Epstein resume la situación en el título de uno de sus informes: «Todo el mundo toma esteroides».

Las consecuencias de esta cultura del *a cualquier coste* no pueden exagerarse. Las proezas increíbles que antes lanzaban a los individuos al estrellato ahora resultan literalmente inverosímiles. Cuando alguien hace algo grande, sea en el campus, en el lugar de trabajo o en el terreno de juego, tendemos a cuestionar su integridad. Como dice el doctor Michael Joyner, experto en rendimiento humano en la Clínica Mayo: «Vivimos en un mundo en el que todo logro excepcional es sospechoso». Por triste que esto sea a nivel cultural, quizás sea peor a nivel individual. Esto resulta así especialmente en el caso de quienes, como la estudiante Sara, eligen competir limpiamente y no sacrificar su salud y su moralidad. Como resultado, estas personas se ven obligadas a elevar el nivel de exigencia hasta un grado ilusorio. Demasiado a menudo, el resultado no es nada bueno.

Las proezas increíbles que antes lanzaban a los individuos al estrellato ahora resultan literalmente inverosímiles.

AGOTAMIENTO

Una encuesta realizada en más de dos mil quinientas empresas de noventa países de todo el mundo halló que una de las circunstancias que más presión crean en la mayoría de los empleados modernos es «el síndrome del empleado abrumado». Los trabajadores, quizás en la creencia de que tienen que estar siempre al día porque otros puedan estarlo, consultan sus móviles casi ciento cincuenta veces al día. Y cuando lo hacen, lo que encuentran es una cantidad de información totalmente abrumadora. Un estudio halló que más de la mitad de los trabajadores «de cuello blanco» creen que han alcanzado un punto crítico: simplemente no pueden manejar más información, y confiesan sentirse desmoralizados por ello. Aun así, independientemente de lo inútiles que nuestros esfuerzos puedan ser, nos sentimos obligados a seguir el ritmo. Esta urgencia resulta especialmente común entre los estadounidenses. Solo un tercio de los trabajadores dice comer de manera adecuada (por ejemplo, salir de sus despachos). El otro 66 % opta por comer mientras trabaja, o no comer. Y no solo durante los almuerzos siguen trabajando, sino también durante las cenas, las noches y los fines de semana.

En un artículo justamente titulado «Los estadounidenses trabajan demasiado tiempo (y demasiado a menudo en horas extrañas)», los economistas Daniel Hamermesh y Elena Stancanelli hallaron que el 27 % de estos trabajan regularmente entre las diez de la noche y las seis de la mañana, y que el 29 % realiza al menos cierto trabajo los fines de semana. Sería muy diferente si lo compensáramos haciendo largos descansos para recargarnos y rejuvenecer. Pero no es así. De media, los trabajadores estadounidenses renuncian a cinco días de vacaciones al final de cada año, todos los años. Cuando sumas todas esas horas, como hizo Gallup en el 2014, descubres que la jornada laboral semanal típica es de cuarenta y siete horas, no de cuarenta. Dicho de otro modo, los trabajadores estadounidenses trabajan casi un día extra cada semana. Ante esta situación, no resulta chocante que el 53 % de ellos afirmen sentirse agotados.

Los trabajadores americanos están trabajando casi un día extra cada semana.

El trabajo frenético, sin descanso, no solo nos dejará totalmente extenuados; también es perjudicial para nuestra salud. Un caso extremo es el de un joven de veintiún años, Moritz Erhardt, un becario del Bank of America Merrill Lynch, quien después de trabajar setenta y dos horas seguidas fue hallado muerto en su ducha. Según la autopsia, murió de un ataque epiléptico que podría haber sido desencadenado por el cansancio. Poco después de la trágica muerte de Erhardt, Goldman Sachs, otra destacada compañía de inversión, limitó el número de horas que los becarios podrían trabajar al día: diecisiete.

Menos extremos que la terrible historia de Erhardt, pero mucho más frecuentes, son los casos en los que las cargas insostenibles de trabajo y la tensión constante contribuyen a la ansiedad, depresión, insomnio, obesidad, infertilidad, enfermedades de la sangre, trastornos cardiovasculares y una multitud de otras consecuencias biofísicas que son perjudiciales tanto para la calidad como para la duración de nuestra vida. La ironía es que el agotamiento es frecuente no solo en el mundo empresarial, sino también en campos pensados para educar a la gente en la salud y ayudarla a lograrla. Algunos estudios han hallado que alrededor del 57 % de los médicos residentes y hasta un 46 % de los médicos restantes sufren de agotamiento. Otra investigación muestra que alrededor del 30 % dc los maestros padece también agotamiento.

El trabajador aparentemente «aprisionado» de nueve a cinco puede que envidie la libertad de un artista o un escritor, pero resulta que la flexibilidad y la libertad no son el curalotodo del agotamiento que creemos que son. Casi todo artista ha luchado con el agotamiento creativo en algún momento de su carrera. El agotamiento es frecuente en artistas porque su pasión actúa como un don, pero también como una maldición. Un don, porque, como Platón observó en el siglo IV a. de C., la pasión es «el canal a través del cual recibimos las mayores bendiciones», alimentando el trabajo original, imaginativo e inspirado. Pero, si no se controla, la pasión puede llevar a los artistas a la extenuación.

La obsesión, el perfeccionismo, la hipersensibilidad, la necesidad de control y las elevadas expectativas son rasgos frecuentes en los grandes artistas, y todos están relacionados con el agotamiento creativo. Añadamos a esto la presión de ganarse la vida como artista, las duras críticas, la comparación social y la naturaleza solitaria del trabajo creativo, y resultará más fácil comprender por qué tantos artistas padecen agotamiento, o algo peor. La investigación muestra que las personas que trabajan en campos creativos son especialmente susceptibles de caer en problemas de ansiedad, depresión, alcoholismo y suicidio.

Otra actividad en la que la pasión y la presión chocan con frecuencia es el deporte, en el cual el agotamiento es una de las principales razones por las que muchos –desde los niños hasta los «guerreros» de fin de semana pasando por los deportistas profesionales– dejan de practicar. Los deportistas se fuerzan excesivamente con tanta frecuencia, sin descansar, que incluso hay un término médico para ello: el síndrome del entrenamiento excesivo. En él, el sistema nervioso central se descontrola, produciendo una cascada de efectos biológicos negativos. En última instancia, el síndrome del entrenamiento excesivo desemboca en fatiga profunda, enfermedades, daños y un declive del rendimiento. Es la manera que tiene el cuerpo de decir: «Se acabo. No más». Cierre forzoso de todo.

El síndrome de entrenamiento excesivo suena como algo que se debe evitar a cualquier precio, especialmente si tu cuerpo es tu forma de ganarte la vida. Sin embargo, el 60 % de los corredores de élite aseguran que en algún momento a lo largo de sus carreras lo han padecido. Lo sorprendente es que no solo los atletas de élite sucumben a la tentación de seguir haciendo más, cuando el cuerpo les está diciendo que hagan menos. Entre el 30 y el 40 % de los deportistas universitarios y *amateurs* han sufrido el síndrome del entrenamiento excesivo al menos una vez en sus carreras deportivas.

Entre el 30 y el 40 % de los deportistas universitarios y *amateurs* han sufrido el síndrome del entrenamiento excesivo al menos una vez en sus carreras deportivas.

A estas alturas debería estar claro que la presión para rendir llega de todas direcciones. Como resultado, cada vez más gente está trabajando más allá del punto de rendimiento máximo. Algunos incluso caen en el consumo de drogas para mejorar su rendimiento, arriesgando su salud y su reputación, al mismo tiempo que transgreden los códigos éticos y legales. ¿Es esta realmente la nueva exigencia para el éxito en la sociedad actual? Tiene que haber otro camino. Resulta que es posible. El resto de este libro está dedicado a explorarlo.

OTRO CAMINO

Durante estos últimos años, hemos tenido el privilegio de profundizar en las prácticas de los grandes triunfadores en un amplio espectro de capacidades y dominios. Hemos estudiado, entrevistado y observado –y en algunos casos trabajado con ellos– a individuos que están en la cumbre de su especialidad. Al hacerlo, no hemos podido evitar darnos cuenta de las sorprendentes similitudes en el modo en que estos grandes triunfadores enfocan su trabajo. Resulta que si alguien intenta clasificarse para las olimpiadas, innovar en teoría matemática o crear una obra maestra de arte, muchos de los principios subyacentes para un éxito sano, sostenible, son los mismos.

Resulta que si alguien intenta clasificarse para las olimpiadas, innovar en teoría matemática o crear una obra maestra de arte, muchos de los principios subyacentes para un éxito sano, sostenible, son los mismos.

Estos principios –cada uno de ellos de eficacia probada, seguro, ético y legal– han sido utilizados por los grandes trinfadores durante siglos. Sin embargo, solo ahora la nueva ciencia está revelando, de manera fascinante, por qué y cómo esos principios funcionan. Esta comprensión hace que sean accesibles a todo el mundo. El resto de este libro se dedica a examinar estos principios por dentro y por fuera, uniendo la historia y la ciencia para dejarte a ti, lector, aportaciones prácticas, concretas y basadas en la evidencia que te ayuden a mejorar tu nivel.

Nuestro viaje por la comprensión de la ciencia y el arte de la realización excelente nos pide que establezcamos relaciones entre campos tradicionalmente separados. Las intuiciones potentes acerca de tales realizaciones emergen a través de esas conexiones ignoradas. En palabras de Eric Weiner, escritor y experto en innovación, los descubrimientos innovadores ocurren cuando «la gente se da cuenta de la naturaleza arbitraria de su propio campo y abre su mente a la posibilidad de la posibilidad. Una vez eres consciente de que hay otro modo de hacer X, o de pensar sobre Y, se te abren todo tipo de canales nuevos». Teniendo eso en mente, a lo largo de este libro descubriremos lo que un artista puede aprender de un deportista, lo que un intelectual puede aprender de un artista y lo que un deportista puede aprender de un intelectual.

Te mostraremos que fortalecer tu capacidad de resolver problemas cognitivos complejos es similar a fortalecer tu capacidad de levantar pesas; que los mejores pensadores del mundo y los mejores culturistas del mundo siguen los mismos procesos para alcanzar su máximo rendimiento. Investigaremos la influencia del hábito y del entorno, y explicaremos cómo y por qué los ejercicios de precalentamiento de todas las estrellas en deporte, en arte o en oratoria son tan parecidos y tan efectivos. Incluso analizaremos la moda y utilizaremos la ciencia para explicar por qué los genios de ayer, como Albert Einstein, y los genios de hoy, como Mark Zuckerberg, no se preocupan mucho de ello. Investigaremos por qué tras lograr innovaciones importantes –ya sea pintando una obra maestra, escribiendo una novela premiada o batiendo un récord mundial en un deporte– muchos de tales triunfadores a menudo agradecen y atribuyen su éxito a fuerzas que están más allá de ellos mismos, sea la familia, Dios o algún otro poder trascendente.

Si hemos hecho bien nuestro trabajo, al acabar de leer el libro, comprenderás perfectamente:

- El ciclo científico que explica el crecimiento y el desarrollo.
- Cómo prepararte para el máximo rendimiento y la productividad cotidiana.
- El poder del propósito como potenciador del rendimiento.

Y lo que es mucho más importante, serás capaz de utilizar estos conceptos para tus propios propósitos, sean cuales sean. Para ayudarte a hacerlo, a lo largo del libro hallarás secciones breves tituladas «Prácticas de rendimiento». Estas secciones están pensadas para destacar los puntos clave y ayudarte a reflexionar sobre cómo puedes aplicarlos a tu propia vida

Sección 1

LA ECUACIÓN DEL CRECIMIENTO

1

EL SECRETO DEL ÉXITO SOSTENIBLE

Piensa por un momento lo que cuesta fortalecer los músculos, como los bíceps. Si intentas levantar pesas que sean demasiado pesadas, probablemente no harás después un segundo intento. E incluso si lo haces, te expones a lesionarte en el camino. Ahora lo contrario: levanta una pesa demasiado ligera y no verás un gran resultado, si es que ves alguno; simplemente, tus bíceps no se desarrollarán. Tienes que hallar el peso justo: una cantidad que puedas manejar con esfuerzo, que te deje fatigado y agotado –pero no lesionado– cuando hayas acabado el ejercicio. Ahora bien, descubrir tal peso ideal es solo la mitad de la batalla. Si a diario, varias veces al día, levantas las pesas, sin apenas descansar entre una y otra vez, es casi seguro que terminarás agotado. Pero si casi nunca vas al gimnasio y no logras ampliar regularmente tus límites, tampoco vas a fortalecerte mucho más. La

> Esfuerzo + descanso = desarrollo. Esta ecuación es válida independientemente del aspecto que estés intentando desarrollar.

clave para fortalecer tus bíceps –y, como aprenderemos, cualquier músculo, sea físico, cognitivo o emocional– es equilibrar la cantidad justa de esfuerzo con la cantidad adecuada de descanso. Esfuerzo + descanso = desarrollo. Esta ecuación es válida independientemente del aspecto que estés intentando desarrollar.

PERIODIZACIÓN

En el mundo de la ciencia del ejercicio, este ciclo de esfuerzo y descanso se denomina a veces periodización. El estrés –y con eso no queremos decir discutir con tu pareja o con tu jefe, sino más bien algún tipo de estímulo, como levantar una pesa pesada– supone un reto para el cuerpo, que en algunos casos lo empuja al borde del fracaso. Generalmente, este proceso es seguido de una ligera caída en su función; no tienes más que pensar en lo inutilizables que están tus brazos después de una dura sesión de halterofilia. Pero si después del período de esfuerzo le dejas a tu cuerpo tiempo para descansar y recuperarse, se adapta y se vuelve más fuerte, lo que te permite ir un poco más allá en el futuro. Con el tiempo, el ciclo presenta este aspecto:

1. Aislar el músculo o la capacidad que quieres desarrollar.
2. Realizar el esfuerzo justo con él.
3. Descansar y recuperarte, permitiendo que tenga lugar la adaptación.
4. Repetir, esta vez forzando el músculo o la capacidad un poco más que la última vez.

Los atletas de nivel mundial son maestros en este ciclo. Su entrenamiento alterna entre días duros (por ejemplo, ejercicios hasta el borde del fallo muscular y el agotamiento total) y días fáciles (por ejemplo, realizando una caminata a paso rápido). Los mejores atletas le dan la misma importancia a la recuperación, el tiempo pasado en el sofá y en la cama, que al que pasan en la pista o en el gimnasio. A un mayor nivel, los grandes atletas con frecuencia siguen un mes de entrenamiento duro con una semana fácil. Preparan sus temporadas deliberadamente para incluir solo unos pocos eventos cumbre que son seguidos por períodos de restablecimiento físico y psicológico. Los días, las semanas, los meses, los años y las carreras enteras de los atletas-maestros suponen un constante flujo y reflujo entre el esfuerzo y el descanso. Aquellos que no logran un equilibrio correcto o bien se lesionan o se agotan (demasiado esfuerzo, sin suficiente descanso) o bien se vuelven complacientes y se estancan (esfuerzo insuficiente y demasiado descanso). Ahora bien, aquellos que logran el equilibrio correcto llegan a ser campeones de larga duración.

RENDIMIENTO SOSTENIBLE

Cuando Deena Kastor se graduó en la Universidad de Arkansas en 1996 era una buena corredora universitaria que nunca había logrado una victoria importante. Recibió múltiples premios nacionales y subió a muchos podios, pero nunca lograba alzarse victoriosa en el campeonato nacional, aunque lo tenía al alcance de la mano –para ser exactos, a unos pocos segundos–. Esto no la disuadió ni impidió que siguiera corriendo. Después de graduarse, se puso en contacto con el legendario entrenador Joe Vigil y lo siguió hasta el aire privado de oxígeno de Alamosa (Colorado) y finalmente a Mammoth Lakes (California). Allí, entrenando a dos mil setecientos metros sobre el nivel del mar, Kastor siguió trabajando hasta alcanzar un nivel muy por encima de lo que su éxito como estudiante podía haber predicho. Si prestamos atención a su entrenamiento diario durante su apogeo, una palabra viene a nuestra mente: impresionante. Una carrera de veinticuatro kilómetros a dos mil cien metros de altitud, a velocidades que para la mayoría de la gente equivaldría a una carrera a tope de noventa metros; y su favorita, dieciocho kilómetros a pleno pulmón a un ritmo de cinco minutos cada mil seiscientos metros, todo ello en los senderos más elevados de Mammoth Lakes.

Estos heroicos entrenamientos constituyen solo una pequeña porción del total de lo que corría Kastor. Al final de cada semana, en la esquina inferior derecha de su diario de entrenamientos, rodeaba «total de kilómetros corridos». Este número casi siempre oscilaba entre ciento setenta y siete y doscientos veintiún kilómetros. Aunque esto puede parecer extraordinario, para ella era de lo más normal. Como consecuencia, logró los niveles más altos del éxito en atletismo.

Deena Kastor es indiscutiblemente el nombre más asociado con el atletismo femenino, y con toda razón, pues ganó una medalla de bronce olímpico en maratón y obtuvo múltiples premios en muchas de las principales carreras nacionales. Ostenta el récord estadounidense en maratón, tras haber hecho los cuarenta y dos kilómetros en tan solo dos horas y diecinueve minutos, es decir, a un ritmo de cinco minutos y veinte segundos cada kilómetro y medio. Piensa lo que significa correr kilómetro y medio a esa velocidad, y luego imagina hacerlo veintiséis veces seguidas. Quizás sea más difícil todavía comprender el maratón que corrió en dos horas y veintisiete minutos (a un ritmo de cinco minutos y cuarenta segundos cada kilómetro y medio) cuando tenía cuarenta y dos años. Es cierto, Kastor todavía sigue corriendo de manera increíblemente rápida en lo que debería ser el crepúsculo de su larga carrera deportiva. Y aunque ocasionalmente puede perder alguna carrera frente a alguien diez o veinte años más joven que ella, continúa a la cabeza, corriendo contra mujeres tan jóvenes que podrían ser sus hijas –y a menudo venciéndolas–.

Pregúntale a Kastor cómo puede mantener este nivel de rendimiento y tendrás una lección de periodización. Si bien se apresura a mencionar la dureza del trabajo que realiza, no menos rápidamente menciona el descanso que le sigue. «Los pasos agigantados que he dado durante los últimos años se deben sobre todo a factores externos al entrenamiento y a cómo elijo recuperarme –dijo a la revista *Competitor* en el 2009–. Durante un entrenamiento estás destruyendo tejido blando y haciendo que tu cuerpo se esfuerce. Donde se obtienen logros y se adquiere la fuerza para acometer el siguiente es en la manera de tratarte entre un entrenamiento y otro».

Kastor señala que se dio cuenta muy pronto de que solamente un trabajo duro no funcionaría. Incluso asegura que sus entrenamientos son la parte fácil. Lo que la hace diferente, la magia que le ha permitido correr tan velozmente y durante tanto tiempo durante los últimos veinticinco años, es cómo se recupera: las diez o doce horas de sueño que se permite cada noche, su meticuloso enfoque de la dieta, su masaje semanal y las sesiones de estiramientos. Dicho de otro modo, lo que le permite hacer lo que hace cuando está entrenando es todo lo que hace cuando no lo está haciendo. El esfuerzo pide descanso, y el descanso hace posible el esfuerzo. Kastor ha analizado concienzudamente todos sus resultados y comprende cuánto esfuerzo puede tolerar y cuánto descanso necesita. De este modo, el resultado –una vida de crecimiento y excelencia– no es tan sorprendente.

El esfuerzo pide descanso, y el descanso hace posible el esfuerzo.

EL ESTRÉS Y EL DESCANSO COMO HERRAMIENTAS DE RENDIMIENTO

Kastor no es única, obviamente, pero su historia es recogida por el investigador Stephen Seiler. En 1996, poco después de obtener su doctorado en Fisiología en los Estados Unidos, Seiler volvió a Noruega. Al llegar se dio cuenta de que algo le chocaba: durante los entrenamientos fuera de pista, los esquiadores de nivel mundial se detenían antes de llegar a las colinas y luego subían lentamente. Seiler no lo entendía. ¿Por qué algunos de los mejores deportistas de resistencia de todo el planeta entrenaban de manera tan suave?

Finalmente localizó al entrenador nacional de esquí de Noruega, Inge Bråten, el hombre que se hallaba detrás de leyendas como el que fue ocho veces medalla de oro Bjørn Dæhlie. Le preguntó a Bråten si estaba soñando que los deportistas subían las colinas lentamente cuando se entrenaban, y si no era así, si podía explicarle qué estaba sucediendo. Bråten le dijo a Seiler simplemente que los esquiadores que había visto andando acababan de entrenar a un nivel muy alto, así que después del esfuerzo debían entrenar de manera tranquila.

Al oír aquello, la mente de Seiler retrocedió a un artículo que había leído en el que se afirmaba que los corredores de Kenia pasaban la mayor parte de su entrenamiento corriendo a paso de tortuga. Cuando volvió a consultar la investigación, también se dio cuenta de que se mencionaba que los corredores kenianos alternaban días muy duros y días muy fáciles. En ese momento, se sorprendió de que los mejores deportistas –no importa de qué especialidad (incluidos los deportes de invierno)– entrenasen de manera muy parecida. Como cualquier buen científico haría, puso su hipótesis a prueba.

Siguió la pista al entrenamiento de deportistas de élite en una variedad de deportes de resistencia, incluyendo carreras, esquí, natación y ciclismo. Halló que, con independencia del deporte o de la nacionalidad, su entrenamiento seguía prácticamente la misma distribución. Los mejores del mundo no se sumaban al modelo «sin dolor no hay éxito», ni se sometían al entrenamiento de intervalos de alta intensidad popularizado por las revistas de *fitness*, ni realizaban «ejercicios del día» de manera aleatoria. En lugar de eso, alternaban sistemáticamente períodos de trabajo muy intenso y períodos de entrenamiento fácil y recuperación, aunque eso significase subir colinas. El progreso y el desarrollo constante de los competidores de élite, halló Seiler, se basaban en intervalos de ejercicios de gran esfuerzo y descansos.

DESARROLLO INTELECTUAL Y CREATIVO

Aproximadamente al mismo tiempo que Seiler exploraba lo que tenían en común los atletas más destacados mundialmente en pruebas de resistencia, otro investigador exploraba las semejanzas entre aquellos que sobresalían por su creatividad y su intelectualidad a nivel mundial. Este investigador era Mihaly Csikszentmihalyi, pionero en el campo de la psicología positiva y conocido por sus ideas sobre la felicidad, el sentido y el rendimiento óptimo. Si has oído el término *flow*, 'fluir' –el estado que consiste en estar totalmente absorto en una actividad–, es obra de Csikszentmihalyi.

Menos conocido que su obra sobre el fluir, pero igualmente revelador, es su estudio sobre la creatividad. Durante cincuenta años, realizó cientos de entrevistas a genios rompedores en diversas áreas. Habló con inventores pioneros, artistas innovadores, científicos que habían ganado el Premio Nobel y escritores galardonados con el Premio Pulitzer. Del mismo modo que Seiler halló que los atletas de resistencia de nivel mundial compartían un estilo similar de trabajo, Csikszentmihalyi descubrió que lo mismo era cierto en el caso de los genios creativos: las mentes más brillantes empleaban su tiempo o realizando una actividad con feroz intensidad o dedicándose a la completa recuperación y restablecimiento. Este enfoque, detectó Csikszentmihalyi, no solo evita el agotamiento de la creatividad y la fatiga cognitiva, sino que también estimula las ideas y los descubrimiento originales (en el capítulo cuatro exploraremos con más detalle por qué ocurre esto). Documentó un proceso común entre casi todos los grandes intelectuales y creadores, independientemente de su campo:

> Las mentes más brillantes empleaban su tiempo o realizando una actividad con feroz intensidad o dedicándose a la completa recuperación y restablecimiento.

1. Inmersión: entrega total a su trabajo con una concentración profunda incansable.
2. Incubación: un período de descanso y recuperación cuando dejan de pensar en su trabajo.
3. Intuición: la ocurrencia de los momentos «ajá» o «eureka», la emergencia de nuevas ideas y desarrollos en su pensamiento.

¿Te suena familiar? La manera en que los grandes intelectuales y creadores desarrollan constantemente sus mentes refleja el modo en que los grandes triunfadores en el terreno físico desarrollan constantemente sus cuerpos. Quizás esto sea así porque nuestros músculos y nuestras mentes son más semejantes de lo que podríamos pensar. Igual que nuestros músculos se agotan y se quedan sin energía, como vamos a ver, también en nuestras mentes sucede lo mismo.

PRÁCTICAS DE RENDIMIENTO

- Alterna ciclos de esfuerzo y ciclos de descanso en tus actividades más importantes.
- Introduce breves pausas en tu trabajo a lo largo del día.
- Organiza estratégicamente tus «días libres», fines de semana largos y vacaciones para que vengan a continuación de períodos de esfuerzo intenso.
- Decide con claridad cuándo tu trabajo comienza a «sufrir». Cuando llegues a ese punto, justo antes de ello, introduce un descanso para recuperarte.

LA MENTE COMO MÚSCULO

A mediados de los noventa, Roy Baumeister, un psicólogo social que en aquel momento estaba enseñando en la Universidad Case (Cleveland), revolucionó el modo en que pensamos sobre la mente y su capacidad. Baumeister quería llegar al fondo de las luchas diarias tales como la de por qué nos sentimos mentalmente «cansados» después de esforzarnos en resolver un problema complejo. O por qué, cuando estamos siguiendo una dieta, es más probable que cedamos por la noche, después de resistirnos a las comidas poco sanas durante todo el día. Dicho de otro modo, estaba interesado en comprender cómo y por qué nuestro poder intelectual y nuestra fuerza de voluntad se agotan.

Cuando decidió indagar en el tema, no necesitó recurrir a la última tecnología en imágenes cerebrales. Todo lo que necesitó fueron unas galletas de chocolate y unos rábanos.

En un experimento elegantemente diseñado, Baumeister y sus colegas pusieron a sesenta y siete adultos en una habitación que olía a galletas con chocolate. Después de que los participantes hubiesen ocupado sus puestos, se llevaron a la habitación galletas de chocolate recién horneadas. En cuanto las glándulas salivares de todos comenzaron a funcionar, el asunto se puso interesante. A la mitad de los participantes se les permitió comer galletas, mientras que a la otra mitad se les prohibió hacerlo. Para colmo, los que no podían comer galletas recibieron rábanos y se les dijo que podían comerlos en su lugar.

Como puedes imaginar, los comedores de galletas no tuvieron ningún problema con la primera parte del experimento. Como la mayoría de la gente en su situación, disfrutaron. Por otra parte, los comedores de rábanos lucharon arduamente. «Los comedores de rábanos mostraron un claro interés en las galletas de chocolate, hasta el punto de mirar con cariño la exhibición que se hacía de ellas y en unos cuantos casos incluso tomaban alguna galleta para olerla», escribe Baumeister. Resistirse a las galletas de chocolate no era nada fácil.

Esto no parece muy innovador. ¿Quién no tendría que luchar para resistirse a unos postres deliciosos? Pero las cosas se pusieron más interesantes en la segunda parte del experimento, durante la cual la *lucha* de los comedores de rábanos continuó. Después de que ambos grupos terminasen de comer, se pidió a todos los participantes que solucionaran un problema aparentemente solucionable, pero en realidad irresoluble. (Sí, fue un experimento cruel, especialmente para quienes se quedaron con los rábanos). Los comedores de rábanos duraron un poco más de ocho minutos e hicieron diecinueve intentos. Los comedores de galletas de chocolate, por otra parte, duraron unos veinte minutos e intentaron resolver el problema treinta y tres veces. ¿Por qué esta notable diferencia? Porque los comedores de rábanos habían agotado su músculo mental resistiéndose a las galletas de chocolate, mientras que los comedores de galletas tenían un depósito lleno de fuerza psicológica y de ese modo podían hacer un esfuerzo mayor intentando resolver el problema.

Baumeister repitió el estudio con distintas variaciones, y siempre observó el mismo resultado. Los participantes que se vieron obligados a tensar su músculo mental –sea para resistir la tentación, resolver un rompecabezas difícil o tomar decisiones duras– tenían peores resultados en tareas posteriores que requiriesen también energía mental, en comparación con los participantes del grupo de control, que tenían primero una tarea fácil, como comer galletas de chocolate recién hechas.

RESISTIRSE A LAS GALLETAS DE CHOCOLATE ES UN JUEGO PELIGROSO

Parece que tenemos un único recipiente de poder cerebral para todos los actos cognitivos y de autocontrol, incluso si estos no se hallan relacionados. Cuando se le pide a la gente que reprima sus emociones obligatoriamente –por ejemplo, no mostrando frustración o tristeza al ver una película trágica–, subsecuentemente encuentran dificultad a la hora de realizar una amplia serie de tareas sin relación entre sí, como resistirse a alimentos tentadores o almacenar información en la memoria. El fenómeno no se

Tenemos un único recipiente de poder cerebral para todos los actos cognitivos y de autocontrol, incluso si estos no se hallan relacionados.

detiene ahí. Incluso los retos físicos (por ejemplo, realizar una sentadilla) pueden verse perjudicados por haber ejercitado tu músculo mental con antelación. La investigación muestra que incluso si sus cuerpos están frescos, el rendimiento físico de las personas que están mentalmente fatigadas sufre. Dicho de otro modo, las fronteras entre la fatiga física y la mental no están tan definidas como creemos.

En un estudio agudamente titulado «Hambre de amor: la influencia de la autorregulación sobre la infidelidad», treinta y dos estudiantes universitarios que tenían pareja interactuaban a través de una sala de chat con un cómplice (es decir, un investigador que hacía el juego) del sexo opuesto. Antes de este chat, a la mitad de los participantes en el estudio no se les había permitido comer un alimento tentador, mientras que la otra mitad podía comer lo que deseasen. Como podía esperarse, quienes fueron obligados a resistirse a la comida tentadora era más probable que dieran su número de teléfono al cómplice o incluso que aceptasen una cita para tomar café. Los autores del estudio concluyeron: «Un autocontrol debilitado puede ser una causa potencial para los niveles de infidelidad que tienen lugar actualmente en las relaciones sentimentales». Quizás quieras pensarlo dos veces antes de animar a tu pareja a empezar una dieta. (Pero probablemente ya lo sabías).

UNA MIRADA DENTRO DE TU CANSADO CEREBRO

Más recientemente, algunos investigadores han comenzado a estudiar la noción de músculo mental con una sofisticada tecnología de imágenes, en lugar de simplemente con galletas de chocolate y rábanos. Lo que están hallando es muy intrigante. Sometieron a estudio a individuos con músculos mentales agotados, utilizando una máquina de imágenes de resonancia magnética funcional (fMRI) (una tecnología que permite a los investigadores ver la actividad que tiene lugar dentro del cerebro) y descubrieron que el cerebro de una persona cansada actúa de una manera peculiar. Al mostrar una imagen tentadora, como una jugosa hamburguesa con queso, o pedir solucionar un problema difícil, la actividad de las partes del cerebro asociadas con la respuesta emocional (la amígdala y la corteza órbito-frontal) reemplaza a la actividad de la parte del cerebro que se ocupa del pensar racional, reflexivo (la corteza prefrontal). Otros experimentos muestran que después de que alguien sea obligado a ejercer el autocontrol, la actividad de la corteza prefrontal disminuye totalmente. No es de extrañar que cuando estamos mentalmente agotados, al luchar con los problemas complejos y el autocontrol, optemos por ver dibujos animados y comer galletas de chocolate.

PRÁCTICAS DE RENDIMIENTO

- Recuerda que «el esfuerzo es esfuerzo»: el cansancio en una tarea afecta a la siguiente, incluso si no tienen relación alguna entre sí.
- Acepta solo unos cuantos retos a la vez. De otro modo te quedarás sin energía.
- Revisa tu entorno para que apoye tus objetivos. Esto resulta especialmente importante en los momentos en que sabes que te quedarás agotado. Es increíble hasta qué punto nuestro entorno impacta en nuestra conducta, sobre todo cuando estamos extenuados.

De modo muy parecido a como después de haber levantado pesas hasta la extenuación, tus brazos no funcionan muy bien, después de haber utilizado la mente hasta agotarte –sea para resistir la tentación, tomar decisiones difíciles o realizar tareas cognitivas exigentes– esta tampoco funcionará muy bien. Este cansancio podría llevarte a comer galletas de chocolate, rendirte ante la resolución de un problema intelectual arduo o incluso abandonar durante los retos físicos. En el peor de los casos, podrías incluso engañar a tu pareja.

La buena noticia es que igual que sucede con el cuerpo, esforzarse y permitir que la mente se recupere tiene como resultado un claro fortalecimiento. Los científicos han descubierto que cuanto más resistimos la tentación, pensamos profundamente o nos concentramos con intensidad, más preparados estamos para seguir haciéndolo. Una nueva línea de investigación objeta que la fuerza de voluntad, en particular, no es tan limitada como los científicos pensaban antes, y sugiere que llevando a cabo con éxito pequeños cambios productivos, podemos desarrollar la fuerza para realizar otros más importantes en el futuro. De cualquier manera, sea consecuencia de la fuerza de voluntad, de la disminución del ego o de cualquier otro mecanismo, no podemos utilizar nuestra mente de forma constante (al menos no de manera efectiva) sin experimentar cansancio en algún momento. Y no podemos asumir retos psicológicos más importantes sin antes desarrollar la fuerza a través de otros más pequeños. Todo esto nos lleva de nuevo allí donde empezamos: esfuerzo + descanso = desarrollo.

EL RITMO DE ESFUERZO Y DESCANSO

Durante los próximos cuatro capítulos, exploraremos con mayor detalle cada componente (esfuerzo y descanso) de la ecuación del desarrollo. Conocerás la mejor manera de entrenar y descansar tanto tus músculos físicos como los psicológicos, para que puedas optimizar tu rendimiento a lo largo de un día, un mes, un año y la vida entera. Pero antes de llegar a eso, para reforzar la verdad universal acerca del poder de los ciclos de esfuerzo y descanso, te contaremos la notable historia de alguien que aprovechó esta idea para lograr la excelencia tanto en su mente como en su cuerpo.

Josh Waitzkin descubrió el ajedrez en el Washington Square Park de Nueva York cuando tenía seis años. Fue al parque para jugar en los columpios, pero cuando llegó quedó fascinado por los emocionantes movimientos del ajedrez al que estaban jugando los adultos. El tablero a cuadros y las piezas que se movían por él eran como un mundo en miniatura al que Waitzkin pronto se lanzaría y, posteriormente, dominaría.

El dominio que logró no ocurrió de la noche a la mañana, pero casi. Si bien al principio el niño no era más que una novedad para los asiduos, que eran mucho mayores, no tardó en ganarles. A los ocho años, era ya una figura destacada: solía derrotar a los jugadores adultos. Cualquiera que fuese testigo del espectáculo que ofrecía Josh Waitzkin no podía evitar reconocer su talento y su pasión por el juego. El rumor se propagó rápidamente y no tardó mucho en atraer la atención de algunos de los más grandes maestros mundiales del ajedrez, que hacían cola para entrenarlo y aconsejarlo.

A partir de los nueve años, Waitzkin revolucionó la escena del ajedrez júnior de los Estados Unidos; ganó multitud de campeonatos nacionales. A los trece años, se convirtió en uno de los jugadores de ajedrez más jóvenes en obtener el prestigioso título de maestro nacional. Al llegar a los dieciséis, se había convertido en maestro internacional. Ese mismo año fue coronado cocampeón júnior de los Estados Unidos, una hazaña especialmente impresionante, dado que la división incluye jugadores de hasta veintiún años. Al año siguiente, ganó individualmente el mismo campeonato.

Más o menos al mismo tiempo, Paramount Pictures estrenaba el éxito *En busca de Bobby Fischer*, que narraba el ascenso de Waitzkin a la cumbre del ajedrez. La película mostraba lo que sucede cuando el talento se une a la profunda pasión y al trabajo duro e inteligente. Es una suerte que a Waitzkin no le interesaran los columpios del Washington Square Park; de otro modo puede que nunca se hubiese convertido en una superestrella internacional del ajedrez.

No obstante, pocos años después, cuando tenía veinte, como les sucede a otros muchos jóvenes, sus intereses cambiaron. Se dedicó con pasión a la meditación y la filosofía oriental. Estos nuevos intereses le condujeron finalmente a un arte marcial chino: el taichí. Aunque se sintió atraído por este deporte y se sumergió en él por puro interés, también lo vio como un refugio para liberarse del protagonismo que acompañaba a su fama en el ajedrez. Pero aquel sosiego no duró mucho.

De manera parecida a lo sucedido con el ajedrez, Waitzkin no tardó mucho en subir a la cumbre de las artes marciales mundiales. Por segunda vez en su vida, el rumor acerca del joven con gran talento y pasión se propagó rápidamente. Atrajo el interés de los mejores maestros de taichí del mundo y posteriormente fue entrenado y asesorado por ellos. Ganó muchos campeonatos nacionales ya en sus primeros años en ese deporte. Antes de cumplir los treinta, Waitzkin era campeón mundial en empuje de manos en quietud y empuje de manos en movimiento, los ejercicios competitivos fundamentales del taichí.

No cabe duda de que Waitzkin tenía un talento natural; sería absurdo no tener en cuenta el papel de la genética en sus logros. Pero resulta difícil creer simplemente que tenía el mejor ADN para todo. Como dijo en su maravilloso libro *El arte de aprender*, lo que lo catapultó a la cumbre de campos tan obviamente dispares fue cómo cultivó ese talento y su impulso competitivo –cómo fomentó su naturaleza–. Waitzkin atribuye gran parte de su éxito tanto en el ajedrez como en el taichí al modo en que alternaba esfuerzo y descanso:

> En más de una ocasión me levantaba del tablero tras cuatro o cinco horas de una partida de ajedrez increíblemente intensa, salía a caminar fuera de la sala y corría cincuenta metros a toda velocidad o subía seis tramos de escalera. Luego, volvía, me lavaba la cara y me sentía totalmente renovado. Hasta hoy, prácticamente cada elemento de mi entrenamiento físico gira en torno a una forma u otra de esfuerzo y recuperación [...] Si estás interesado en mejorar realmente como practicante de algo, te sugeriría incorporar el ritmo de esfuerzo y recuperación en todos los aspectos de tu vida.

2

RECONSIDERAR EL ESTRÉS

En 1934, en el Departamento de Bioquímica de la Universidad McGill, un endocrinólogo y profesor adjunto de medicina, que tenía entonces veintiocho años, intentaba descubrir una nueva hormona. Se llamaba Hans Selye y no le faltaban razones para creer que estaba realizando progresos. Cuando inyectó en unas ratas extracto ovárico, esperando provocar cambios que solo se explicarían mediante una hormona sexual no descubierta todavía, los animales experimentaron una respuesta fisiológica única. Su corteza suprarrenal creció y su sistema inmunitario se activó. Cuanto más extracto inyectaba, mayor era la respuesta. Selye estaba seguro de que una nueva hormona sexual estaba provocando esos cambios fisiológicos. Estaba extasiado. «A los veintiocho años, me parecía estar ya en la pista de una nueva hormona», escribió en su diario.

Desgraciadamente para él, su entusiasmo se marchitó cuando observó la misma respuesta inyectando a las ratas fluidos completamente distintos, que no tenían nada que ver con el sistema reproductor. Incluso una simple solución salina desencadenaba la misma respuesta. Su entusiasmo se convirtió en desengaño: «Todos mis sueños de descubrir una nueva hormona se hicieron pedazos. Todo el tiempo y todos los materiales que se habían empleado en este largo estudio habían sido en vano. Me deprimí tanto que durante unos días no pude trabajar. Simplemente me sentaba en el laboratorio, cabizbajo». Aunque en ese momento él no lo sabía, su depresión resultó ser un claro ejemplo del refrán «no hay mal que por bien no venga».

Al continuar dándole vueltas a sus experimentos, finalmente se le ocurrió que tal vez debería valorar desde un ángulo totalmente distinto lo que había observado: quizás el líquido de la inyección no provocaba la respuesta. Quizás la causa era el trauma de la misma inyección. Con ese pensamiento en mente, salió rápidamente de su estancamiento y se dedicó a traumatizar ratas. Les ponía inyecciones, les provocaba *shocks*, las operaba y les hacía todo lo que se le ocurría. Con cada nuevo acto traumático, observaba la misma respuesta: el sistema suprarrenal y el sistema inmunitario de las ratas se activaba. No estaban preparándose para el sexo. Se estaban preparando para la lucha.

Aunque los sueños que tenía Selye de descubrir una nueva hormona quedaron frustrados, su premio de consolación fue bien grande. Sin saberlo, tropezó con un concepto que se convertiría en una de las preocupaciones principales de la sociedad moderna: el estrés. Al hacer algo –realmente, cualquier cosa– que provocara un *shock* o causara dolor e incomodidad en las ratas, podía desencadenar una respuesta innata al estrés que ahora sabemos que es compartida por prácticamente todos los organismos vivos.

LA DOSIS HACE EL VENENO

Selye y quienes desarrollaron su trabajo comenzaron a estresar a seres humanos y observaron el mismo fenómeno que habían visto en las ratas. Pero se dieron cuenta también de algo más. Con el tiempo, tanto los humanos como las ratas parecían adaptarse a cada factor estresante único desarrollando una resistencia creciente. Algunos factores estresantes podían incluso producir resultados deseables, fortaleciendo la parte concreta del cuerpo que estaba bajo sus efectos. Aprendieron que el estrés no solo es perjudicial; puede servir también como estímulo para el crecimiento y la adaptación.

El estrés no solo es perjudicial; puede servir también como estímulo para el crecimiento y la adaptación.

Ahora conocemos cómo nuestra respuesta adaptativa al estrés se halla enraizada en moléculas denominadas proteínas inflamatorias y en una hormona llamada cortisol. Las proteínas inflamatorias y el cortisol se activan mediante el estrés y sirven como mensajeros biológicos, que le advierten al cuerpo: «¡No somos lo bastante fuertes como para soportar este ataque!». Como consecuencia, organiza un ejército de sustancias bioquímicas que se dirigen al área que se encuentra sometida a estrés, haciendo que el organismo sea más fuerte y resiliente. Este es el increíble modo preprogramado de prepararse mejor para hacer frente a futuras amenazas.

Como mencionamos antes, fortalecer un músculo, como el bíceps, es un fantástico ejemplo de cómo funciona el estrés de una manera positiva. Levantar pesas pesadas hasta el agotamiento produce microdesgarros en el tejido de los músculos y desencadena la respuesta al estrés. El cuerpo se hace consciente de que por regla general no es lo suficientemente fuerte para tolerar el estrés bajo el que se encuentra. Por consiguiente, una vez dejamos de levantar pesas, pasamos al llamado estado anabólico, en el cual el músculo se desarrolla, de modo que en el futuro pueda soportar más estrés. Este mismo proceso tiene lugar después de cualquier esfuerzo físico considerable, desde levantar pesas hasta correr, remar o realizar ejercicios difíciles de *CrossFit*.

Ahora bien, si la cantidad de estrés es excesiva o dura demasiado, el cuerpo no puede adaptarse. En realidad hace lo contrario; en lugar de fortalecerse, se deteriora. Selye llamó a esto «la etapa de agotamiento». Hoy en día, muchos se refieren a la etapa de agotamiento como estar sometido a un «estrés crónico». El cuerpo se rebela y entra en un proceso llamado catabólico, o estado de deterioro persistente. En lugar de mandar señales para restaurarlo y reducirlo, aumenta la inflamación y el cortisol permanece en niveles tóxicos. El sistema suprarrenal, constantemente en guardia, se sobrecarga y fatiga. Por esta razón no nos sorprende que el estrés crónico contribuya a infinidad de problemas de salud; el cuerpo como totalidad solo puede soportar una cierta cantidad de tensión antes de quebrarse.

Si reúnes todos estos datos surge una paradoja. El estrés puede ser positivo y desencadenar adaptaciones deseables en el cuerpo o puede ser negativo y causar graves daños y perjuicios. El efecto del estrés depende de casi totalmente de la dosis. Y cuando se aplica en la dosis correcta, hace algo más que estimular las adaptaciones fisiológicas. Estimula también las psicológicas.

> El efecto del estrés depende casi totalmente de la dosis.

LAS HABILIDADES PROCEDEN DEL ESFUERZO

Al reflexionar sobre su desarrollo como triunfador de élite, Josh Waitzkin, el prodigio internacional del ajedrez convertido en campeón mundial de artes marciales que hemos presentado al final del primer capítulo, tuvo una interesante intuición: el desarrollo se produce en el punto de resistencia; aprendemos empujando los límites de nuestras capacidades.

Aunque suena como si se refiriese a un agotador ejercicio de artes marciales, no es así. En realidad se refiere a su proceso de dominio del ajedrez. Mucho antes de que supiera lo que era el taichí, durante sus prácticas de ajedrez, Waitzkin forzaba su mente hasta el punto del completo agotamiento. Si bien hay incontables libros sobre la aplicación del entrenamiento deportivo a objetivos no deportivo, él hizo lo contrario. Tomó la filosofía del entrenamiento que lo había convertido en campeón mundial de ajedrez y la utilizó para convertirse en campeón mundial de artes marciales. Incluso cuando solo entrenaba su mente, estudiando meticulosamente los patrones ajedrecísticos y la estructura profunda que subyace a ellos, tenía que esforzarse al máximo. Para provocar el desarrollo, debía empujarse hasta llegar al punto de resistencia. Aunque la intuición de Waitzkin tuvo lugar hace unos veinte años, la ciencia más reciente sobre el aprendizaje está empezando a descubrir por qué su método funciona.

Las frustraciones de los profesores de un instituto del condado de Oakland (Míchigan), son similares a los de los profesores de todo el país: clases masificadas, distracciones con los aparatos digitales y, desde luego, recursos insuficientes. Pero sobre todo, los profesores están frustrados por la «Base común», un currículo nacional estandarizado al que se les ha exigido que se adhieran. Por muy bien intencionada que esa Base común pueda ser (se propone asegurar unas bases comunes en cada nivel educativo), su resultado en el condado de Oakland no ha sido muy bueno. En una visita reciente escuchamos lo siguiente:*

- «Logré aplicar lo que propone el gobierno federal respecto a la educación estándar, pero el resultado es un modelo preestablecido de la enseñanza. Nos obliga a enseñar el currículo en lugar de enseñar enfocándonos en el desarrollo personalizado de los alumnos» (profesor de Ciencias de primero de bachillerato).
- «Elimina la creatividad en el aula, porque nos obliga a enseñar para exámenes determinados» (profesor de Lengua de tercero de ESO).
- «Es horrible. Nos obliga a darles todo mascado a los alumnos. Es especialmente perjudicial para los niños más brillantes, ya que no tenemos libertad para motivarlos. Toda la enseñanza tiene lugar dentro de una caja» (profesor de Economía de cuarto de ESO).

Estas quejas están bien fundamentadas. Parámetros específicos, hechos comprobables, como preparación para exámenes rígidos, estandarizados, no promueven el aprendizaje. En lugar de eso, la ciencia muestra que para estimular el aprendizaje es necesario fomentar la investigación abierta y alentar a los alumnos a ir más allá de sus límites individuales. En una serie de estudios centrados en las clases de matemáticas de la ESO y el bachillerato, los alumnos a los que se obligó a enfrentarse a problemas complejos antes de recibir ayuda de los maestros tuvieron mejor

* Se ha cambiado el nivel educativo y la materia impartida para preservar la identidad de estos profesores.

rendimiento que los que recibían ayuda inmediatamente. Los autores de estos estudios resumieron sus hallazgos en una afirmación sencilla pero elegante: las habilidades proceden del esfuerzo.

Otro estudio, titulado «¿Por qué solo determinados acontecimientos generan aprendizaje durante la enseñanza escolar?», halló que la respuesta era simple: porque la mayoría de los maestros se precipitan a ofrecer respuestas y apoyo demasiado pronto. Al analizar distintos sistemas de enseñanza de la física en niveles universitarios, los investigadores descubrieron que «independientemente de las explicaciones magistrales utilizadas, cuando los estudiantes no se veían ante un callejón sin salida, el aprendizaje era poco frecuente». Por otra parte, los sistemas de enseñanza más eficaces compartían una característica: retardaban la instrucción hasta que los estudiantes alcanzaban su punto límite. El desarrollo se produce en el punto de resistencia. Las habilidades proceden del esfuerzo.

El desarrollo se produce en el punto de resistencia. Las habilidades proceden del esfuerzo.

Lo mismo sucede en los deportes. Ya sea un corredor intentando correr más rápidamente, un jugador de baloncesto ensayando un nuevo movimiento o un surfista de grandes olas intentando dominar un recorrido difícil, los mayores beneficios siguen a un inmenso esfuerzo e incomodidad.

Nic Lamb es uno de los mejores surfistas de todo el mundo. Cabalga olas que son tan altas como edificios de cuatro pisos. Aunque sus logros sobre el agua parecen mágicos, se basan en un meticuloso enfoque del entrenamiento y una actitud a prueba de balas que cultiva día tras día. Cuando Brad lo entrevistó para la revista *Outside*, estaba especialmente interesado en saber cómo se prepara Lamb para hacer frente a las olas más potentes. Su secreto reside en buscar la incomodidad: «Durante el entrenamiento, busco e intento cabalgar olas que me aterran. Solo creces cuando saltas fuera de tu zona de confort. Sentirse incómodo es el camino al desarrollo y el crecimiento personal. Es lo contrario de la complacencia».

Lamb acepta los retos, viendo el fracaso no como un revés, sino como una oportunidad para crecer. «Si nunca traspaso los límites, si nunca me esfuerzo para ir más allá, nunca mejoraré», decía. Más bien al contrario, las ocasiones en que se enfrenta a retos extraordinarios, los supere o le falte poco para superarlos, a menudo son las más valiosas. Son esas ocasiones las que ponen al descubierto los puntos débiles tanto físicos como mentales y permiten comprender en qué áreas se puede mejorar. Son ellas las que embarcan plenamente tanto su cerebro como su cuerpo en la aventura de intentar resolver el problema. Y elevan el listón de lo que Lamb considera posible.

Lo que Waitzkin, los estudiantes que aprenden con éxito y Lamb practican se conoce a veces como «fracaso productivo». Existe un amplio consenso científico en que el aprendizaje más profundo se da cuando experimentamos este tipo de fracaso. En lugar de simplemente contestar una pregunta concreta, resulta beneficioso sentir que algo supone un reto, e incluso fracasar. El fracaso nos ofrece una oportunidad para analizar un problema desde distintas perspectivas, motivándonos a comprender su estructura profunda subyacente y a perfeccionar la habilidad de resolución. Desde luego, recibir atención inmediata puede ser altamente satisfactorio. Pero cuando sucumbimos al impulso de una solución inmediata, nos perdemos un tipo especial de aprendizaje profundo que solo una dificultad puede generar.

APRENDIZAJE DE SISTEMA 2

Daniel Kahneman, psicólogo ganador del Premio Nobel, afirma que la mente humana se divide en dos tipos de pensamiento: el sistema 1 y el sistema 2. El Sistema 1 funciona de manera automática y rápida. A menudo está guiado por el instinto y la intuición. El Sistema 2, por otra parte, es más reflexivo y analítico y dirige las actividades mentales que se realizan con esfuerzo. El Sistema 1 constituye nuestro modo de pensar por defecto, porque requiere menos energía. Cuando estamos en el piloto automático, el Sistema 1 está funcionando y lo que domina es nuestro modelo mental del mundo habitual. Solo cuando activamos el Sistema 2, trabajando realmente mucho y esforzándonos por averiguar algo, tenemos oportunidad de examinar nueva información de manera crítica e integrarla en nuestra red de conocimientos. El verdadero aprendizaje requiere el Sistema 2.

Para comprender por qué el Sistema 2 de aprendizaje supone tal reto, necesitamos mirar en lo más profundo de nuestro cerebro. Nuestra red de cognición consta de células cerebrales llamadas neuronas, que están unidas por axones, que funcionan como cables eléctricos en el cerebro. Cuando aprendemos algo nuevo, la actividad eléctrica viaja entre las neuronas a través de estos axones. Al principio, las conexiones son débiles (tanto me tafórica como realmente) y luchamos con la nueva habilidad, ya sea utilizando la gramática correctamente o la mano no dominante en la cancha de baloncesto. Si abandonamos, optando por no luchar, se hace cargo de la situación el Sistema 1. Seguimos, por defecto, las conexiones de nuestro cerebro que son ya fuertes y continuamos empleando adjetivos en lugar de adverbios o regateando con nuestra mano derecha, en lugar de hacerlo con la izquierda. Pero si persistimos en la lucha y seguimos trabajando en la nueva habilidad, las conexiones entre las neuronas se fortalecen. Esto ocurre, parcialmente, gracias a una sustancia llamada mielina. La mielina es como la versión cerebral del aislante, que envuelve nuestros axones. A medida que trabajamos más en algo, se produce más mielina, y eso permite que la actividad eléctrica viaje de manera más fluida entre las neuronas. En otras palabras, las conexiones de nuestro cerebro se fortalecen. Con el tiempo, nuestros esfuerzos anteriores se convierten en una segunda naturaleza. Si persistimos aprendiendo algo durante el tiempo suficiente, lo que antes era una formidable dificultad del Sistema 2 se convierte en una tarea simple del Sistema 1. Basta con que le preguntes a alguien que aprendió cómo regatear con su mano no dominante. O simplemente pregúntate a ti mismo: «¿Cuánto suman 3 + 2? ¿Y cuánto es 6 x 4?». Piensa en cuando eras un niño pequeño. Responder a estas preguntas no siempre fue tan fácil.

Del mismo modo que el esfuerzo por levantar las pesas una vez más es un gran método para el desarrollo del cuerpo, esforzarse hasta no poder más y solo entonces recibir ayuda es una gran receta para desarrollar la mente.

Esto no significa que un esfuerzo sin objetivo promueva el aprendizaje. Pero sí quiere decir que el mejor aprendizaje se da cuando realmente hemos trabajado para ello. Del mismo modo que el esfuerzo por levantar las pesas una vez más es un gran método para el desarrollo del cuerpo, esforzarse hasta no poder más y solo entonces recibir ayuda es una gran receta para desarrollar la mente. Si quieres mejorar continuamente en cualquier cosa que hagas, tienes que considerar el esfuerzo como algo positivo, incluso deseable. Aunque demasiado esfuerzo o un esfuerzo que no termina nunca pueden ser peligrosos, la cantidad correcta sirve como un poderoso estímulo para el desarrollo.

PRÁCTICAS DE RENDIMIENTO

- El esfuerzo estimula el desarrollo.
- Como el prodigio ajedrecístico convertido en campeón de artes marciales Josh Waitzkin dice, «el desarrollo se produce a partir del punto de resistencia».
- Desarrollar una nueva capacidad exige esfuerzo: las habilidades proceden del esfuerzo.
- Cuando te esfuerzas, se activa el Sistema 2 y empieza el verdadero desarrollo; la mielina se acumula y las conexiones neuronales se fortalecen.
- Falla productivamente: busca ayuda solo después de haberte esforzado por ti mismo.

RETOS APENAS MANEJABLES

Cuando el psicólogo Mihaly Csikszentmihalyi estaba estudiando cómo los grandes triunfadores llegan a serlo y mejoran constantemente, se dio cuenta de que todos ellos, de manera habitual, se esforzaban hasta el límite y quizás un poco más allá. En un intento de convertir este planteamiento casi místico en algo menos nebuloso, desarrolló una elegante herramienta conceptual.

La herramienta de Csikszentmihalyi no solo puede ayudarte a encontrar tu camino hacia la excelencia, sino que también puede girar el dial hacia la cantidad óptima de esfuerzo que se requiere para crecer. El mejor tipo de estrés, lo que llamaremos «los retos apenas manejables», se halla en la esquina superior derecha del diagrama, en la sección «fluir».

Los retos apenas manejables se manifiestan cuando emprendes algo que hace que te sientas un poco fuera de control,

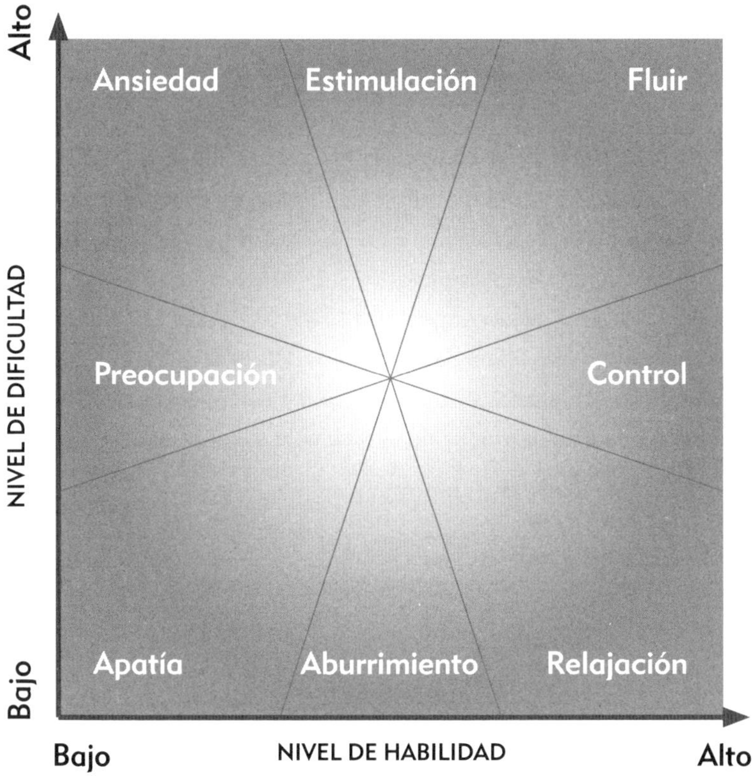

pero no demasiado ansioso ni excesivamente excitado.* Cuando la tarea que tienes entre manos se encuentra ligeramente más allá de tus capacidades, estás en el punto ideal. Cualquier cosa por debajo de un desafío así hará que sientas que «esto lo tengo en el bolsillo». Sería demasiado fácil y no requeriría el suficiente esfuerzo para servir como un estímulo al crecimiento. Ahora bien, un desafío superior que te produzca la sensación enervante de escuchar los latidos de tu corazón haría difícil la concentración. Lo que estás buscando es el punto óptimo: cuando el desafío que tienes delante está en el límite, o quizás un poco más allá, de tus capacidades habituales.

* Brad escuchó el término *retos apenas manejables* de su profesor universitario, Richard Price, de la Universidad de Míchigan.

Los ejercicios que Steve diseña para corredores de larga distancia a nivel mundial, como Sara Hall, son excelentes ejemplos de retos apenas manejables. Antes de terminar cerca de la cumbre de su especialidad en el Campeonato Mundial de Media Maratón del 2016, Hall logró recorrer las quince millas a cinco minutos y medio la milla, una velocidad ligeramente mayor de lo que hasta entonces había conseguido. Estos ejercicios están diseñados para extender los límites, presionando a los corredores más allá de sus capacidades habituales. Como consecuencia, no es infrecuente que los atletas de Steve se muestren un poco nerviosos al practicar. Algunos pueden incluso preguntarse si serán capaces de completar el ejercicio. Aunque los psicólogos deportivos, desde su sillón, puedan asegurar que este tipo de duda e incertidumbre es algo negativo, Steve tiene una opinión diferente. Una pequeña duda e incertidumbre en realidad es algo positivo: indica que emerge una oportunidad de crecimiento.

> Lo que estás buscando es el punto óptimo: cuando el desafío que tienes delante está en el límite, o quizás un poco más allá, de tus capacidades habituales.

> Una pequeña duda e incertidumbre en realidad es algo positivo: indica que emerge una oportunidad de crecimiento.

La vocecita que hay dentro de tu cabeza diciéndote «no es posible que lo haga», en realidad es una señal de que estás en la pista correcta. Es tu mente intentando hacerte retroceder al camino familiar que representa tu zona de confort. Los retos apenas manejables tienen que ver con apartarse del camino conocido y entrar en uno ligeramente más exigente.

Esta idea se aplica a prácticamente todo, sea un ejercicio físico, una representación musical o un proyecto en la oficina. Esa es la belleza del diagrama de Csikszentmihalyi. Puedes situar cualquier actividad en él. Al hacerlo, es importante tener en cuenta los múltiples factores contextuales que pueden hacer que una actividad sea más o menos difícil en un momento dado. Los factores externos pueden incluir:

- El tiempo.
- El tamaño de la audiencia (o el nivel de exigencia).
- La remuneración económica.
- Las fechas límite.
- Las personas con las que tienes que trabajar (si se trata de un grupo o del proyecto de un equipo).

Los factores internos pueden incluir:

- Otros elementos estresantes de tu vida en ese momento.
- Tu interés y tu motivación personal por la actividad.
- Tu salud física y mental.

Piensa en las actividades que realizas en un día normal. ¿Dónde se sitúan en el diagrama de Csikszentmihalyi? ¿Estás persiguiendo tu desarrollo de una manera sana, sostenible? No estamos sugiriendo que pases todo tu tiempo inmerso en retos apenas manejables. Hacer eso probablemente no es muy práctico. Es más, incluso necesitas recuperarte entre episodios de gran esfuerzo, para que dicho esfuerzo sea beneficioso. Ahora bien, lo que sugerimos es que en las capacidades que deseas desarrollar –sea un modelo financiero, la pintura de retratos, una carrera de larga distancia o cualquier otro objetivo– deberías buscar regularmente retos apenas manejables: actividades que te sacan de tu zona de confort y te obligan a empujar el punto de resistencia para crecer.

En este capítulo, hemos explorado los beneficios del esfuerzo, examinado por qué las habilidades proceden de la lucha y aprendido qué tipos de actividades entran en la categoría del estrés positivo, que favorece el crecimiento –lo que llamamos retos apenas manejables–. A continuación, exploraremos las dinámicas de cómo deberías trabajar con ellos y explicaremos por qué buena parte de la sabiduría convencional acerca del trabajo «productivo» yerra el tiro.

PRÁCTICAS DE RENDIMIENTO

- Piensa en una habilidad o capacidad que quieras desarrollar.
- Evalúa tu facultad habitual de realizar esta habilidad o capacidad.
- Busca activamente retos que excedan por poco tu capacidad.
- Si sientes que lo dominas totalmente, ponte un siguiente reto un poco más difícil.
- Si te sientes ansioso o tan excitado que no puedes concentrarte, reduce la actividad un poco.

3

ESFUÉRZATE (O ESTRÉSATE)

A comienzos de los noventa, un científico conductista llamado K. Anders Ericsson comenzó a investigar cómo nos convertimos en expertos. En ese momento, la sabiduría dominante sostenía que la clave era la experiencia. Esto es, cuanto más tiempo pasase alguien practicando algo, mejor realizaría esa tarea. En algún momento, Ericsson pensó que la acumulación de experiencia –quizás con un poco de ayuda del ADN adecuado– culmina en ser un experto. Pero no mucho después de que comenzara su proyecto, vio la luz una historia totalmente distinta.

Ericsson descubrió una investigación oculta que mostraba que los profesores de Física de la Universidad de California, en Berkeley, no lograban superar a los estudiantes en series de problemas introductorios. Sin embargo, algunos de esos profesores habían estado investigando y enseñando física durante décadas. Algo fallaba.

A medida que Ericsson siguió desenterrando estudios poco conocidos, continuó hallando resultados sorprendentes. El número de años que un psicólogo tenía acumulados, por ejemplo, no se correlacionaba con su éxito en el tratamiento de pacientes. Otra investigación mostró que muchos médicos bajaban su nivel de acierto en diagnósticos elaborados a partir de escáneres radiográficos cuanto más experiencia tenían. Cuanto más tiempo había transcurrido desde su formación académica, más errores cometían. En todos los campos en los que se ha estudiado (desde la degustación de vinos hasta la inversión financiera), cuando se trataba de diferenciar la excelencia, la experiencia no era una variable fundamental. En algunos casos, a Ericsson le resultaba casi imposible distinguir entre los resultados de los novatos y los de los veteranos. Independientemente del ángulo desde el que lo examinase, halló que la experiencia y la pericia no necesariamente iban juntas.

Ericsson se preguntó: «Si no es la experiencia, ¿qué es lo que hace que alguien sea experto?». Para descubrirlo, él y un equipo de investigadores viajaron a Berlín y se dispusieron a estudiar a los violinistas de la ilustre Global Music Academy, que tenía una excelente reputación internacional en cuanto a la formación de violinistas; muchos de los mejores del mundo habían pasado por las venerables puertas de la Global Music Academy. Cuando Ericsson y su equipo llegaron, pidieron a los violinistas que siguieran haciendo exactamente lo que estaban haciendo, con solo una pequeña excepción: escribirlo. Al final de cada día, los violinistas registraron cómo habían empleado cada minuto del día mientras estaban despiertos. Después de una semana, se compararon los diarios de los más destacados –aquellos de los que los profesores de la academia dijeron que eran lo suficientemente buenos como para hacer carrera como solistas internacionales– con los de todos los demás. Casi todos practicaban la misma cantidad de tiempo a la semana: aproximadamente unas cincuenta horas. Esto no sorprendió lo más mínimo a Ericsson. El hecho de ser invitado a la Global Music Academy exigía una inmensa dedicación y trabajo duro. Además, que todos los violinistas practicaran la misma cantidad de tiempo no hizo sino confirmar lo que él ya sabía: la experiencia por sí sola no hace a un experto.

A continuación, los investigadores examinaron qué sucedía en esas cincuenta horas. ¿Cómo practicaba cada uno? La respuesta fue: de maneras muy diferentes. Los mejores violinistas empleaban más tiempo, de manera significativa, concentrados intensamente en dominar una meta específica, y permanecían totalmente presentes cuando lo hacían. Eliminaban toda distracción. Rara vez, si es que alguna, se limitaban a recorrer los movimientos. Los mejores violinistas practicaban, según los investigadores, mucho más «deliberadamente» que los demás.

Ericsson y su equipo siguieron dirigiendo estudios adicionales sobre atletas, artistas e intelectuales. Siempre hallaron lo mismo. No es la experiencia lo que caracteriza la excelencia, sino la cantidad de práctica deliberada. Aunque Ericsson terminaría asociado con la conocida regla Malcolm Gladwell de las diez mil horas –la idea de que cualquiera puede convertirse en un experto en cualquier materia practicando diez mil horas–, sus hallazgos suponen algo muy distinto. La maestría no tiene que ver con cierto número de horas practicadas. Más bien tiene que ver con el tipo de trabajo que llena esas horas. No es la práctica lo que hace la perfección, sino la práctica perfecta.

No es la experiencia lo que caracteriza la excelencia, sino la cantidad de práctica deliberada. No es la práctica lo que hace la perfección, sino la práctica perfecta.

LA PRÁCTICA PERFECTA

Así pues, ¿qué es exactamente lo que hace perfecta la práctica? Ericsson halló que las personas que destacan por su rendimiento buscan activamente retos apenas manejables, estableciendo objetivos para sus sesiones prácticas que superen ligeramente sus capacidades habituales. Pero eso es solo la mitad de la historia. Lo que realmente diferencia la práctica es la concentración profunda. Para probar esto, los investigadores seleccionaron un grupo de cantantes profesionales y *amateurs* y los conectaron a aparatos que miden los indicadores fisiológicos de la concentración. Una vez colocados los aparatos, los cantantes se dedicaron a sus hábitos de práctica habituales. Al final, a cada uno de ellos se le formuló una serie de preguntas para valorar su nivel de confort y de concentración. Emergió un patrón claro. Tanto los datos fisiológicos como los datos aportados en las respuestas mostraban que, para los cantantes *amateurs*, la sesión práctica liberaba tensiones y generalmente era divertida. Por su parte, los cantantes profesionales demostraban importantes aumentos de la concentración durante la sesión práctica. Se concentraban cuidadosamente en mejorar partes concretas de su actuación, incluso si eso hacía que las sesiones fueran menos divertidas. Los mejores cantantes se esforzaban un poco más allá de sus zonas de confort y lo hacían con una aguda conciencia. Aunque los *amateurs* y los profesionales practicaban durante la misma cantidad de tiempo, el modo en que utilizaban ese tiempo era muy

> En general, cuando los grandes ejecutores están trabajando en serio, sus cuerpos y sus mentes permanecen cien por cien allí. Están totalmente comprometidos con el momento.

diferente. En general, cuando los grandes ejecutores están trabajando en serio, sus cuerpos y sus mentes permanecen cien por cien allí. Están totalmente comprometidos con el momento.

TOTALMENTE PRESENTES

Uno de nuestros mentores es un hombre llamado Bob Kocher. Es la definición de un hombre del Renacimiento. Su formación principal es en medicina. Fue a la Universidad de Washington y a la Facultad de Medicina de la Universidad George Washington. Aunque no fue a un centro de los más renombrados, como Harvard o Yale, ganó la beca, extremadamente elitista, del Howard Hughes Medical Institute, el equivalente de la beca Rhodes en medicina. Ejerció como médico en el Beth Israel Deaconess Medical Center, filial de Harvard, pero después de unos cuantos años, el doctor Bob (como casi todo el mundo lo llama) se dio cuenta de que no podía ayudar plenamente a sus pacientes porque estaba trabajando en un sistema enfermo. Era una decisión difícil y temible, pero tuvo la determinación de dejar la práctica clínica en busca de oportunidades para mejorar la atención sanitaria en un nivel estructural. Y las halló.

Desde que colgó su bata blanca, el doctor Bob ha ocupado muchos puestos: socio de una importante empresa consultora, asesor en materia de atención sanitaria que informaba directamente al presidente de los Estados Unidos, investigador en la Brookings Institution y profesor en la Universidad de Stanford, por mencionar solo unos cuantos. Actualmente, es socio de una de las mayores empresas de capital de riesgo en Silicon Valley, en la que ha invertido millones de dólares en empresas nuevas y servicios que podrían cambiar el sistema de atención sanitaria. Sus opiniones sobre innovación y atención sanitaria se publican en el *New York Times* y en prestigiosos diarios académicos. El doctor Bob ha sido entrevistado como experto en una gran cantidad de libros que se han convertido en éxitos de ventas. Cuando líderes nacionales, e incluso internacionales, se ven obligados a tomar decisiones sobre la atención sanitaria, a menudo esperan hasta haber hablado con él. En pocas palabras: la trayectoria del doctor Bob es excelente.

Desde luego, nosotros lo admiramos por todos esos logros y por el duro trabajo sobre el que descansan. Pero también lo admiramos por llevar un reloj digital de treinta y cinco dólares; es decir, no hace nada de esto por dinero, ni se deja llevar por la ostentación material. Le concede prioridad a su salud física: realiza ejercicio al menos una hora casi todos los días. Y lo que es más importante, es un marido maravilloso y padre de dos niñas, llega casi siempre a casa a la hora de cenar y está presente en actividades extracurriculares. De modo que cuando conocimos al doctor Bob en su despacho de Palo Alto, lo que más nos interesaba saber era el *cómo*: «¿Cómo lleva a cabo tantas actividades, al mismo tiempo que mantiene un equilibrio en su vida?». Él respondió a nuestras preguntas sin necesidad de decir una sola palabra.

Desde el instante en que entramos en el despacho del doctor Bob, estuvimos en el despacho con el doctor Bob. No estuvimos en el despacho con el correo electrónico del doctor Bob, con su móvil ni con colegas que interrumpiesen. Antes de estar juntos estaba escribiendo un artículo para un periódico médico de gran repercusión mediática y tomando decisiones sobre el futuro de una compañía. Pero no se llevó esos asuntos a aquella sala para hablar con nosotros. Estábamos solo nosotros tres, comentando este libro. La energía podía palparse. Nos ofreció la misma atención que ofrece al presidente de los Estados Unidos. El doctor Bob estaba totalmente presente. Estábamos siendo testigos en tiempo real del secreto de su éxito.

Realizando una sola tarea o actividad a la vez y dedicándole una plena concentración, el doctor Bob es capaz de hacer muchas cosas bien, desde escribir e influir en la política sanitaria hasta invertir en compañías o ser un buen marido y padre. Su insistencia en llevar a cabo una sola tarea o actividad a la vez le asegura un aprendizaje y un desarrollo en cada documento que escribe y en cada interacción en la que participa. «No es que no pueda hacer varias cosas al mismo tiempo –dice–, pero cuando lo hago todas ellas sufren. Así que simplemente no hago varias cosas al mismo tiempo. Nunca».

Realizando una sola tarea o actividad a la vez y dedicándole una plena concentración, el doctor Bob es capaz de hacer muchas cosas bien.

Él divide su día en apartados de hora en hora. Cada apartado tiene un objetivo concreto. Estos objetivos van desde, por ejemplo, escribir quinientas palabras para un artículo, informarse lo suficiente sobre una empresa para tomar una decisión de inversión, tener una conversación fluida con una persona interesante, mantener su frecuencia cardíaca al 80 % de su máximo en una clase de gimnasia, influir en alguien que ha de tomar una decisión en un encuentro político importante o disfrutar de la cena con su mujer y sus niñas. Este tipo de compartimentación asegura que sigue su regla dominante: «Haz solo una cosa cada vez». El secreto del doctor Bob para hacer tanto es hacer tan poco. Es el máximo exponente del arte de realizar una sola tarea o actividad a la vez.

UNITAREA *VERSUS* MULTITAREA

La historia del doctor Bob es esclarecedora, pero ¿sirve su estrategia para todo el mundo? Y si lo hace, ¿por qué tanta gente insiste en hacer muchas cosas al mismo tiempo?

Nos gusta la multitarea porque cuando hacemos muchas cosas al mismo tiempo nos sentimos más productivos y experimentamos una mayor satisfacción emocional. Una voz interna en nuestra mente subconsciente dice: «Mira todo lo que estoy haciendo. Mira todas las cruces que estoy poniendo en mi lista de tareas terminadas». En una sociedad que estimula y recompensa la «optimización» y los «procesos múltiples», no podemos evitar querer «optimizarnos» a nosotros mismos. Desafortunadamente, nuestros cerebros no funcionan como ordenadores. Para el 99 % de nosotros,* la verdadera multitarea no es más que un pensamiento ilusorio.

Para el 99 % de nosotros, la verdadera multitarea no es más que un pensamiento ilusorio.

Incluso en individuos que afirman ser capaces de realizar varias tareas simultáneas, los escáneres de imágenes cerebrales por resonancia magnética revelan que es imposible hacer dos cosas al mismo tiempo con un nivel elevado de calidad. Cuando efectuamos varias tareas al mismo tiempo, nuestros cerebros o van cambiando constantemente de una a otra o destinan solo una porción de nuestra capacidad cognitiva a cada una de ellas. Como consecuencia, como incontables estudios muestran, la calidad e, irónicamente, el tiempo de duración de nuestro trabajo sufren cuando realizamos varios cometidos simultáneamente.

* Los estudios muestran que solo un poco más de un 1 % de la población puede realmente realizar varias tareas al mismo tiempo. Las probabilidades de que tú estés en ese 1 % son escasas. Así es como funcionan las probabilidades.

PRÁCTICAS DE RENDIMIENTO

- Aplica los componentes de la práctica perfecta cada vez que te dispongas a hacer un trabajo significativo.
- Define un propósito y objetivos concretos para cada sesión de trabajo.
- Pregúntate: «¿Qué quiero aprender o realizar?».
- Concéntrate profundamente, aunque hacerlo no siempre sea divertido.
- Haz solo una cosa a la vez: en la próxima ocasión en que te veas llevando a cabo varias tareas al mismo tiempo, recuerda que la investigación demuestra que no es efectivo. Guarda en tu mente el secreto del doctor Bob: «Haz solo una cosa cada vez».
- Recuerda que la calidad está por encima de la cantidad.

Aunque el coste de ir cambiando de una tarea a otra puede parecer trivial –a veces solo unas décimas de segundo–, con el tiempo estos costes se suman a medida que vamos haciendo esos constantes cambios. Investigadores de la Universidad de Míchigan hallaron que la realización simultánea de tareas aparentemente inocuas puede arrebatar hasta un 40 % del tiempo productivo de una persona. Aunque pueda parecer que estamos haciendo el doble de cosas cuando acometemos varias a la vez, en realidad estamos haciendo aproximadamente la mitad.

No solo sufre nuestro rendimiento a corto plazo. Otras investigaciones muestran que las personas que de manera «crónica» realizan varias tareas al mismo tiempo son menos eficaces a la hora de filtrar información irrelevante y más lentas en la identificación de patrones, además de tener peor memoria a largo plazo. En otras palabras, hacer varias cosas al mismo tiempo afecta negativamente no solo al trabajo que desempeñamos hoy, sino también al que desempeñaremos mañana. Como los violinistas expertos de Ericsson y el hombre del Renacimiento, el doctor Bob, demuestran, el mejor modo de crecer mediante el esfuerzo es efectuando una sola tarea cada vez con plena concentración.

Desafortunadamente, el simple hecho de conocer los peligros de la multitarea no implica que dejemos de hacerla. Las tecnologías que posibilitan y facilitan realizar varias cosas al mismo tiempo pueden ser adictivas. Nos apartan del compromiso pleno, disminuyendo el estímulo del desarrollo potencial de lo que estemos haciendo. (Basta con imaginar un corredor que en la pista llegase a pararse por completo para mirar su móvil cada vez que llega una notificación. El constante empezar y detenerse, desde luego, perjudicaría su rendimiento). Pero antes de poder imaginar modos eficaces de huir de las distracciones de estas tecnologías, primero tenemos que comprender por qué nos hemos vuelto tan adictos a ellas.

ADICTOS A NUESTROS MÓVILES

Si tuviéramos que apostar (veremos más sobre esto dentro de poco), apostaríamos a que adoras a tu móvil. No hay nada de malo en ello. A nosotros también nos encantan nuestros móviles. Son aparatos increíbles que hacen posible un nivel de conectividad con el que nadie podría haber soñado hace ni siquiera quince años. De hecho, si no nos encantasen nuestros móviles, probablemente no estarías leyendo este libro ahora. A comienzos del 2014, Brad recorría su cuenta de Twitter mientras caminaba por una calle de San Francisco y vio un intrigante tuit de alguien llamado Steve Magness, quien, en ese momento, estaba en una cafetería de Houston. Brad hizo clic en el enlace del tuit de Steve y se entusiasmó con lo que estaba leyendo. Mientras leía, se quedó pasmado, pensando: «¡Ostras, parece que este tío y yo estamos en la misma longitud de onda respecto a muchas cosas!». Brad leyó unas cuantas entradas más del blog de Steve y decidió que tenía que enviarle un correo rápido. En unos minutos, Steve, desde su móvil, a una distancia de dos husos horarios, pulsó «contestar». Y de ese modo, se inició una relación fructífera.

No hace falta decir que no estamos aquí para demonizar la tecnología. Pero debido a historias como las nuestras, y a algún inteligente, si no manipulador, diseño por parte de los creadores de las aplicaciones digitales, muchos de nosotros apreciamos tanto a nuestros móviles que sencillamente no podemos resistirnos. Son tan adictivos que cada día cientos de personas se arriesgan y pierden su vida a causa de ellos. Según los Centros para el Control y la Prevención de la Enfermedad, más de nueve personas mueren diariamente y más de mil ciento cincuenta resultan heridas en accidentes de tráfico debido a un conductor distraído. En un estudio reciente, el 31 % de los conductores estadounidenses de entre dieciocho y sesenta y cuatro años confesaron que al menos una vez en los últimos treinta días habían caído en el tipo más peligroso de distracción que se produce conduciendo: escribir un texto (un tuit, un correo electrónico, una entrada en Facebook, etcétera). Desgraciadamente, muchos creen que este número está por debajo de la realidad. Sé honesto por un momento contigo mismo. ¿Has mirado tu móvil o escrito algún texto mientras conducías en los últimos treinta días? Si no es ese el caso, ¿has ido como pasajero en el coche de un conductor que sí lo ha hecho? Si has contestado no a ambas preguntas, es estupendo. Pero tememos que estás en minoría. Aunque los peligros son bien conocidos, la mayoría de nosotros simplemente no puede luchar contra el impulso de mirar nuestro móvil.

Para desvelar por qué esto es así, vayamos a otra adicción que arruina muchas vidas: el juego. Cuando un jugador espera su próxima carta en una mesa de *blackjack* o presiona la palanca de una máquina tragaperras, obtiene un «chute» de esa poderosa sustancia neuroquímica que es la dopamina. La dopamina nos excita y estimula. Bajo su influencia, nos sentimos activados y vivos. A diferencia de otras sustancias neuroquímicas que son liberadas cuando logramos algo, la dopamina, mucho más potente, se libera antes de terminar un suceso, cuando estamos anhelando o deseando algo profundamente. En otras palabras, no nos volvemos adictos a ganar; nos volemos adictos a perseguir algo.

El carácter impredecible del juego –la sensación que tenemos cuando esperamos que quien reparte le dé la vuelta a su carta o que la máquina tragaperras deje de girar– desencadena una ráfaga enorme de dopamina. Eso se debe a que las situaciones inciertas, cuando hay una simple posibilidad de ganar, son mucho más irresistibles que las situaciones en las que sabemos que ganaremos siempre. Si no fuera así, todo el mundo estaría contento de poner su dinero en bonos municipales con una garantía de devolución del 4 %, en lugar de jugárselo en máquinas tragaperras. Pero, mira por dónde, el cerebro nos gratifica con más dopamina por el acto de buscar una recompensa que por el acto de recibirla.

Aunque sentirnos atraídos bioquímicamente por la persecución de algo no constituye una ventaja para la supervivencia en los casinos modernos, antaño era una necesidad. Si no fuera por nuestra atracción por las recompensas impredecibles, hoy no estaríamos aquí. Nuestros primeros antepasados necesitaban una razón convincente para resistir cacerías de varios días de duración con el fin de conseguir comida, sin tener garantía alguna de éxito. De manera que evolucionamos para desear perseguir algo.

Esta misma tendencia explica por qué, miles de años después, no podemos dejar de lado nuestros móviles. Estos dispositivos y las aplicaciones que podemos descargar, diseñados de manera altamente sofisticada para engañarnos, funcionan como las máquinas tragaperras. Cuando recorremos la pantalla de nuestro móvil y esperamos las novedades en nuestro correo electrónico, nuestro Messenger, Twitter, Facebook o Instagram para ponernos al día, la dopamina fluye por nuestro sistema. En lugar de una hilera de cerezas, las recompensas potenciales que perseguimos son nuevos *likes*, comentarios o mensajes. Aunque la mayoría de nosotros no nos vemos recompensados cada vez que miramos el móvil, sí lo somos lo suficiente como para mantenernos mirándolo. Y como siempre hay una posibilidad de que alguien, en algún lugar, esté comunicándonos algo, no podemos dejar de utilizar nuestras «máquinas tragaperras» sociales. Ni siquiera cuando estamos en la autopista. Esto es un problema no solo cuando se trata de conducir de manera segura. También lo es cuando hablamos del rendimiento. Porque, como hemos comentado antes, el trabajo más efectivo –aquel que proporciona crecimiento y excelencia– exige toda nuestra concentración. Cuando estuvimos con el doctor Bob, no miró su móvil ni una vez. Ni siquiera pensó en ello. Es más, ni siquiera lo tenía en la habitación.

OJOS QUE NO VEN, CORAZÓN QUE NO SIENTE

La defensa más habitual contra la distracción del móvil es simple: ponlo en modo silencio y déjalo en la mesa bocabajo, o quizás incluso guárdalo en el bolsillo. Desgraciadamente, este simple gesto no te hará capaz de dedicarte a la profunda concentración necesaria para el máximo rendimiento. Decirle a alguien que puede tener su móvil al alcance de la mano, pero no consultarlo, no es muy diferente de decirle a un drogadicto que puede tener una jeringuilla preparada a la vista, pero no utilizarla. En ambos casos, la ansiedad por lograr una recompensa y la adicción emocional y química a ella son irresistibles.

Resistir la tentación de consultar nuestros móviles es todavía más difícil por los trucos que nos hace la mente. ¿Has apagado tu móvil alguna vez y lo has dejado en tu bolsillo, solo para sentir cómo vibra? En caso afirmativo, no eres el único. Un estudio reciente de la Universidad de Indiana-Universidad Purdue Fort Wayne halló que el 89 % de los estudiantes universitarios sufren del «síndrome de la vibración fantasma». Los participantes reconocieron que sentían vibrar su móvil cuando no lo llevaban, alrededor de una vez cada dos semanas. Aunque sabían que sus teléfonos estaban apagados, su deseo subconsciente de notificaciones se manifestaba como una sensación física. Dejaban de hacer lo que estaban haciendo para atender a sus móviles zumbantes, que en realidad no estaban sonando.

Digamos que podrías resistir la tentación de consultar el móvil que llevas contigo. Esto, por sí mismo, supondría un gran esfuerzo. En lugar de dedicar toda tu energía cognitiva a lo que realmente estás intentando llevar a cabo, una buena parte de ella se dirige a pensar sobre la posibilidad de consultar tu móvil, imaginando lo que podría estar esperándote en él, y contenerte para conseguir no consultarlo. En un estudio publicado en el *Journal of Social Psychology*, los investigadores les pidieron a un grupo de estudiantes universitarios que completasen una serie de tareas motoras difíciles mientras tenían los móviles a la vista. Sin duda alguna, su rendimiento fue significativamente peor que el de un grupo de control en el que los móviles de los participantes no estaban a la vista. Las cosas se pusieron todavía más interesantes cuando se retiraron los móviles de todos los participantes, pero el del director del estudio siguió presente. Increíblemente, aun cuando el móvil visible no era el suyo, el rendimiento de los participantes en el estudio se vio afectado.

Los móviles nos distraen estén encendidos, apagados, en nuestros bolsillos o en la mesa y dominan nuestra atención incluso cuando no son los nuestros. Aunque nos duela decirlo (esto es, a nosotros, Brad y Steve), es probable que el mero hecho de leer sobre móviles durante unos minutos te haya distraído del tema central que nos ocupa. Quizás este comentario incluso te incite a pensar en tu móvil o, lo que es peor, a consultarlo. Podemos deducir que la mejor solución para evitar que nos distraiga el móvil es eliminarlo completamente del horizonte. Resulta que hay mucha verdad en la expresión «ojos que no ven, corazón que no siente».

Los móviles nos distraen estén encendidos, apagados, en nuestros bolsillos o en la mesa y dominan nuestra atención incluso cuando no son los nuestros. Aunque nos duela decirlo (esto es, a nosotros, Brad y Steve), es probable que el mero hecho de leer sobre móviles durante unos minutos te haya distraído del tema central que nos ocupa.

Walter Mischel, de la Universidad de Columbia, es un reconocido experto mundial en la fuerza de voluntad. Lleva unos treinta años dedicado a explorar cómo y por qué algunas personas pueden resistir la tentación y otras no. A lo largo de su investigación, en la que ha llevado a cabo numerosos estudios tanto con niños como con adultos, Mischel ha hallado que uno de los métodos más efectivos de autocontrol es eliminar de la vista el objeto de deseo. (O en el caso de móviles que vibran, quizás «fuera de toda percepción»). Los hallazgos de Mischel explican por qué los ludópatas que están recuperándose tienen prohibido estar cerca de los casinos y por qué los que hacen dieta reciben la norma de mantener los alimentos que no deben comer ocultos en lugares de difícil acceso o totalmente fuera de casa. La simple vista de un objeto deseado produce dopamina, que es como el diablo en nuestro hombro que dice: «¿Estás seguro de que no quieres probar solo uno?».

Mientras escribíamos este capítulo, Brad comenzó a probar el «ojos que no ven, corazón que no siente» en un buen número de situaciones de su propia vida. Si estaba inmerso en un duro entrenamiento con la bicicleta elíptica, levantando pesas o escribiendo este libro, su rendimiento mejoró cuando su móvil estaba completamente fuera de su horizonte. Mediciones objetivas de cada actividad –como vatios generados, kilogramos levantados y palabras escritas– mostraron un aumento positivo en todos los casos. Estos datos objetivos apoyaban lo que experimentó subjetivamente. Sin tener su móvil a la vista, Brad pronto se olvidó de su existencia. Sintió que disponía de otro 10 o 15 % extra de esfuerzo que podía dedicar a la tarea que estuviera realizando.

PRÁCTICA DE RENDIMIENTO

- Identifica lo que interrumpe tu concentración profunda. Intrusos habituales, muchos de los cuales vienen a través de los móviles, incluyen:

  ✓ Mensajes de texto
  ✓ Redes sociales
  ✓ Internet
  ✓ Televisión

- Elimina lo que pueda distraerte. Recuerda que solo lo que no está a la vista puede no estar en tu mente.

No tener la opción de encender su móvil y mirarlo tuvo como resultado mucho más que reducir un poco el peso de su bolsillo. Sintió que se había quitado un gran peso de sus hombros.

BLOQUES DE ESFUERZO

El esfuerzo cansa. Los que consiguen hazañas importantes a través del esfuerzo comprenden y respetan la existencia de un límite que hay que aceptar. Son conscientes de que si superan ese límite, el esfuerzo estresante productivo puede convertirse en perjudicial y tóxico.

En sus años de estudio sobre los expertos, Ericsson halló que los que lograban la excelencia en todos los campos eran incapaces de mantener el trabajo intenso y la concentración profunda durante más de dos horas. Al margen de situaciones raras, a corto plazo, una vez se traspasa este umbral, ni el cuerpo ni la mente pueden sostener la carga. Ericsson descubrió que los que destacan por sus logros generalmente trabajan en períodos de sesenta a noventa minutos, separados por breves descansos.

Si bien su trabajo se centró predominantemente en personas creativas (esto es, artistas) y personas competitivas (esto es, ajedrecistas y deportistas), nuevas investigaciones muestran que sus conclusiones también son válidas en el lugar de trabajo. Recientemente, una empresa internacional llamada Draugiem Group, centrada en servicios en redes sociales, quería descubrir qué hábitos caracterizaban a los trabajadores con más éxito. Para ello, se asociaron con los creadores de DeskTime, una aplicación de seguimiento, lo suficientemente sofisticada como para distinguir entre cuándo los empleados están trabajando y cuándo no. Draugiem Group halló que todos sus trabajadores estrella se adherían a un hábito concreto. Empleaban una media de cincuenta y dos minutos absortos en su trabajo antes de hacer un descanso de quince minutos.

De manera similar a Draguiem Group, otras empresas han manipulado y analizado el trabajo de sus empleados. Sin excepción, independientemente de la industria o el cometido de que se tratase, los períodos de trabajo intenso seguidos de breves descansos tenían como resultado un mayor rendimiento. Los trabajadores más productivos en una planta de procesamiento de carne trabajaban en ciclos de cincuenta y un minutos y descansaban nueve. Los agricultores rendían más cuando trabajaban en ciclos de noventa minutos, con setenta y cinco de trabajo y quince de descanso. Otros estudios que examinaron los hábitos de los trabajadores que realizaban un trabajo cognitivo altamente exigente hallaron que los ciclos de cincuenta minutos de trabajo y siete de recuperación producían los mejores resultados.

Si bien la ratio exacta trabajo-descanso depende de las exigencias laborales y las preferencias individuales, la cuestión general es clara: alternar entre bloques de cincuenta a noventa minutos de trabajo intenso y descansos para recuperarse de entre siete y veinte minutos permite mantener la energía física, cognitiva y emocional requerida para el máximo rendimiento. Este flujo y reflujo se opone a la tendencia demasiado frecuente de trabajar constantemente en una «zona intermedia» de trabajo moderadamente duro o trabajar sin parar con la mayor intensidad. Ninguno de estos enfoques más tradicional es ideal. El primero lleva a un rendimiento deficiente. El segundo conduce a la fatiga física, cognitiva y emocional, y finalmente al agotamiento.

Alternar entre bloques de cincuenta a noventa minutos de trabajo intenso y descansos para recuperarse de entre siete y veinte minutos permite mantener la energía física, cognitiva y emocional requerida para el máximo rendimiento.

Una empresa de «grabación de datos» que estaba intentando luchar contra el agotamiento de los empleados insertó en cada hora descansos obligatorios de al menos cinco minutos, más otros dos descansos más largos a lo largo del día. Aunque «regalaron» una hora aproximadamente de trabajo, el rendimiento total por empleado no disminuyó. Y lo que es más importante, la incomodidad de los empleados y el esfuerzo ocular se redujeron de manera significativa. Trabajando inteligentemente, es decir, alternando entre módulos de trabajo intenso y breves descansos, obtenemos el máximo de nosotros mismos y evitamos la fatiga paralizante y el agotamiento.

Es interesante observar que en el mundo de los corredores de élite estas son noticias antiguas. En la década de los treinta, cuando el entrenador alemán Woldemar Gerschler desarrolló por primera vez el entrenamiento con intervalos, o repeticiones intensas de carreras con breves descansos entre ellas, el objetivo era simple: posibilitar que un corredor alcanzase el mayor trabajo posible de alta calidad, antes de que la fatiga provocara una reducción del rendimiento. Casi un siglo después, Steve y prácticamente todos los demás entrenadores de corredores de élite se basan todavía en los intervalos para aumentar el trabajo de calidad que sus atletas pueden ejecutar. Y, aunque ha costado casi un siglo, es hermoso ver que los empresarios progresistas finalmente están comenzando a darse cuenta del valor de los intervalos *fuera de pista*.

De manera similar a como un corredor necesita tiempo para desarrollar la forma física necesaria para ejecutar intervalos de alta intensidad, puede que también tú lo necesites para desarrollar los módulos de trabajo sin distracciones. Esto resulta especialmente cierto en el caso de las personas que están acostumbradas a realizar varias tareas al mismo tiempo o a trabajar en medio de distracciones provocadas por dispositivos digitales. Si te cuesta mantener una atención plena (es decir, si no puedes parar de consultar las notificaciones de tu móvil, abrir el buscador para ver si tienes correos electrónicos o vagar mentalmente), comienza con pequeños espacios de diez o quince minutos y poco a poco ve aumentando la duración cada semana. Como cualquier otra habilidad, el trabajo profundo es una práctica que ha de cultivarse paso a paso.

PRÁCTICAS DE RENDIMIENTO

- Divide tu trabajo en períodos de entre cincuenta y noventa minutos (esto puede variar según la tarea que debas realizar). Empieza incluso con menos si sientes que has de luchar para mantener la atención.
- A medida que te sientas «en forma» en lo que estás haciendo, probablemente podrás trabajar durante más tiempo y con mayor intensidad.
- Para la mayoría de las actividades y de las situaciones, dos horas debería ser el límite máximo en un trabajo por módulos.

LA ACTITUD ES IMPORTANTE

Imagina que acabas de terminar un entrenamiento físico al aire libre en un tórrido día de verano. Alguien se presenta ante ti con un batido bien fresco. Con todo el calor y toda el hambre que pudieras tener, antes de lanzarte a él podrías preguntar: «¿Qué contiene el batido? ¿Es una combinación sana de frutas orgánicas y verduras, baja en calorías, con leche de almendras y proteínas de suero? ¿O es lo opuesto desde el punto de vista nutricional: una bomba de calorías de helado de chocolate con grasa, leche entera y sirope azucarado?».

La ciencia (y el sentido común) nos dice que nuestros cuerpos reaccionarían de manera distinta a cada una de estas bebidas. La bomba calórica, al principio, haría que nos sintiéramos más saciados. Sin embargo, horas después, debido a todo el azúcar, nos apetecerían otros alimentos más dulces. La versión sana, por otra parte, nos refrescaría y energizaría, haciéndonos sentir más ligeros. Pero puede que también nos deje un poco menos satisfechos que si nos hubiéramos decidido por la otra opción. Quizás nos veríamos tomando un aperitivo poco después.

Cuando investigadores de la Universidad de Yale compararon cómo responde la gente a los dos batidos recién descritos, confirmaron todas estas presuposiciones. Los participantes en el estudio que recibieron el batido poco sano reconocieron sentir una mayor satisfacción inmediata, pero más tarde desearon otros alimentos más dulces. También experimentaron un descenso brusco de la grelina. La grelina es la hormona asociada con el hambre, y su disminución le dice al cerebro: «Estoy lleno». Nada de esto debería resultar sorprendente, porque no lo es; es justamente lo que cabría esperar que sucediese. Con una pequeña excepción: los contenidos de los batidos dados a cada grupo eran exactamente iguales. Lo único que difería era la descripción. Era la mente de los participantes –no el azúcar, la grasa, las frutas, las verduras ni la proteína– lo que controlaba no solo cómo se sentían subjetivamente tras beber los batidos, sino también su respuesta hormonal profunda. Es fácil desestimar el impacto de nuestra «actitud mental» como un concepto de la psicología popular pensado para hacernos sentir mejor con nosotros mismos, pero la ciencia nos cuenta una historia diferente. Las lentes a través de las que vemos el mundo afectan a todos los aspectos de nuestra vida, desde el aprendizaje hasta la longevidad, pasando por la salud o por nuestra respuesta hormonal a los «diferentes» batidos.

AJUSTA TU MENTE

A finales de los años sesenta, en la Universidad de Yale, una joven doctorada llamada Carol Dweck Estaba estudiando el sentimiento de impotencia en los niños. En concreto, quería dar respuesta a la pregunta: ¿por qué algunos niños abandonan cuando hacen frente al fracaso, mientras que otros se sienten motivados? La respuesta que halló es que todo estaba en sus cabezas.

Los niños que abandonaban fácilmente también evitaban los retos y se sentían amenazados por quienes eran diferentes de ellos. A menudo percibían el aprendizaje y el desarrollo como fuera de su control. En sus mentes, las cualidades que determinaban si tendrían éxito o fracasarían eran algo establecido y fijo. En el lenguaje de los adultos, esos niños creían que eran sus capacidades y sus talentos innatos –su código genético– los que gobernaban el resultado de casi todas las situaciones de la vida. Para ellos, o «las tenían» o «no las tenían». Eran o inteligentes o estúpidos. Por el contrario, los niños que se sentían motivados ante los retos y eran más aptos para hacerles frente tenían una manera de pensar totalmente diferente. Ellos creían que esforzándose podrían lograr cualquier cosa. No veían la capacidad como algo establecido y fijo, sino más bien como algo que podía mejorarse con el tiempo y con práctica. Estos niños tenían lo que Dweck llamó «una mentalidad de crecimiento».

Cuando ella y sus colegas siguieron la pista al rendimiento de un grupo de alumnos de primero de ESO durante dos años, hallaron que a pesar de que todos comenzaron desde el mismo punto de partida medible, los que presentaban la mentalidad de crecimiento progresaron de manera significativamente más rápida que sus compañeros con mentalidades más fijas. Los alumnos con mentalidad de crecimiento estaban dispuestos a esforzarse más, a buscar retos apenas manejables, y veían el fracaso productivo como positivo. En contraste, los alumnos de mentalidad fija evitaban los retos y abandonaban cuando las cosas se ponían difíciles.

Puede parecer que la mentalidad que desarrollamos está en gran medida fuera de nuestro control, que es resultado de los valores inculcados por nuestros padres, cuidadores y quizás los primeros maestros que tuvimos de jóvenes. ¿Éramos recompensados por el esfuerzo y el trabajo duro (lo que fomentaba una mentalidad de crecimiento)? ¿O se nos recompensaba solo por los resultados (lo que fomentaba una mentalidad fija)? Además, por la naturaleza misma de una mentalidad fija, ¿aquellos que tienen mentalidades fijas quedan estancados en ellas de manera inherente? ¿O hay algún modo de cambiar las mentalidades?

Para descubrirlo, Dweck matriculó a alumnos de primero de ESO con mentalidades fijas en un curso de ocho semanas que se centraba en la neuroplasticidad, o la ciencia de cómo puede desarrollarse el cerebro. El programa incluía estudios convincentes e historias fascinantes que ayudaban a mostrar a los alumnos lo flexibles que en realidad son sus mentes. Funcionó. Al final del curso, la gran mayoría de los que anteriormente creían que sus capacidades eran algo establecido y fijo cambiaron su punto de vista. Y lo que es más importante, el índice de su progreso en la escuela aumentó. De manera notable, al cambiar su mentalidad cambiaron también su trayectoria académica, pasando de estar cerca del fracaso al éxito académico.

La obra de Dweck demostró que nuestra manera de ver el mundo tiene un profundo efecto en lo que hacemos en él. Si cultivamos una mentalidad de crecimiento y pensamos que las habilidades surgen del esfuerzo, es más probable que nos expongamos a la clase adecuada de esfuerzo que promueve el crecimiento. Pero el poder de la mentalidad y la manera de pensar no se para aquí. Resulta que lo que pensamos sobre el esfuerzo no solo determina si nos expondremos a él, sino también cómo responderemos.

Nuestra manera de ver el mundo tiene un profundo efecto en lo que hacemos en él.

LA RESPUESTA AL RETO

¿Qué te viene a la mente cuando oyes la palabra *estrés*? Quizás piensas en crecimiento. Si no es así, no te preocupes. Aunque la primera sección de este libro ha destacado los atributos positivos del esfuerzo y el estrés, puede que todavía te resulte difícil superar los años en que se te ha dicho que el estrés es tóxico. La cultura nos ha condicionado para minimizarlo y evitarlo a toda costa. Para los momentos desafortunados en los que no podemos evitar el estrés, se nos dan técnicas o estrategias para «soportarlo» o «pasar por él» en un intento de «minimizar el daño». Incluso nosotros, Brad y Steve, en medio de la escritura de un capítulo en el que se alaban las virtudes del esfuerzo estresante, experimentamos una reacción visceral negativa ante la palabra. Este es un sesgo desafortunado y costoso que resulta difícil de vencer.

Kelly McGonigal es psicóloga de la salud en la Universidad de Stanford. Durante muchos años, como todos los demás psicólogos de la salud, trabajó incansablemente para ayudar a la gente a evitar el estrés. Su punto de vista era que el estrés era perjudicial y su trabajo consistía en averiguar cómo podemos minimizar su impacto negativo. Hasta que tropezó con ciertas investigaciones que la dejaron perpleja.

Un estudio del 2010 halló que la pequeña porción de estadounidenses que consideraban el estrés como beneficioso tenía un 43 % menos de probabilidades de muerte prematura que quienes lo consideraban destructivo. La explicación obvia es, desde luego, que las personas con una noción positiva del estrés desarrollaron esa actitud mental porque no lo experimentaron muy a menudo. Es decir, si nunca te sientes estresado, por supuesto, pensarás que el estrés no es tan malo. Pero cuando los investigadores compararon el número total de sucesos estresantes que experimentó cada grupo, quedaron sorprendidos al descubrir que era prácticamente el mismo. Controlaron casi cualquier variable además de la actitud mental y todavía vieron diferencias significativas en la mortalidad. ¿Podría algo tan simple como la propia actitud mental hacia el estrés contribuir a prolongar la vida?

> El modo como consideramos el estrés pesa mucho sobre cómo este nos influye.

Esta pregunta cautivó a McGonigal. ¿Quizás había estado equivocada durante todos esos años? Su búsqueda para hallar la respuesta tuvo como resultado *El lado positivo del estrés*, un libro que supuso un reto para la concepción dominante del estrés. Descubrió un importante cuerpo de evidencia que muestra el hecho de que el modo como consideramos el estrés pesa mucho sobre cómo este nos influye.

Algunos individuos aprenden a valorar las circunstancias estresantes como retos más que como amenazas. Esta perspectiva, llamada por los investigadores la «respuesta al reto», se caracteriza por considerar el estrés como algo productivo y, en la dirección en que venimos señalando aquí, como un estímulo para el crecimiento. En medio del estrés, aquellos que demuestran una respuesta al reto de manera proactiva se centran en lo que pueden controlar. Con este punto de vista, las emociones negativas como el miedo y la ansiedad disminuyen. Esta respuesta mejora la capacidad que tienen estos individuos para gestionar el estrés, e incluso progresar gracias a él. Pero eso no es todo. Del mismo modo que nuestra actitud mental acerca de los batidos cambia nuestro perfil biológico profundo, así también lo hace nuestra actitud mental respecto del estrés.

De las muchas hormonas que se ponen en juego cuando estamos estresados, dos son particularmente importantes: el cortisol y la dehidroepiandrosterona (DHEA). Aunque ninguna es categóricamente «buena» o «mala» y ambas son necesarias, los niveles crónicamente altos de cortisol se asocian con inflamación persistente, función inmune deficiente y depresión. A diferencia de ello, la DHEA se ha relacionado con un riesgo reducido de ansiedad, depresión, problemas cardíacos, neurodegeneración y un abanico de otros trastornos y afecciones. La DHEA es también un neuroesteroide, que ayuda al desarrollo cerebral. Cuando te hallas en situaciones de estrés, quieres liberar más DHEA que cortisol. Esta *ratio* se denomina, acertadamente, «índice de crecimiento del estrés». Sin duda alguna, los estudios muestran que las personas que reaccionan al estrés con una respuesta al reto tienen un índice de crecimiento del estrés superior respecto a quienes lo perciben como una amenaza. En otras palabras, si concibes los factores estresantes como retos, liberarás más DHEA que cortisol. Como consecuencia, tu índice de crecimiento del estrés será superior y realmente experimentarás beneficios para la salud en lugar de desventajas. Y según el estudio del 2010 sobre el estrés y la mortalidad que antes hemos mencionado, también podrías vivir más tiempo.

Cada vez está más claro que cultivar una actitud mental de crecimiento y una respuesta al reto ante el estrés es altamente beneficioso. Estas actitudes mentales aumentan nuestra salud y nuestra longevidad. Y, como estamos a punto de aprender, también aumentan nuestro rendimiento.

CÓMO CONSIDERAN EL ESTRÉS LOS MEJORES

Al comienzo de unas olimpiadas, la mayoría de los atletas comparten un aspecto de determinación estoica, una mirada de acero. Pocos olímpicos, si es que hay alguno, parecen ansiosos. Compara esto con la carrera de cinco mil metros de tu zona, en la que esos «guerreros» de fin de semana que intentan correr a un ritmo de ocho minutos la milla están nerviosos y estresados..., todo ello para conseguir una medalla de participación que se les concederá independientemente de su actuación. ¿Qué sucede aquí? ¿Simplemente que las élites son inmunes al estrés? Desde luego que no. Tan solo que saben cómo canalizarlo de manera eficiente.

En un estudio que incluía a más de doscientos nadadores, unos de élite y otros que no lo eran, los investigadores utilizaron un cuestionario psicológico (el Competitive State Anxiety Inventory) para medir el estrés antes de una competición importante, y luego le preguntaron a cada participante si veía el estrés como beneficioso o como perjudicial. Hallaron que antes de la carrera, tanto los nadadores de élite como los que no lo eran experimentaban la misma intensidad de estrés cognitivo y físico. Todos sentían nervios, ansiedad y quizás incluso un poco de miedo, lo que los ayudaba a mantenerse en el filo de una piscina esperando el disparo de salida y el inminente mundo de padecimiento que le sigue. La diferencia era que los que no eran de élite veían el estrés como algo que debían evitar, ignorar e intentar calmar. Pensaban que perjudicaría su actuación. Los de élite, por otra parte, interpretaban el estrés y las sensaciones que llegan con él como una ayuda a su rendimiento; los preparaba para lograr el máximo de sus cuerpos. En otras palabras, exhibían la respuesta al reto en el estrés, y como consecuencia, apenas se preocupaban de ello. Si algo hacía era ayudarlos a canalizar su elevada excitación fisiológica hacia la explosividad de la piscina.

Una investigación posterior, publicada en el *Journal of Experimental Psychology*, muestra que en lugar de intentar calmarse, «revalorizar la ansiedad previa a la actuación como un estímulo» a menudo es ventajoso. Cuando intentas suprimir los nervios anteriores al acontecimiento, estás diciéndote implícitamente que algo está mal. Esto no solo empeora la situación, sino que también consume una gran energía emocional y física al estar luchando contra el sentimiento de ansiedad, energía que más valdría emplear en la tarea que tenemos delante. Afortunadamente, según los autores de este artículo, simplemente decirse a uno mismo «estoy excitado» cambia la conducta desde lo que llaman una actitud mental de amenaza (estresada y aprensiva) a una actitud mental de oportunidad (activa y lista para actuar). «Comparados con aquellos que intentan calmarse –concluyen los autores–, los individuos que valoran su excitación nerviosa como un estímulo rinden más». Dicho de otro modo: las sensaciones que se sienten antes de un gran suceso son neutras, pero si se ven bajo una luz positiva, es más probable que tengan un impacto positivo en tu actuación.

Estos estudios confirman lo que todos los grandes triunfadores a los que entrevistamos para este libro nos dijeron. Todos ellos admitían sentir estrés, especialmente antes de actuaciones importantes. Pero todos manifestaron también que en lugar de intentar eliminar el estrés, lo acogían y lo canalizaban hacia la tarea que estaban a punto de emprender. En palabras del campeón del mundo de *rafting* en kayak Dane Jackson: «El miedo '[quizás la forma más poderosa de estrés] se halla presente en todos los aspectos del kayak, sea preparándome para una carrera sobre la más grande de las cataratas o antes de mi última carrera en el campeonato mundial. No me oculto de él ni trato de ignorarlo. Percibo la sensación y la canalizo para que me ayude a concentrarme, para clavarme en la línea de salida o para realizar la carrera lo mejor que pueda».

La investigación de la actitud mental no sugiere que la capacidad innata no importe, pero sí que el modo como cultivamos nuestra naturaleza también importa. Empujándonos hacia retos apenas manejables y mejorando la manera de responder a ellos, la actitud mental correcta abre la posibilidad de que el crecimiento tenga lugar.

Empujándonos hacia retos apenas manejables y mejorando el modo de responder a ellos, la actitud mental correcta abre la posibilidad de que el crecimiento tenga lugar.

En los dos últimos capítulos, nos hemos centrado en la primera parte de la ecuación del crecimiento: el estrés. Hemos explorado cómo el estrés, cuando se produce en la dosis adecuada, sirve como un poderoso estímulo para el crecimiento, cómo las habilidades proceden del esfuerzo y del fracaso productivo, así como el valor de buscar activamente retos apenas manejables. Hemos aprendido también cómo realizar el esfuerzo estresante justo: en bloques que duren menos de dos horas, con atención plena, con profunda concentración, con una práctica deliberada y con nuestros aparatos digitales fuera de la vista. Finalmente, hemos visto cómo nuestra actitud mental afecta no solo a la manera de percibir el estrés, sino también a cómo respondemos a él.

Aunque permitirnos estar estresados y hacerlo con una actitud mental de crecimiento puede parecer difícil, resulta que en realidad tal vez sea la parte más fácil. En un giro paradójico, la segunda parte de la ecuación del crecimiento, el descanso, puede ser incluso más difícil. Ernest Hemingway dijo que por arduos que fueran los momentos de escritura, era «la espera hasta el día siguiente», cuando se obligaba a sí mismo a descansar, lo que le resultaba más difícil. O, en palabras de otro gran autor, Stephen King: «Para mí, el verdadero trabajo es no trabajar».

A continuación, nos encaminaremos hacia la segunda mitad de la ecuación del crecimiento. El trabajo de no trabajar. El descanso.

PRÁCTICAS DE RENDIMIENTO

- Recuerda el poder de la actitud mental: cómo ves algo cambia de manera radical el modo en que tu cuerpo responde ante ello.
- En situaciones en las que sientes estrés, recuerda que esa es la manera natural que tiene el cuerpo de prepararse para un reto; respira profundamente y canaliza la elevada excitación y la agudizada percepción hacia la tarea que tienes delante.
- Acepta el reto de considerar el estrés de manera productiva, e incluso de darle la bienvenida. No solo actuarás mejor, sino que también mejorarás tu salud.

4

LA PARADOJA DEL DESCANSO

Uno de nuestros amigos, Adam,* es ingeniero en el proyecto de Google sobre vehículos sin conductor (ahora en su propia división, llamada Waymo). Asegura que el ritmo diario de trabajo roza lo fanático. Cuando está en el laboratorio, el mundo exterior desaparece –lo sabemos porque él nos lo dice y también porque no contesta a los mensajes de texto y los correos electrónicos que le mandamos–. Adam trabaja con las pilas puestas, sumergiéndose totalmente en los cerebros y las vísceras de un coche que, si a Google le sale bien, supondrá un cambio revolucionario. No obstante, él nunca diría eso. Sabe que él y su equipo tienen que averiguar primero, entre otras muchas cosas, cómo enseñar a un objeto inanimado que se mueve a ciento veinte kilómetros por hora a diferenciar entre una bolsa de plástico en mitad de la carretera y un ciervo extraviado. Habla de un reto apenas manejable.

* Hemos cambiado el nombre para proteger su identidad.

Google se basa en proyectos como el vehículo sin conductor: empresas que empujan hasta el punto de resistencia el crecimiento, allí donde el esfuerzo y el fracaso productivo no son consecuencias del trabajo, sino más bien las fuerzas impulsoras que hay tras él. La compañía atrae a lo mejor, a los pensadores creativos de primera categoría que son apasionados en lo que hacen. Añade a la mezcla las estrictas fechas límite y los colegas que no temen desafiar los límites y resulta fácil ver por qué empleados como Adam llegan a estar tan absortos en su trabajo. Google ha descubierto la fórmula del estrés. Pero la compañía comprende que eso es solo la mitad de la batalla. Sin descanso, no terminaría siendo innovadora. En lugar de eso, acabaría con una fuerza de trabajo rota y quemada.

El agotamiento es, indudablemente, una de las más graves amenazas de Google, y retener a sus apasionados empleados es a menudo un reto mucho más formidable que empujarlos hacia delante. Afortunadamente, la empresa ha mantenido la misma actitud mental en este dilema que en los demás proyectos. Pero a diferencia de lo que sucede en casi todas las otras cosas que hace Google, la compañía no recurre a las tecnologías punta para ayudar a sus empleados a descansar. En lugar de eso, enfoca el descanso inspirándose en una antigua práctica oriental.

BUSCA EN TU INTERIOR

En los primeros días de Google, el empleado n.º 107, Chade-Meng Tan, observó que si bien él y sus colegas no tenían problemas en «estar activos», tenían que hacer un gran esfuerzo para «desconectar». Hacer descansos breves, no digamos ya desconectar del trabajo por las noches y los fines de semana, era imposible. Incluso si los primeros emprendedores de

Google querían descansar, el ritmo y el entusiasmo de su trabajo lo hacían difícil. La empresa estaba creciendo rápidamente, pero Tan tenía la sabiduría suficiente para darse cuenta de que su estilo de trabajo –estrés sin descanso– era insostenible. En Google, Tan era ingeniero de *software*. Fuera del trabajo era un ávido practicante de la meditación *mindfulness*, un modo budista de meditación sentado en la que el practicante se centra exclusivamente en la respiración. La práctica *mindfulness* de Tan lo ayudó a pasar del estrés del trabajo intenso a un estado de mayor descanso. Descubrió también que abría su mente a intuiciones que de otro modo permanecían ocultas. Tan decidió que *mindfulness* era exactamente lo que Google necesitaba. De modo que, en el 2007, Tan creó «Busca en tu interior», un curso de meditación *mindfulness* de siete semanas para los empleados de la compañía. Al principio, sus colegas se resistían. Se preguntaban qué podía hacer por ellos, si es que podía hacer algo, una práctica mística, de la *Nueva Era*, iluminada por velas y con cantos profundos. Pero no tuvo que pasar mucho tiempo para que descubrieran que *mindfulness* –que, por supuesto, no es nada de lo antes insinuado– tenía el poder de cambiar el modo en que trabajaban y vivían. Pronto, los trabajadores de Google que iban a las clases de Tan elogiaban sus beneficios. Se sentían más calmados, con la cabeza más clara y más centrados. Podían desconectar al final del día e incluso desapegarse lo suficiente de modo que los fines de semana y las vacaciones fuesen realmente reparadores.

El boca a boca hizo que la idea del «Busca en tu interior» recorriera los pasillos de Google, y pronto la demanda del curso superó la capacidad de Tan para enseñarlo, algo que hacía además de su trabajo como ingeniero. Al equipo directivo de Google no le pasaron desapercibidos los beneficios del «Busca en tu interior». Sus empleados estaban más sanos, se sentían más felices y eran más productivos. Se acercaron a Tan y le preguntaron si estaba interesado en enseñar meditación *mindfulness* a tiempo completo y dirigir un nuevo departamento, llamado Crecimiento Personal. Tan se sorprendió por el ofrecimiento, pero aceptó con una sola condición: su trabajo no sería ya el de ingeniero de *software*. Ahora sería el de «magnífico compañero».

«Busca en tu interior» siguió creciendo y traspasó las paredes de Google. Hoy, el Instituto para el Liderazgo Busca en Tu Interior (SIYLI, por sus siglas en inglés) ha ampliado su misión y enseña *mindfulness* a individuos en un gran número de organizaciones. Tan permanece íntimamente implicado como presidente del consejo (aunque todavía prefiere que sus colegas lo consideren un «magnífico compañero»), dirigiendo una plantilla de catorce empleados a tiempo completo que se dedican a propagar el poder de *mindfulness*.

Para aprender más sobre la meditación *mindfulness*, visitamos SIYLI en el distrito Presidio de San Francisco. Allí conocimos a Brandon Rennels, profesor de *mindfulness*. Rennels tiene unos treinta años, pero su cabello está encaneciendo, como si dijera «la sabiduría de *mindfulness* llena esta cabeza». Y por lo que pudimos observar, así es.

Desde nuestro primer encuentro con él, no pudimos dejar de notar que está totalmente presente. No hace ni un movimiento que no sea intencionado. Se centra con una mirada profunda que percibe cada detalle de su entorno. Cuando caminaba a la sala de conferencias –podemos suponer que lo había hecho cientos de veces–, miraba la sala como si estuviera caminando por un saliente para observar el Gran Cañón. Lo mismo sucedía cuando abría su ordenador portátil: parecía un niño de cuatro años descubriendo el MacBook por primera vez. Rennels se entregaba por completo a ello, evidentemente asombrado por cosas que consideramos ordinarias. Nos dijo que no siempre había sido así. Antes de SIYLI, trabajaba para una empresa consultora. Aunque era bueno para el trabajo, una opinión confirmada por las promociones y las pruebas de rendimiento, el trabajo no era bueno para él. Se dio cuenta de que vivía persiguiendo recompensas externas y ansiando reconocimiento. Encontraba difícil centrarse –algo casi imposible de creer a la vista de lo que observamos en SIYLI– y nunca podía calmar su agitada mente. Nos contó que incluso cuando no estaba físicamente en el trabajo, su mente estaba allí. Como los primeros *googlers*, Rennels simplemente no podía desconectar. Pero, aseguró, «todo eso cambió cuando me tomé en serio el *mindfulness*».

Cuando llevaba tres años en su trabajo como asesor, tropezó con unos cuantos artículos y un libro sobre meditación *mindfulness*. Comenzó a estudiar la práctica y, de manera parecida a Tan en Google, vio en ella una solución a muchos de sus problemas. Tomó el compromiso de meditar de manera regular, empezando por sesiones de un minuto cada día.

Después de tan solo unas semanas, observó cambios profundos. Se volvió más consciente de sí mismo y de sus emociones, y percibía mejor cómo esas emociones precipitaban determinadas acciones. Su mente todavía se aceleraba en el trabajo y cuando estaba resolviendo problemas activamente, pero era capaz de calmarla al final del día. Escuchaba mejor, y también dormía mejor. Nos dijo que a medida que aumentaba la duración y la frecuencia de sus sesiones de meditación, comenzó a sentir que tenía más control sobre sí mismo y ya no estaba a merced del mundo que lo rodeaba. «Era como si cada elemento de mi vida mejorase», recordó.

«DESCONECTAR»: DEL ESTRÉS AL DESCANSO

Mindfulness tiene que ver con estar completamente presente en el instante, plenamente atento a uno mismo y a su entorno. Es útil pensar en la meditación como un entrenamiento altamente específico para estar más presente en todos los momentos de la vida. Al meditar, estás fortaleciendo tu músculo de la atención plena. Es una práctica sencilla:

- Siéntate en una posición cómoda, lo ideal es hacerlo en un lugar tranquilo.
- Respira profundamente unas cuantas veces, inspirando y espirando a través de la nariz.
- Deja que tu respiración se establezca en su ritmo natural y concéntrate solo en las sensaciones que te provoca, siendo consciente de cómo tu abdomen se llena y se vacía de aire en cada respiración: si aparecen pensamientos, date cuenta de ellos, pero dirige tu atención de nuevo al ritmo y la sensación de tu respiración.
- Pon una alarma para no tener que estar preocupado por el tiempo. Empieza con un minuto solo y aumenta gradualmente la duración.

Más recientemente, los estudios sobre el cerebro están comenzando a mostrar los enormes beneficios, medibles, de la meditación *mindfulness*. Los investigadores están descubriendo que al comenzar con tan solo unos minutos cada día, la meditación *mindfulness* acrecienta la materia gris en la parte del cerebro llamada corteza prefrontal. La corteza prefrontal es una de las partes más evolucionadas de nuestro cerebro; su complejidad nos separa de los animales más primitivos. Además de llevar a cabo el pensamiento superior, la corteza prefrontal sirve como centro de mando y de control del cerebro. Nos permite responder de manera reflexiva a las situaciones, en lugar de reaccionar instintivamente. Tener una corteza prefrontal bien desarrollada es especialmente importante cuando se trata de pasar del estrés al descanso.

Cuando nos planteamos un reto –sea realizar un duro ejercicio físico, aprender a tocar un instrumento o trabajar incansablemente para resolver un problema–, estamos desencadenando una respuesta al estrés en el cerebro. Al fortalecer nuestra corteza prefrontal, el *mindfulness* nos permite reconocer que estamos respondiendo al estrés, en lugar de ser superados automáticamente por él. Es como si observáramos nuestros pensamientos y nuestros sentimientos como un observador neutral y luego eligiéramos qué hacer a continuación. Una corteza prefrontal débil se ve dominada por la respuesta a un fuerte estrés. Pero una corteza prefrontal fuerte nos permite elegir cómo queremos responder a él.

Para entender mejor cómo funciona esto, investigadores de la Universidad de Wisconsin-Madison diseñaron un experimento que les permitió observar, tanto dentro como fuera (en un instante ampliamos esto), la diferencia entre cómo responden al estrés los meditadores primerizos y los meditadores expertos. Los investigadores comenzaron quemando las piernas de ambos grupos con un alambre caliente. Al principio, ambos grupos respondieron del mismo modo: con una respuesta al estrés inmediata: «¡Auu!». Pero eso fue lo único en lo que coincidieron. Además de observar las respuestas externas de los participantes, se observó también qué ocurría internamente, utilizando imágenes de resonancia magnética funcional (fMRI, por sus siglas en inglés), que permiten ver el interior del cerebro de los participantes. Lo que vieron en el interior reflejaba exactamente lo que vieron en el exterior. Al principio, la región cerebral asociada con la respuesta inicial al estrés (la corteza somato-sensorial secundaria) mostró el mismo nivel de actividad en ambos grupos. Esto representaba el primer «¡auu!».

Al continuar la respuesta al estrés, se produjo una perceptible actividad en la amígdala del grupo de los primerizos. La amígdala es una de las estructuras menos evolucionadas de nuestro cerebro. La tenemos en común incluso con los animales más primitivos, como los roedores. A menudo se la conoce como el «centro emocional» del cerebro, y controla nuestros instintos más básicos, como el hambre y el miedo. Cuando percibimos una amenaza, la amígdala desencadena nuestra respuesta al estrés: nos ponemos tensos y nos preparamos para la acción. Si bien esto puede ser útil para evitar a los depredadores en la selva, no es lo mejor para mantenernos serenos cuando hacemos frente a los factores estresantes de la vida diaria moderna. La actividad de las amígdalas de los meditadores primerizos, tal como lo mostraban las fMRI, arrojó luz sobre por qué seguían luchando con el dolor y la incomodidad. Sus cerebros estaban experimentando lo que los neurocientíficos llaman ser secuestrado por la amígdala –la toma del poder en el cerebro a cargo de las emociones–. Simplemente no podían desconectar su respuesta al estrés. Aun después de que el alambre ardiendo se retirase, seguían en un estado emocional y estresado.

Los meditadores expertos, por otra parte, demostraban una reacción totalmente diferente, tanto dentro como fuera. Tras el dolor inicial, eran capaces de «desconectar» su respuesta al estrés, disociando el estímulo de una reacción emocional generalizada. Era como si sintieran el dolor, pensaran «¡auu, eso duele» y luego, conscientemente, eligieran no reaccionar más. No había secuestro por parte de la amígdala en el interior del cerebro de los meditadores expertos. Eran capaces de superar su respuesta innata al estrés. Este es un ejemplo extremo de la misma capacidad que permite al profesor de meditación de SIYLI, Brandon Rennels, desconectar al final de un día duro.

Y los meditadores experimentados no son los únicos que pueden elegir activamente cómo responder al estrés. Los corredores de élite entrenados por Steve también pueden hacerlo. Es otro ejemplo de que los caminos para lograr la excelencia en proyectos claramente distintos –correr y meditar– a menudo coinciden.

Cuando el dolor se establece durante un ejercicio intenso, de larga duración, los corredores ocasionales, e incluso los bastante buenos, a menudo se ven envueltos en él. Piensan para sí mismos: «Oh, mierda, esto duele ya demasiado y todavía me queda un largo camino». Estos pensamientos emocionalmente cargados pueden llevar al pánico. La frecuencia cardíaca aumenta y los músculos se tensan. Como consecuencia, disminuyen tanto el disfrute como el rendimiento. Pero para los mejores corredores, como aquellos a los que Steve entrena, la historia es otra. No es que los corredores de élite no experimenten dolor e incomodidad durante los ejercicios intensos; es simplemente que reaccionan de manera diferente. Más que dejarse llevar por el pánico, tienen en sus mentes lo que Steve llama «una conversación tranquila».

No es que los corredores de élite no experimenten dolor e incomodidad durante los ejercicios intensos; es simplemente que reaccionan de manera diferente.

Este diálogo sereno es más o menos así: «Esto empieza a doler ya. Es lógico. Estoy corriendo mucho. Pero yo soy algo separado de este dolor. Todo va a ir bien». Igual que los meditadores expertos, los mejores corredores de Steve *eligen* cómo responder al estrés de un ejercicio. Sus cerebros no se dejan secuestrar por sus amígdalas. Aunque no todos los corredores de élite de Steve meditan, todos ellos han desarrollado un músculo fuerte de atención plena a lo largo de los años de concentración solitaria, profunda, que ser un corredor de élite exige. Steve no ha escaneado sus cerebros, pero apostamos a que si lo hiciera, hallaría sus cortezas prefrontales rebosantes de materia gris.

Este diálogo sereno es más o menos así: «Esto empieza a doler ya. Es lógico. Estoy corriendo mucho. Pero yo soy algo separado de este dolor. Todo va a ir bien».

En su viaje hacia convertirse en un corredor de élite, uno de sus atletas, Brian Barraza, experimentó lo que muchos corredores jóvenes sienten en su primera carrera importante: el fracaso. En su primer año en la Universidad de Houston, tuvo la oportunidad (y la preparación física necesaria) de clasificarse para el campeonato nacional de diez kilómetros. Pero en lugar de terminar entre los diez primeros, como hacía cada año, terminó en un descorazonador vigésimo octavo puesto. Después de la carrera, le dijo a Steve: «Esto duele mucho; nunca podré llegar a sentirme cómodo».

Steve empleó todo un año trabajando con él, ayudándolo a aprender cómo llegar a sentirse cómodo con la incomodidad. En particular, le enseñó a aceptar que todo ejercicio y toda carrera dura iban a doler. Más que a resistir el dolor, Steve le enseñó a tener una conversación tranquila en su interior. Con un rápido progreso, un año después, en la misma carrera, Barraza llegó a la meta en cuarto lugar, logrando un puesto en el campeonato nacional. Pero no solo el lugar en el que terminó era diferente, sino que lo era también su informe después de la carrera: «Cuando empezó a doler, imaginé que tú estabas cerca de mí, igual que cuando entrenamos». Le dijo a Steve: «Fue como si estuviera teniendo una sencilla conversación en medio de la carrera, primero contigo, luego conmigo mismo. Cuando comenzó a ponerse realmente difícil, no intenté forzar mi paso ni luchar contra el dolor. En lugar de eso, me recordé a mí mismo que es normal y me relajé».

Como juvenil, Barraza salió de su mente y obtuvo la clasificación. Sin duda, su preparación física mejoró con el paso del tiempo. Pero lo que le permitió expresarlo plenamente fue el progreso de su preparación mental. La atención plena no solo ayuda a los mejores deportistas a atravesar los entrenamientos duros, los ayuda también a recuperarse. No hace falta mirar más allá de la variabilidad de su frecuencia cardíaca (HRV, por sus siglas en inglés) o del espacio entre los latidos de su corazón para demostrarlo. La HRV se utiliza generalmente como indicador global de la recuperación fisiológica. Cuanto más rápidamente vuelve a su valor anterior al ejercicio (punto de partida), mejor. La investigación muestra que después de un duro entrenamiento, la HRV de los deportistas de élite vuelve a su punto de partida mucho más rápidamente que la HRV de los que no son de élite. En un estudio, quince minutos después de un ejercicio intenso la HRV de los deportistas de élite había vuelto a la normalidad, mientras que la de los que no eran de élite permanecía a solo un 40 o 45 %. De manera muy

> Quizás el dicho que afirma que el trabajo duro separa a los mejores del resto solo explica parte del cuadro. También lo hace el mejor descanso.

PRÁCTICAS DE RENDIMIENTO

- Desarrolla el músculo de la atención plena. El mejor modo de hacerlo es practicando meditación *mindfulness*:

  ✓ Elige un momento en el que otras distracciones sean mínimas, como nada más levantarte, después de cepillarte los dientes o antes de irte a la cama.
  ✓ Siéntate en una postura cómoda, si puede ser, en un espacio silencioso.
  ✓ Pon una alarma para no distraerte con pensamientos acerca del paso del tiempo.
  ✓ Comienza respirando profundamente, inspirando y espirando por la nariz.
  ✓ Deja que tu respiración se estabilice en su ritmo natural y concéntrate solo en la sensación que te provoca, observando el movimiento de tu abdomen con cada respiración; si surgen pensamientos, obsérvalos, pero enseguida déjalos ir. Dirige tu atención de nuevo a la sensación de la respiración.
  ✓ Comienza con un solo minuto y gradualmente aumenta la duración, añadiendo entre treinta y cuarenta y cinco segundos cada pocos días.

- La frecuencia hace que aumente la duración. Es mejor meditar diariamente, incluso si eso implica seguir con sesiones individuales cortas.
- Aplica las habilidades que desarrollas en *mindfulness* a tu vida cotidiana.
- Mantén «conversaciones tranquilas» durante los períodos estresantes.
- Date cuenta de cuándo quieres «desconectar» y luego elige eliminar el estrés. Detenerte para hacer unas cuantas respiraciones profundas ayuda a activar la corteza prefrontal, el centro de mando y control de tu cerebro.

parecida a los meditadores experimentados, los atletas de élite podían pasar del estrés al descanso mucho más rápidamente que sus compañeros principiantes. Quizás el dicho que afirma que el trabajo duro distingue a los mejores del resto solo explica parte del cuadro. También lo hace el mejor descanso.

Desarrollar el músculo de tu atención plena crea espacio para que puedas elegir cómo quieres responder al estrés. En medio de un reto, el *mindfulness* ayuda a permanecer en calma y recogido. Te permite dedicar toda tu energía física y mental a completar la tarea que tienes delante, en lugar de preocuparte. Después de un reto, gracias al *mindfulness* puedes elegir desconectar del estrés y pasar a un estado de mayor descanso. Como hemos visto, esto podría implicar el apaciguamiento de tu mente agitada, o la reducción de tu frecuencia cardíaca. Seas ingeniero o atleta, el *mindfulness* te sirve como entrada al descanso, ayudándote a llegar allí de manera más rápida y predecible. Pero, como estamos a punto de descubrir, en un interesante giro, cuando entras en ese estado de descanso, el «descanso» resulta ser cualquier cosa menos pasivo.

DESCANSANDO EL CEREBRO: LA RED POR DEFECTO

En 1929, un psiquiatra alemán llamado Hans Berger dirigió una serie de estudios utilizando una nueva tecnología que había inventado hacía cinco años. La tecnología se llamó electroencefalograma (o, más brevemente, EEG) y ofrecía un mapa de la actividad eléctrica cerebral. Conectando unos sensores al cuero cabelludo de sus pacientes, Berger podía asomarse al interior de sus cerebros. Su objetivo al utilizar este aparato era entender qué partes del cerebro desempeñaban diferentes tareas. Les pedía a los pacientes que respondieran preguntas aritméticas, les daba instrucciones para que dibujaran o les hacía resolver rompecabezas, todo ello mientras él monitorizaba la actividad eléctrica de sus cerebros. Vio que se producían diferentes patrones de actividad eléctrica según los diferentes tipos de tareas. Berger y su EEG nos proporcionaron toda una nueva comprensión de cómo funciona el cerebro... y también de cómo no funciona.

Durante uno de sus experimentos, dejó la máquina de EEG conectada a un paciente mientras este descansaba entre tareas. Observó que las agujas, responsables de marcar la actividad eléctrica del cerebro, no dejaban de moverse. De hecho, seguían moviéndose frenéticamente. En esa época, la teoría dominante sostenía que el cerebro básicamente se apagaba cuando no realizaba una tarea concreta. Pero ahí estaba Berger observando cómo los cerebros de sus pacientes permanecían extremadamente activos incluso cuando ellos no estuvieran haciendo nada activamente.

Cuando publicó sus descubrimientos, la parte del cerebro que estaba activa durante el descanso se ignoró en gran medida. Aunque se sentía muy intrigado por lo que ocurría cuando sus pacientes no trabajaban activamente, el resto de la comunidad científica estaba mucho más interesada en lo que sucedía cuando sí trabajaban.

Durante los siguientes setenta años, la investigación se centró en la red de tareas positivas, o la red del cerebro que se activa cuando realizamos tareas que requieren atención y esfuerzo. No fue hasta el 2001 cuando Marcus Raichle, neurólogo de la Universidad de Washington en Sant Louis, se dedicó a estudiar la sorprendente actividad pasiva que Berger había descubierto hacía tiempo. Utilizando fMRI, Raichle halló que cuando las personas dejaban vagar su mente y fantaseaban, una parte concreta del cerebro se activaba de manera constante. Llamó a esto la red por defecto. Resultaba interesante que, en cuanto los sujetos empezaban a concentrarse de nuevo, la red por defecto desaparecía y la red de realización de tareas positivas se activaba de nuevo. Gracias a la ayuda de la más avanzada tecnología de fMRI, a diferencia del descubrimiento de Berger de hace casi un siglo, la obra de Raichle impulsó una nueva investigación científica del cerebro en descanso. Este cuerpo de investigación muestra que incluso cuando parece que nuestros cerebros están «apagados», un sistema potente, la red por defecto, está funcionando en el fondo, completamente ignorada por nuestra consciencia despierta. Y, como estamos a punto de ver, es este sistema –el que está «encendido» cuando nosotros estamos «apagados»– el que a menudo es responsable de las intuiciones creativas y las innovaciones.

¡EUREKA! CÓMO DEJAR LUGAR A LA CREATIVIDAD

Piensa en esos momentos en los que eres más creativo. ¿Qué estás haciendo cuando las respuestas a los resistentes problemas a los que te has estado enfrentando surgen de repente en tu mente? Es extraño, tú no estabas intentando resolverlos. Es más bien como cuando estás pensando en las musarañas mientras te duchas. Si es así, deberías hacerle compañía a Woody Allen. Allen confía en la ducha para que surja la chispa creativa. Dice que cuando se encuentra en un *impasse*, «lo que me ayuda es subir las escaleras y darme una ducha [...]. De modo que me quito parte de la ropa y me hago un bocadillo o algo así e intento relajarme en la ducha». Cuando se trata de producir pensamientos creativos en la ducha, Allen no está solo, como muestra toda la industria de pizarras blancas y cuadernos impermeables.

Si no en la ducha, puede que tus mejores ideas lleguen cuando estás corriendo o caminando. Muchos prestigiosos filósofos, de Kierkegaard a Thoreau, consideraban su paseo diario como algo sagrado, la clave para producir ideas nuevas. «Paréceme que cuando mis piernas comienzan a moverse, mis pensamientos empiezan a fluir», anotó en su diario Thoreau, una frase que se hizo célebre.

O quizás tu epifanía llega al despertarte y utilizar el lavabo a mitad de la noche, o cuando te despiertas de la siesta. Los mejores inventores a menudo duermen con un cuaderno en su mesilla. Thomas Edison era un entusiasta defensor del poder de las siestas. No porque lo ayudasen a descansar, sino porque despertaba de ellas con nuevas ideas.

Lin Manuel Miranda, ganador de la «beca para genios» de la Fundación MacArthur y creador del músical de éxito de Broadway *Hamilton*, lo expresa así: «Una buena idea no llega cuando estás haciendo un millón de cosas. La idea buena llega en el momento del descanso. Llega en la ducha. Llega cuando estás garabateando o jugando a los trenecitos con tu hijo. Cuando tu mente está en otro lugar».

Reúne estas interesantes anécdotas y surge algo potente. Nuestras ideas más profundas llegan con frecuencia de los pequeños espacios que se producen entre el pensar deliberado: cuando nuestros cerebros están descansando. La ciencia lo confirma. Los investigadores han descubierto que a pesar de pasar la gran mayoría de nuestras horas de vigilia en un pensamiento esforzado, alrededor del 40 % de nuestras ideas creativas se manifiestan durante los descansos.

Los descubrimientos más creativos se adhieren a un arco estándar. En primer lugar, nos lanzamos al trabajo, reflexionando intensamente sobre un asunto. Si bien nuestra mente consciente nos lleva bastante lejos, de vez en cuando hay algo que falta y no podemos averiguar por mucho que lo intentemos. Cuando llegamos a este punto, aunque no parece algo intuitivo, lo mejor que podemos hacer es dejar de intentarlo. A menudo, si abandonamos el pensar intencional y activo y dejamos que nuestras mentes descansen, esa pieza que faltaba aparece de forma misteriosa. Del mismo modo que la hábil corredora veterana Deena Kastor (a quien conociste en el capítulo uno) dijo que la magia de su éxito radicaba en alejarse de su entrenamiento físico, la magia de producir ideas creativas se halla en alejarse del pensamiento deliberado. Para comprender mejor esta magia, tenemos que dirigirnos a la diferencia entre la mente consciente y la mente subconsciente.

Nuestras ideas más profundas llegan con frecuencia de los pequeños espacios que se producen entre el pensar deliberado: cuando nuestros cerebros están descansando.

NUESTRO CEREBRO CREATIVO

Cuando estamos trabajando activamente en algo, nuestra mente consciente (la red de tareas positivas) lleva la voz cantante. Funciona de manera lineal y lógica, al modo «si... entonces...»: si esto, entonces eso; si no esto, entonces probablemente no eso. En la gran mayoría de las actividades, este tipo de pensamiento lineal nos resulta útil. Pero de vez en cuando nos quedamos estancados. Podemos sentarnos y mirar la pantalla del ordenador o la pizarra blanca intentando descubrir algo, pero mientras sigamos intentándolo, es probable que fracasemos. Precisamente, cuando dejamos de intentar, nuestra mente consciente se desvanece, y nuestra mente subconsciente (la red por defecto) pasa a primer plano.

Nuestra mente subconsciente funciona de una manera totalmente distinta a la de nuestra mente consciente. Se separa del patrón del pensamiento lineal y funciona mucho más azarosamente, extrayendo información de partes de nuestro cerebro que son inaccesibles cuando estamos trabajando conscientemente en algo. Es en esas partes del cerebro, en los amplios bosques que bordean la estrecha autopista del «si... entonces...», por la que nuestra mente consciente circula, donde yacen nuestras ideas creativas. Los neurocientíficos han encontrado que la mente subconsciente está siempre funcionando, sordamente, en segundo plano. Pero como Raichle descubrió, solo cuando desconectamos la mente consciente, pasando a un estado de descanso, esas intuiciones de la mente subconsciente emergen a la superficie.

> Solo cuando desconectamos la mente consciente, pasando a un estado de descanso, esas intuiciones de la mente subconsciente emergen a la superficie.

Un matemático llamado David Goss tiene experiencia de primera mano en el fenómeno de la creatividad que emerge durante los períodos de descanso. Goss es profesor emérito de Matemáticas en la Universidad Estatal de Ohio y es internacionalmente reconocido por su obra pionera en la teoría de los números. Ha pasado los últimos cuarenta años creando un lenguaje matemático totalmente nuevo en el que es posible resolver problemas que no pueden solucionarse en el lenguaje tradicional. En efecto, ha creado un universo paralelo para hacer posibles problemas matemáticos imposibles. Para acceder a las intuiciones creativas que lo llevaron a desarrollar este universo paralelo en matemáticas, Goss tenía acceso a un universo paralelo en su mente.

Su amor por los números se remonta tan lejos como él puede recordar. A comienzos de los setenta, cuando era un novato en la Universidad de Míchigan, se metió de lleno en las matemáticas. Según nos dijo, no podía pensar más que en ellas. Aunque su rendimiento en las clases de esa asignatura era extraordinario, se produjo a expensas de todas las demás; descuidó todo el programa que no tuviera que ver con esa materia. Durante su primer año le fue tan mal que su tutor le dijo que necesitaba cambiar o abandonar. Goss eligió lo segundo y puso rumbo hacia Harvard, donde fue recibido con los brazos abiertos en un curso de doctorado de matemáticas. Nos dijo: «Tengo un máster y un doctorado de Harvard, pero no una licenciatura. Bueno, no está mal».

Liberado de la necesidad de fingir en otras disciplinas, Goss tuvo un gran éxito en matemáticas. Cuando tenía veintitrés años, se quedó paralizado al ver que estaban limitadas por sus estructuras actuales. «Recuerdo que pensé que tenía que haber un modo mejor, un medio de avanzar en matemáticas más allá de lo que creemos que es posible», nos contó. Esta idea, y muchas otras ideas pioneras que seguirían, no le llegaron en la pizarra. Más bien, explicó, «todas estas ideas extravagantes me llegaban a través de mi subconsciente. Cuando estaba haciendo ejercicio en la bicicleta o simplemente cuando estaba dando un paseo. Algunas de estas ideas eran, de hecho, extravagantes. Pero otras resultaron no ser tan extravagantes, en absoluto». Al día siguiente se desprendería de las ideas extravagantes. Pero ¿y las no tan extravagantes? Se convirtieron en un segundo lenguaje de las matemáticas.

Sin duda alguna, Goss tiene una brillante mente consciente. Pero su mente subconsciente y su coraje para dejar a un lado el trabajo y descansar para poder aprovecharla merecen la misma celebración. «El subconsciente es algo locamente poderoso –nos dijo–. Es casi como si la única razón para hacer el trabajo fuese preparar el camino a lo que ocurre cuando te alejas de él».

«El subconsciente es algo locamente poderoso –nos dijo–. Es casi como si la única razón para hacer el trabajo fuese preparar el camino a lo que ocurre cuando te alejas de él».

Aunque Goss nunca fue un gran atleta, seguía el arte de la periodización: esforzar la mente y luego dejar que se recupere, solo para descubrir nuevas ideas, para crecer. Él no es el único revolucionario que experimentó un éxito sin precedentes cuando dejaba de lado el trabajo y descansaba. A continuación, iremos a la historia de otro gran triunfador, esta vez un verdadero atleta, cuyo coraje para descansar producía un tipo distinto de avance. Es la historia de un corredor llamado Roger Bannister.

INNOVACIÓN

Día: 6 de mayo de 1954. Lugar: Oxford (Inglaterra). ¡*Bang*! Con el pistoletazo que marca el comienzo, delante de un estadio repleto, la estrella británica de la pista, Roger Bannister, comenzó su asalto a lo imposible: correr una milla en menos de cuatro minutos.

En los años cuarenta y cincuenta, la milla, como el maratón actual, era la carrera de mayor prestigio. Igual que la comunidad de corredores de hoy en día no puede dejar de hablar de la posibilidad de un maratón por debajo de dos horas, la comunidad de corredores de antaño estaba obsesionada con la búsqueda de la milla en menos de cuatro minutos. El récord se ha ido

PRÁCTICAS DE RENDIMIENTO

- Cuando estés trabajando en una tarea mental estresante y llegues a un punto muerto, deja de trabajar.
- Aléjate de lo que estés haciendo, al menos durante cinco minutos.
- Cuanto más estresante sea la tarea, más largo debería ser el descanso.
- En el caso de tareas realmente extenuantes, piensa en la posibilidad de dejarlo hasta la mañana siguiente.
- Durante los descansos, si no estás durmiendo (pronto hablaremos más sobre esto), realiza actividades que exijan poco o ningún esfuerzo mental. Aunque exploraremos cómo llenar tus descansos en el capítulo cinco, algunos ejemplos incluyen:

  ✓ Escuchar música
  ✓ Dar un paseo
  ✓ Sentarse en la naturaleza
  ✓ Darse una ducha
  ✓ Lavar los platos

- Puede que tengas un momento «ajá» de intuición durante el descanso. Si sucede, fantástico. Incluso si no lo tienes, tu mente subconsciente todavía está trabajando. Cuando vuelvas a lo que estabas haciendo, es más probable que realices avances.

reduciendo progresivamente de 4:14 (1913) a 4:06 (1934) y a 4:01 (1945). Pero el récord se mantuvo allí, a un simple chasquido de dedos de distancia de la épica milla por debajo de cuatro minutos, durante casi una década. No era porque no se intentase. Los mejores corredores de todo el mundo declararon que lo harían en menos de cuatro minutos. Su entrenamiento estaba pensado específicamente para romper la barrera. Pero, sin excepción, todos se quedaban a un paso: 4:03, 4:01, 4:04, 4:02. Parecía que nadie podría traspasar esos dos últimos segundos. Los fisiólogos y los médicos comenzaron a dudar incluso de que fuera posible correr una milla en menos de cuatro minutos. El corazón y los pulmones del ser humano no podrían soportar las exigencias que ello requería, argumentaban.

Como todos los demás corredores del momento, Bannister había llegado bastante cerca –faltaban unos pocos segundos– para poder pensar que sería capaz de romper la barrera. De modo que cuando declaró, a comienzos de 1954, que iría a por el récord de nuevo, creía realmente que lo conseguiría. Pero antes de hacer historia, tomó una decisión que parecía muy cuestionable. Abandonó su plan de entrenamiento de intervalos intensos en la pista y en su lugar se marchó a las montañas de Escocia, solo dos semanas antes de la carrera. Durante varios días, él y unos cuantos compañeros no hablaron ni una palabra de las pistas, y mucho menos las pisaron. En lugar de eso, caminaron y escalaron montañas. Dejaron completamente de correr mentalmente y, en gran medida, físicamente. Si bien el montañismo es una actividad espléndida para desarrollar un buen estado de salud general, está muy lejos de los feroces 400 metros que Bannister estaba acostumbrado a correr en la pista, una y otra vez. Dicho de otro modo, en relación con su rutina habitual, Bannister estaba descansando.

Al volver a Inglaterra, una vez más sorprendió a toda la comunidad de corredores. En lugar de saltar inmediatamente a una pista en un ataque compulsivo para hacer un «entrenamiento de pánico» con la esperanza de recuperar el tiempo perdido, siguió descansando. Durante tres días más, dejó que su cuerpo se recuperase de las exigencias del entrenamiento que se había impuesto durante los meses anteriores. Tan solo un par de días antes del intento de batir el récord, realizó unos ejercicios breves para poner a punto su cuerpo, pero eso fue todo. Se sentía físicamente revitalizado, y eso era algo bueno. Necesitaría toda la energía para redefinir lo que era posible en el mundo del atletismo.

Volvemos a la pista de Oxford, el 6 de mayo de 1954. Con tan solo un corredor cerca, Bannister cruzó la tercera vuelta en 3:07 segundos, ligeramente por debajo del ritmo del esperado inferior a cuatro. ¡Ding! Cuando sonó la campana que indicaba la última vuelta, aceleró de una manera enloquecedora. A medida que poco a poco se separaba del resto del grupo, toda la muchedumbre se puso en pie: 3:40, 3:41, 3:42... En la recta final, la energía era palpable, los fans gritando a pleno pulmón... 3:54, 3:55... Cuando Bannister cruzó la meta, sin saber más que lo duramente que se había esforzado, la multitud bramó. El presentador del estadio, Norris McWhirter, que fundaría los Records Guinness Mundiales, rugió por los altavoces con su locución más memorable:

> Señoras y señores, he aquí el resultado del noveno evento, la milla: primero, el número 41, R. G. Bannister, de la Amateur Athletic Association y antes de los Exeter and Merton Colleges, Oxford, con un tiempo que constituye un nuevo récord en la pista, y que, –pendiente de ratificación– será un récord de un nativo inglés, un récord nacional británico, de todo el Imperio británico, de Europa y un récord mundial. El tiempo ha sido tres...

La muchedumbre estalló y el resto del anuncio cayó en el olvido. En 3:59 y cuatro décimas de segundo, Roger Bannister había roto una de las barreras más grandes de la historia humana. Y fue posible en cierta medida por la valentía que tuvo para tomarse en serio el descanso.

Aunque la huida de Bannister a las montañas resulte un poco extrema, la idea de hacer descansos para facilitar el desarrollo físico es cualquier cosa menos eso. Le preguntamos a Matt Dixon, un destacado entrenador de los mejores triatletas del mundo, qué es lo que diferencia a los mejores del resto. La respuesta, nos dijo, es el descanso. No hay duda de que se necesita un sabio como Dixon para equilibrar eficazmente el entrenamiento en las tres disciplinas del triatlón (natación, ciclismo y carrera), pero su verdadera magia reside en cómo convence a los triatletas para que descansen.

Del mismo modo que los profesionales de cualquier otro ámbito altamente exigente, los triatletas están ansiosos por superarse. Consideran que su competitividad exige que dediquen incontables horas de entrenamiento y sienten que siempre hay algo más que podrían hacer. A diferencia del puro correr, en el que los atletas a menudo se frenan por miedo a lesionarse, el triatlón incluye deportes de bajo impacto, como la natación y el ciclismo. En estos deportes, los triatletas no ven razón para contenerse, y muchos no lo hacen. Como consecuencia, quizás más que cualquier otro tipo de deportista, sufren del síndrome de sobreentrenamiento y agotamiento. Pero no es así en los chicos de Dixon.

Dixon nos contaba, no sin ciertas reservas, que ha llegado a ser conocido como «el entrenador de la recuperación». Esto se debe en parte a que muchos atletas que han sobreentrenado, derrotados y al borde del agotamiento, se dirigen a él para salvar sus carreras. Dixon asegura que la parte más dura a la hora de conseguir que los atletas descansen es convencerlos de que hacerlo los beneficiará más que un entrenamiento adicional. Una vez dan el salto, dice, es fácil: «Los atletas empiezan a encontrarse mejor y a rendir más que antes». Por primera vez en sus carreras, «proporcionan a sus cuerpos el tiempo y el espacio para adaptarse al estrés del entrenamiento».

Al enmarcar el descanso como algo que ayuda al desarrollo y la adaptación, los atletas de Dixon dejan de verlo como algo pasivo, como «no entrenamiento». Y simplemente así, el descanso se convierte en algo tan productivo como un ejercicio adicional.

Para ayudar a sus atletas a que den ese salto crucial, Dixon enmarca el descanso en el contexto de una elección activa.* Cuando escribe planes de entrenamiento para triatletas *Ironman*, no hay días «fáciles» ni días de «desconexión». Sin embargo, hay muchas «sesiones de apoyo». Al enmarcar el descanso como algo que ayuda al desarrollo y la adaptación, los atletas de Dixon dejan de verlo como algo pasivo, como «no entrenamiento». Y simplemente así, el descanso se convierte en algo tan productivo como un ejercicio adicional. Este simple cambio en la actitud mental le permite a Dixon hacer lo que muy pocos entrenadores pueden hacer: convencer a sus atletas de que descansen. Como Bannister, los chicos de Dixon se muestran en las grandes carreras no solo más en forma, sino también más frescos que sus competidores. Ganan las principales carreras, no porque entrenen de manera más dura que sus competidores, sino porque descansan más que ellos.

En una sociedad que glorifica lo agotador y las ganancias a corto plazo y que empuja hacia los extremos, se necesita valor

* Dixon aprovecha algo que los conductistas llaman el sesgo del compromiso, o nuestra preferencia innata por la acción antes que la inacción.

para descansar. Quizás todos deberíamos entender el descanso del mismo modo que lo hace Dixon con los triatletas a los que entrena. El descanso no consiste en vagar perezosamente; es un proceso activo en el que tiene lugar un crecimiento físico y psicológico. Para cosechar los beneficios del esfuerzo, necesitas descansar.

En el capítulo siguiente, nos dirigiremos a la cuestión de cuál es exactamente el mejor modo de descansar. Presentaremos la ciencia que hay detrás de los descansos de distintas duraciones –desde pausas breves a lo largo del día hasta la importancia fundamental del sueño y las vacaciones largas– y explicaremos cómo puedes maximizar, de manera estratégica, los beneficios propios de cada tipo. Esperamos que cuando veas lo prácticos y potentes que estos descansos pueden ser, te sientas más a gusto a la hora de elegirlos activamente.

5

DESCANSA COMO LOS MEJORES

En el capítulo tres analizamos los beneficios de los intervalos de entrenamiento al estilo del atletismo en empresas que no tienen nada que ver con esta disciplina. También abordamos un amplio cuerpo de investigación que demuestra cómo, independientemente de la tarea de que se trate, nuestro rendimiento comienza a sufrir después de dos horas seguidas de trabajo intenso. Aprendimos que nuestro mejor trabajo lo hacemos en ciclos de esfuerzo intenso seguidos de descansos breves. En el capítulo cuatro exploramos la práctica de *mindfulness* y analizamos el valor de alejarnos de nuestro trabajo para que surja el poder creativo de nuestra mente subconsciente. Desde luego, hay muchas maneras de alejarse del trabajo, y no todas ellas son iguales. Navegar por las redes sociales, por ejemplo, no es tan eficaz como dar un paseo. Vayamos ahora a los beneficios propios de las diferentes clases de descanso, ayudados de las historias de los grandes triunfadores y de la ciencia más reciente. Empezaremos hablando de los descansos breves que se utilizan a lo largo del día y terminaremos examinando el valor (y el reto) de períodos largos de descanso. Piensa en lo que sigue como un menú de opciones de «descanso» que puedes elegir de manera estratégica.

PAUSAS CAMINANDO

En su libro *La guerra del arte*, el galardonado autor Steven Pressfield escribe de sus paseos: «Llevo una grabadora de bolsillo porque sé que cuando mi mente superficial se vacía con el paseo, otra parte de mí meterá baza y comenzará a hablar [...] La palabra *ver* en la página 342 debería ser *leer*; te has repetido en el capítulo veintiuno; la última frase es idéntica a la que hay a mitad del capítulo siete». Como aprendiste en el capítulo anterior, Pressfield no está solo. Muchos de los mejores escritores y pensadores se declaran fieles devotos de los paseos.

Dar una vuelta no solo es útil para las personas creativas, como escritores, artistas e inventores. Cuando Brad trabajaba en complicados modelos financieros en McKinsey & Company, daba paseos durante todo el día, especialmente cuando se sentía estancado. Casi sin excepción, lo que no veía con claridad mientras estaba mirando la pantalla, surgía en su mente durante un paseo o inmediatamente después.

> Incluso paseos cortos pueden proporcionar grandes beneficios.

Alejarte de tu trabajo entraña un esfuerzo, especialmente cuando tienes delante una fecha límite. A veces simplemente no tienes tiempo para andar muy lejos. La buena noticia es que incluso paseos cortos pueden proporcionar grandes beneficios.

En un estudio agudamente titulado «Pon piernas a tus ideas: el efecto positivo de caminar para el pensamiento creativo», investigadores de la Universidad de

Stanford examinaron los efectos de una breve pausa caminando. Instruyeron a los sujetos para que diesen breves paseos para descansar en el exterior, en el interior, o no pasear por ninguna parte. Después de su paseo, evaluaron la creatividad de los participantes. Les pidieron que pensaran en tantos usos no tradicionales como pudieran de artículos comunes. Por ejemplo, una rueda de coche podría ser utilizada como un artefacto para flotar, como una canasta de baloncesto o como columpio. (Eso se denomina el «Test de usos alternativos de Guilford» y es un método que se emplea frecuentemente para medir la creatividad). Quienes dieron un breve paseo de seis minutos al aire libre aumentaron la creatividad más del 60 %, frente a quienes habían permanecido sentados en su escritorio. Aunque caminar al aire libre produjo los beneficios más notables, quienes caminaron en el interior de los edificios también tuvieron un 40 % más de ideas creativas que los que no caminaron ni por un sitio ni por otro. Esto sugiere que incluso si no puedes andar al aire libre (por ejemplo, porque es invierno, porque no hay caminos transitables cerca, etc.), dar unas cuantas vueltas alrededor de la oficina o hacerlo en una cinta resulta todavía altamente beneficioso.

Al principio, los investigadores sospecharon que el aumento del riego sanguíneo en el cerebro sería el responsable de los beneficios de caminar. Sin embargo, parece que los beneficios podrían proceder también de la interrelación entre el caminar y el estar atento. Dado que caminar requiere la suficiente coordinación para ocupar la parte de nuestro cerebro responsable del pensamiento enfocado, distrae ligeramente a nuestra mente consciente. Como consecuencia, cuando caminamos es más fácil aprovechar nuestro aparato creativo, nuestro subconsciente. Esto explica por qué caminar tiende a ser más efectivo para activar la creatividad que otros movimientos que requieren mayor concentración y coordinación, como danzar o levantar pesas. Caminar nos ocupa lo suficiente para ayudarnos a dejar de pensar sobre lo que estemos trabajando, pero no demasiado como para evitar el vagabundeo de la mente. Es la puerta de entrada perfecta hacia la mente subconsciente y hacia la estimulación de la intuición creativa que puede ayudarnos a superar el punto muerto mental.

Caminar es la puerta de entrada perfecta hacia la mente subconsciente y hacia la estimulación de la intuición creativa que puede ayudarnos a superar el punto muerto mental.

Además de los beneficios cognitivos, las pausas caminando son también muy beneficiosas para la salud física. Probablemente has oído decir en los últimos tiempos que «el sedentarismo es el nuevo tabaquismo». Períodos largos, ininterrumpidos, de estar sentado son fatales para tu salud, y estar sentado puede incluso anular los logros del ejercicio. Afortunadamente, la ciencia más reciente muestra que dar un paseo de tan solo dos minutos cada hora protege contra muchos de los efectos perjudiciales de permanecer sentado. Un estudio mostró que estos paseos cortos reducen el riesgo de muerte prematura (es decir, «la mortalidad por todas las causas», o cualquier causa de muerte) en un 33 %. En la antigua Grecia, cuando la cultura ateniense estaba en su máximo esplendor, Platón y sus contemporáneos no separaban la educación y el desarrollo físicos de la educación y el desarrollo intelectuales. Estos sabios filósofos vivían algo que ahora estamos redescubriendo: una mente sana y un cuerpo sano van de la mano.

TOTALMENTE NATURAL

En el 2008, un psicólogo de la Universidad de Míchigan llamado Marc Berman intentó descubrir por qué tantos grandes creadores, desde DaVinci hasta Darwin, decían ser inspirados por la naturaleza. Para comprobar si realmente hay una fuerte relación entre la naturaleza y la creatividad, Berman reunió a dos grupos de estudiantes universitarios. Ambos grupos realizaron las mismas series iniciales de tareas cognitivas rigurosas. Al terminar, uno de los grupos hizo una pausa en un parque apartado, mientras que el otro grupo descansó en un entorno urbano ajetreado. En una serie posterior de tareas cognitivas difíciles, los estudiantes que hicieron la pausa en un entorno natural consiguieron mejores resultados que aquellos que la hicieron en un entorno urbano.

Puede que estés pensando: «De acuerdo, pero tener acceso a un parque aislado durante el día no es tan fácil». No te preocupes si no lo es: simplemente mirar cuadros o fotos de la naturaleza puede ser de ayuda. En un segundo experimento, Berman hizo pasar a los estudiantes por el mismo proceso que acabamos de describir, pero esta vez, en lugar de ir fuera, se les dijo que mirasen fotografías (durante seis minutos) de zonas naturales o de áreas urbanas. El resultado fue el mismo: los estudiantes que miraron fotos de la naturaleza superaron significativamente a los que habían mirado áreas urbanas.

Berman formula la hipótesis de que la naturaleza nos hace mejores, de manera intrínseca, y mejora nuestro estado de ánimo, acelerando nuestro paso del estrés del trabajo intenso a un estado más sereno que promueve el vagabundeo de la mente y la consiguiente creatividad. Incluso si todo lo que puedes hacer es estar sentado delante de tu ordenador, intenta ojear un *National*

Geographic o una revista *Outside* con imágenes de la naturaleza, en lugar de echarles un vistazo a tu perfil de Facebook o tus entradas de Twitter.

El contacto con la naturaleza no solo ayuda en la creatividad, también puede disminuir los niveles de interleucina 6 (IL-6), una molécula asociada con la inflamación del cuerpo. Niveles bajos de IL-6 pueden prevenir la inflamación crónica que a menudo afecta a buenos atletas. Según un estudio publicado en el diario *Emotion*, más que cualquier otro sentimiento positivo, la admiración reverencial, una emoción generalmente producida por la naturaleza, está relacionada con niveles bajos de IL-6. Le preguntamos a la coordinadora del estudio, Jennifer Stellar, qué podría estar en juego en todo ello. ¿Cómo algo tan simple como estar en la naturaleza, o incluso simplemente mirar imágenes de la naturaleza, puede cambiar nuestra biología? Stellar nos respondió que «experimentar admiración reverencial hace que nos sintamos más conectados con el universo y más humildes». Estos sentimientos, afirmó, «probablemente ayudan a "apagar" nuestra respuesta al estrés, reduciendo al mismo tiempo la inflamación».

Después del próximo ejercicio intenso o del día estresante en la oficina, piensa en la posibilidad de sentarte en un parque antes de precipitarte para darte un baño de agua fría o tomar medicamentos antiinflamatorios o el último y el mejor tranquilizante. Como decía la madre de Cheryl Strayed en el popular libro, llevado también a la pantalla, *Salvaje*, cuando te sientas deprimido, «date un baño de belleza».

MEDITACIÓN

Hemos comentado antes cómo la meditación *mindfulness*, la práctica de sentarse y concentrarse únicamente en la respiración, puede ayudar a acelerar el paso del estrés al descanso. La meditación *mindfulness* fortalece la corteza prefrontal, la parte de nuestro cerebro que nos permite elegir cómo responder al estrés. Así pues, recomendamos una práctica meditativa diaria para entrenar el músculo de nuestra mente. Además, la meditación no planificada, en cualquier momento, también puede ser valiosa durante pausas breves de un trabajo física o mentalmente agotador.

Ya sea que estés tenso porque tienes que elaborar un informe con fecha límite o porque tienes que realizar series intensas en la sala de halterofilia, la meditación *mindfulness* te puede ayudar a mejorar tu rendimiento. La sensación de estar bloqueado es la manifestación psicológica de la mente que se enfrenta a una amenaza y entra en modo estrés. Si sigues estresado después de hacer una pausa (alejándote del teclado o de la barra de pesas), perderás buena parte de la eficacia del descanso. No es difícil decir si los beneficios que te proporcionan las pausas se están viendo mermados por el persistente estrés. Generalmente se siente en los hombros (¿están levantados?), los antebrazos (¿están flexionados?) y la mandíbula (¿está apretada?). Si tienes estas sensaciones, podrías plantearte un breve período de meditación *mindfulness*. Siéntate en una postura cómoda, cierra los ojos y realiza diez respiraciones profundas, inspirando y espirando por la nariz. Concéntrate solo en la sensación de tu respiración. Pueden surgir dolor físico, tensión y pensamientos negativos. Si es así, no los ignores. Reconócelos sin juzgar, deja que desaparezcan y luego vuelve a centrarte en la respiración.

Ya sea que estés tenso porque tienes que elaborar un informe con fecha límite o porque tienes que realizar series intensas en la sala de halterofilia, la meditación *mindfulness* te puede ayudar a mejorar tu rendimiento.

Después de haber hecho diez respiraciones, puedes seguir concentrándote exclusivamente en tu respiración durante el tiempo que dure la pausa. O puedes pasar a una técnica llamada meditación de «monitorización abierta» o «escaneado del cuerpo». En esta meditación, aunque sigues respirando rítmicamente, cambias el foco de tu atención de tu respiración a varias partes del cuerpo. Empieza por los pies y ve subiendo. Concéntrate en la sensación de los dedos de los pies en tus zapatos, tu piel en la silla (o en tu ropa), los músculos que se aflojan y tu corazón que late. Los estudios muestran que solo practicar entre siete y diez minutos de meditación de monitorización abierta ayuda tanto a la recuperación fisiológica como a la creatividad.*

RECUPERACIÓN SOCIAL

Uno de nosotros (Steve) ha probado muchas maneras de acelerar la recuperación en los atletas a los que entrena después de sesiones de entrenamiento intensas, pero con mucha diferencia, la más eficaz es la interacción social. Así es: el secreto de Steve no es el masaje, ni la compresión, ni la crioterapia. Es cultivando la diversión y los entornos relajantes como estos atletas deben pasar el tiempo juntos. Después de las competiciones o de prácticas especialmente difíciles, Steve suele recomendar a sus atletas que asistan a desayunos o almuerzos o que vean películas o practiquen juegos de equipo. La fascinante nueva ciencia lo respalda.

* Vale la pena reiterar que la meditación de monitorización abierta es distinta de la meditación *mindfulness*, que se centra solo en la respiración. Aunque la primera es fantástica para pausas breves, no debería sustituir a la segunda. La meditación *mindfulness* es potente como práctica diaria que te permite elegir cómo responder al estrés durante toda la jornada, todos los días. Por eso recomendamos incorporar la meditación *mindfulness* sentado en la vida diaria, independientemente de las pausas.

La ratio de las hormonas, desde la testosterona hasta el cortisol, actúa como un buen indicador de la recuperación sistémica (cuanto más alta sea esta ratio, mejor). Un estudio realizado por la Universidad de Bangor, en el Reino Unido, halló que esta ratio era más alta en los deportistas que realizaron el análisis posterior al juego en un entorno social, con amigos, que en aquellos que lo hacían en un entorno neutro, con extraños. Es más, el grupo del entorno social rendía mejor en la competición una semana después. El coordinador de este estudio, Christian Cook, profesor de Fisiología y Rendimiento de Élite en la Universidad de Bangor, nos dijo que «un entorno amistoso después del ejercicio –especialmente en el que se pueda hablar, bromear y comentar cosas con otros atletas– parece ayudar a la recuperación y al rendimiento futuro».

Cuando compartimos esto con Kelly McGonigal (la profesora de la Universidad de Stanford y experta en estrés a la que conocimos en el capítulo tres), no se sorprendió. «La biología básica de estar relacionado con otros tiene efectos profundos sobre la fisiología del estrés», nos dijo. Los efectos positivos de la relación social incluyen la variabilidad de la frecuencia cardíaca, el paso del sistema nervioso al modo recuperación y la liberación de hormonas como la oxitocina y la vasopresina, que tienen propiedades antiinflamatorias y antioxidantes. «Lo que resulta más sorprendente incluso –añadió McGonigal–, es que la oxitocina ayuda a la mejoría del corazón. Resulta muy poético que sentirse relacionado con otros arregle un corazón roto».

> «La biología básica de estar relacionado con otros tiene efectos profundos sobre la fisiología del estrés [...] Resulta muy poético que sentirse relacionado con otros arregle un corazón roto».

PRÁCTICAS DE RENDIMIENTO

- Ten el coraje de hacer pausas durante el día, especialmente cuando estás estancado o tienes un estrés insoportable; cuanto más intenso sea el trabajo, más frecuentes han de ser las pausas.
- Da un paseo de, al menos, seis minutos para aumentar la creatividad y reducir los efectos negativos de estar sentado. Si puedes, camina al aire libre, pero incluso dar unas cuantas vueltas alrededor de la oficina proporciona grandes beneficios.
- Date un baño de belleza. Estar en la naturaleza, o incluso simplemente mirar imágenes de la naturaleza, es útil para pasar del estrés al descanso y promueve el pensamiento creativo.
- Medita. Comienza con unas cuantas respiraciones conscientes, centrándote solo en la respiración. Luego, puedes cambiar a la meditación de monitorización abierta, en la que escaneas tu cuerpo y diriges tu conciencia a todas sus sensaciones.
- ¡Relájate con amigos! Al final de un trabajo intenso –sea con tu cuerpo o con tu mente– rodearte de amigos en un entorno relajante altera de manera importante tu biología de modo que te hace pasar del estrés al descanso.

Aunque puedes utilizar la recuperación social durante todo el día, únicamente resulta efectiva si el entorno es relajado. Ir a tomar café con un colega solo para discutir asuntos del trabajo no te hará mucho bien. Por eso recomendamos esta estrategia para el fin de la jornada laboral. Pero eso no quiere decir que sea fácil. Cuando nos sentimos estresados, con frecuencia nuestra tendencia natural es a retirarnos al interior y amurallarnos ante el mundo externo. En el peor de los casos, el estrés persiste y aumenta, y podemos correr el riesgo de entrar en un círculo vicioso de rumia mental: basta con que le preguntes a un deportista que ha terminado una sesión de entrenamiento intenso y no está satisfecho con ella, a un artista que no ha conseguido avanzar nada en su obra o a un hombre de negocios que ha tenido un día duro en la oficina. Aunque puede que no siempre queramos ser sociables, los beneficios de rodearnos de amigos y relajarnos son enormes, especialmente después de situaciones exigentes.

DORMIR

Si te encuentras cansado a menudo, y sabes que simplemente no has dormido bastante, no estás solo. Estás bien acompañado... de cerca de ciento noventa y cinco millones de estadounidenses, para ser exactos. Así es, un sorprendente 65 % de estadounidenses duermen menos de las médicamente recomendadas entre siete y nueve horas cada noche. El 40 % duerme menos de seis horas. Esto no siempre ha sido así. En 1942, el estadounidense medio dormía casi ocho horas cada noche. Hoy en día, esa cifra ha descendido a menos de siete.

Buena parte de la pérdida de sueño está relacionada con las tecnologías que nos mantienen conectados en todo momento y nos permiten trabajar a todas horas. Nos sentimos obligados a estar en línea y presionados para hacer cada vez más trabajo. «No hay bastantes horas en un día», nos decimos, así que hemos decidido trabajar también por la noche. Esto es cierto especialmente en el mundo de los negocios, donde demasiado a menudo escuchamos historias en las que se veneran a los directores generales que «solo necesitan cuatro horas de sueño». (Otra historia muy distinta aparece cuando les preguntas a estos directores generales lo felices que son en sus vidas, o cuando se analiza el tiempo que duran en el cargo). En realidad, trabajar inmediatamente antes de irse a dormir es una idea horrible. Eso se debe a que incluso si terminamos el trabajo a una hora razonable, las pantallas ante las que estamos nos mantiene enganchados durante mucho tiempo después.

La mayoría de los aparatos con pantallas, sean ordenadores, móviles, iPads o televisores –en otras palabras, prácticamente todo lo que miramos por la noche–, emiten algo llamado luz azul. De todos los tipos de luz artificial que perturban el sueño, la de color azul es, con mucho, la peor. Si bien podemos recuperarnos por encontrarnos en una habitación en la que las bombillas están encendidas, es mucho más difícil recuperarse por haber mirado una pantalla. La luz azul hace que se descontrole nuestro ritmo circadiano (el reloj natural del cuerpo). Según cuándo quedemos expuestos a ella, la luz azul puede cambiar nuestro reloj interno hasta seis husos horarios. Por eso cuando tienes una idea creativa en medio de la noche, es mejor escribirla en una libreta y no correr al ordenador para trabajar en él. Esto debería servir también como advertencia contra el hábito cada vez más frecuente de consultar los móviles durante toda la noche.

En un estudio reciente que analiza los efectos perjudiciales de la luz azul, investigadores de la Universidad de Harvard hicieron leer a los participantes o un libro tradicional o un libro electrónico, que emite luz azul, cuatro horas antes de irse a dormir. Después de solo cinco días seguidos de leer de esta manera, las diferencias entre los dos grupos eran claras. Los que leyeron el libro electrónico afirmaron sentir mucho menos sueño cuando era hora de irse a dormir. Esta sensación estaba inscrita en su bioquímica. A diferencia de los que leyeron en un libro tradicional, los lectores del libro electrónico experimentaron un retraso de noventa minutos en la liberación de melatonina por parte de su cuerpo. La melatonina es la hormona que hace que sintamos sueño. Aunque no habían viajado a través de varios husos horarios, los relojes internos de sus cuerpos creían haberlo hecho. Los ritmos circadianos habían cambiado espectacularmente, haciendo que les resultara más difícil dormir y que se sintieran menos descansados (y más aturdidos) después de despertarse. Más preocupante todavía es que estos efectos se hicieron presentes al estar tan solo cinco días utilizando un aparato que emitiese luz azul y hacerlo cuatro horas antes de irse a dormir. Sin mencionar que estos profundos efectos procedían de una lectura por placer. Podemos suponer que los resultados serían mucho peores si la tarea fuese enviar correos electrónicos o trabajar en documentos con una fecha tope. La luz azul por sí sola es perjudicial. Combina luz azul con una mente agitada y te resultará más fácil comprender por qué dormimos menos que nunca.

Más adelante recomendaremos que limites la luz azul antes de irte a dormir y te proporcionaremos otros consejos para tener un mejor sueño nocturno, pero antes estamos obligados a darle la vuelta a una noción habitual. Creemos que nos estamos perdiendo muchas cosas por dormir, pero de hecho nos perdemos muchas más por no dormir. Dormir es una de las acciones más productivas que podemos llevar a cabo. No crecemos cuando estamos en el gimnasio o cuando estamos inmersos en nuestro trabajo. Crecemos cuando dormimos.

Creemos que nos estamos perdiendo muchas cosas por dormir, pero de hecho nos perdemos muchas más por no dormir. Dormir es una de las acciones más productivas que podemos llevar a cabo.

Dormir y el desarrollo de nuestra mente

Podemos realizar todo el trabajo del mundo mientras estamos despiertos, pero si no dormimos se pierde buena parte de su valor. Literalmente. Uno de los principales beneficios del sueño es el papel que desempeña en la manera como consolidamos y almacenamos (o sea, recordamos) la información nueva. El papel fundamental del sueño en el aprendizaje es un descubrimiento más bien nuevo. Robert Stickgold, un destacado investigador del sueño de la Universidad de Harvard, dijo a la revista *The New Yorker* que hasta hace poco la gente pensaba que «la única función conocida del sueño era curar la somnolencia». Eso ha cambiado mucho desde que entramos en el nuevo siglo, y en buena medida gracias a la investigación de Stickgold.

En el año 2000, Stickgold publicó los resultados de un inteligente experimento que cambiaría para siempre el modo de pensar sobre el dormir. Invitó a tres grupos de personas a sumergirse en el juego de ordenador llamado Tetris; deberían jugar durante siete horas al día, tres días seguidos. Un grupo había jugado al Tetris antes, otro grupo estaba familiarizado con él y un tercer grupo no podía recordar si había jugado antes –literalmente padecían una grave amnesia–.

Durante cada una de las tres noches del experimento, a los participantes del estudio se los despertaba varias veces y se les pedía que recordaran lo que habían soñado. La mayor parte del tiempo, la respuesta era Tetris. Incluso los amnésicos informaron que soñaban con el juego. Aunque no pudieran recordar nada sobre el experimento al día siguiente, los amnésicos recordaban haber soñado con formas y figuras que van cayendo. Stickgold demostró que durante el sueño, en un nivel muy profundo, procesamos las experiencias y la información que reunimos mientras estamos despiertos. Cuando dormimos, y especialmente cuando soñamos, el cerebro recorre los cientos de estímulos a los que hemos sido expuestos a lo largo del día –los coches que hemos visto en un aparcamiento, el argumento de ese programa de televisión que tanto nos ha gustado, las ideas que hemos tenido, las personas nuevas que hemos conocido, etcétera– y decide lo que vale la pena almacenar en la memoria. También decide dónde almacenarlo todo en nuestra red de conocimientos.

Desde el estudio fundacional de Stickgold, muchos otros han demostrado también que examinamos, consolidamos y retenemos información mientras dormimos. Sabemos que dormir es importante no solo para procesar el conocimiento intelectual, sino también para el modo de codificar nuestras experiencias emocionales. En todas nuestras conversaciones con artistas, el sueño se relacionaba con períodos de alta creatividad e intensidad emocional. Esto no es sorprendente. La investigación muestra que dormir aumenta la vivacidad del modo en que procesamos y recordamos los sucesos emocionales. De hecho, a la vista de toda la actividad emocional que ocurre en nuestro sueño, los científicos están comenzando a preguntarse si el insomnio no es solo el resultado de muchos trastornos del estado de ánimo, sino también la causa. Igual que el sueño nos ayuda a darle sentido a la información, también nos ayuda a darles sentido a nuestras emociones.

Dormir tiene un impacto también sobre nuestro autocontrol. En una revisión de numerosos estudios, investigadores de la Universidad de Clemsom hallaron que los individuos con privación crónica de sueño tienen menos control, y eso aumenta el riesgo de «sucumbir a los deseos impulsivos, hace que posean una escasa capacidad de mantener la atención y afecta a la toma de decisiones». Las personas que no duermen suficiente (entre siete y nueve horas cada noche) realizan peor casi todo aquello que requiere esfuerzo y atención, ya sea resolver problemas complejos, aprender una nueva habilidad o mantener una dieta. Es como si dormir no solo te ayudase a aprovechar al máximo lo que hiciste durante el día, sino que también te da la energía para los retos a los que piensas hacer frente mañana. En palabras de Matt Dixon, el entrenador de triatlón que defiende el valor del descanso, dormir constituye la «sesión de apoyo» más importante que hay.

Casi todos los beneficios de dormir nos los proporcionan las últimas etapas, sobre todo durante algo llamado REM, o movimientos rápidos de los ojos. Solo pasamos entre el 20 y el 25 % del tiempo que dormimos en estado REM. Y, en un giro interesante, cuando más dormimos, mayor proporción de REM hay en nuestro sueño. Esto se debe a que el tiempo de REM aumenta con cada ciclo del sueño. Las horas entre la séptima y la novena –el número de horas que la mayoría de nosotros nunca logra dormir– son las más potentes.

El tiempo de REM aumenta con cada ciclo del sueño. Las horas entre la séptima y la novena –el número de horas que la mayoría de nosotros nunca logra dormir– son las más potentes.

Sin embargo, una vez más, el «descanso» muestra ser cualquier cosa menos pasivo. Como una de nuestras escritoras favoritas sobre ciencia, Maria Konnikova, dice en su fantástica serie sobre dormir en la revista *New Yorker*, «mientras dormimos, nuestros cerebros repiten, procesan, aprenden y extraen el significado. En cierto sentido, piensan».*

* La serie en tres partes de Konnikova nos cambió a ambos el modo de pensar sobre el sueño. Recomendamos sinceramente su lectura. Para más detalles, ver la bibliografía.

Detengámonos un momento para reflexionar sobre esto en el contexto de la ecuación estrés + descanso = crecimiento. Durante las horas de vigilia nos exponemos a todo tipo de estímulos mentales (estrés), y durante nuestro sueño (descanso) les damos sentido. Como consecuencia, somos, literalmente, más evolucionados cuando nos despertamos a la mañana siguiente. En nuestro sueño, crecemos. Y desarrollamos no solo nuestros músculos cognitivos y emocionales, sino también los físicos.

En nuestro sueño, crecemos. Y desarrollamos no solo nuestros músculos cognitivos y emocionales, sino también los físicos.

Dormir y el desarrollo de nuestro cuerpo

Durante los últimos años, Brad ha tenido el privilegio de entrevistar a más de cuarenta deportistas de nivel mundial para una serie de la revista *Outside* sobre los hábitos de los grandes triunfadores. Entre estos individuos se hallan algunos de los mejores corredores, esquiadores, ciclistas, surfistas, kayakistas y escaladores del mundo. Para su sorpresa, halló una notable variedad en sus hábitos diarios. Unos practican yoga religiosamente, otros no han realizado un estiramiento en su vida. Unos son veganos que no consumen gluten, otros hacen de la carne roja el centro de sus dietas. Unos toman baños de agua helada, otros prefieren el calor. Sin embargo, algo en lo que están totalmente de acuerdo es en dormir. Los mejores atletas del mundo priorizan el dormir tanto como sus más duras sesiones de entrenamiento y sus competiciones más importantes. Mirinda

Los mejores atletas del mundo priorizan el dormir tanto como sus más duras sesiones de entrenamiento y sus competiciones más importantes.

Carfrae, tres veces campeona del mundo y actual récord, le dijo a Brad: «Puede que lo más importante que haga sea dormir». Lo decía en serio, y con buenas razones. Según la más reciente ciencia del rendimiento, la mayoría de nosotros podríamos beneficiarnos si adoptamos la actitud mental de Carfrae.

Como ya se ha mencionado, cuando estresamos nuestros cuerpos, entran en algo llamado «estado catabólico». Nuestros músculos, e incluso nuestros huesos, se rompen a una microescala. Se libera la hormona cortisol, que le dice a nuestro cuerpo: «¡Ayuda! No podemos manejar este estrés». Nos cansamos y enojamos, que es el modo natural que tiene el organismo de informarnos de que es momento de descansar. Si descuidamos el descanso y seguimos presionando, la ruptura continúa y, finalmente, sufren nuestra salud y nuestro rendimiento. Pero si escuchamos y permitimos que el cuerpo descanse, cambia del estado catabólico a un estado anabólico, en el que se repara y reconstruye para poder volver a estar más fuerte. Esto equivale a decir que el estrés del entrenamiento físico duro nos destroza, y solo cuando hacemos que tras el estrés se produzca el descanso tiene lugar esa adaptación y ese desarrollo. Esto es especialmente cierto en el dormir, que constituye un catalizador del desarrollo físico. Así como el cerebro está procesando activamente el trabajo que hemos realizado durante el día, cuando dormimos, el cuerpo hace lo mismo.

Cuando hemos dormido al menos una hora, las hormonas anabólicas empiezan a fluir por nuestro sistema. La testosterona y la hormona del desarrollo humano, que son tanto una como otra fundamentales para el desarrollo muscular y óseo, se liberan después del primer ciclo REM y permanecen elevadas hasta que nos despertamos. Estas hormonas acrecientan la síntesis de las proteínas, o la producción de proteínas destinadas específicamente a facilitar la reparación física.* Esto significa que buena parte de la proteína que los atletas toman durante el día, medida cuidadosamente gramo a gramo, se desperdicia si no duermen bastante.

De manera similar a los beneficios de dormir para nuestros cerebros, los beneficios para el resto de nuestros cuerpos aumentan también cuanto más dormimos. Esto se debe a que con cada ciclo adicional del sueño recibimos otro impulso de poderosas hormonas anabólicas. Dicho de otro modo, se puede obtener más de las mismas hormonas con las que muchos deportistas han puesto en peligro su salud, su reputación y su carrera (inyectándose esteroides sintéticos en lo que se conoce como dopaje) simplemente durmiendo unas cuantas horas más. Desde luego, la testosterona y la HGH liberadas cuando se duerme no son sintéticas, y están equilibradas por otras hormonas que actúan de manera natural. A diferencia de los esteroides ilegales, son fantásticas para la salud. Si has buscado la fuente de la juventud o tomado todo tipo de suplementos extraños, ya no puedes parar. En lugar de eso, simplemente métete debajo de las sábanas y cierra los ojos.

Si has buscado la fuente de la juventud o tomado todo tipo de suplementos extraños, ya no puedes parar. En lugar de eso, simplemente métete debajo de las sábanas y cierra los ojos.

Con todos estos beneficios no es de extrañar que los mejores deportistas del mundo den prioridad al dormir. No es que duerman porque sean la élite. Son la élite porque duermen. Desafortunadamente, demasiadas personas activas no siguen su

* Algunos estudios muestran que ingerir entre 20 y 30 gramos de proteína antes de dormir aumenta la síntesis de la proteína durante la noche. Por eso, muchos atletas de élite han tomado nota y beben un suero de leche, o una bebida proteica con caseína, antes de irse a dormir.

ejemplo. En lugar de eso, caen en la trampa de pensar que es mejor entrenar un poco más y sacrifican el sueño para hacerlo. Esta manera de pensar se da especialmente en las personas muy ocupadas, como los deportistas *amateurs* (muy ocupados en sus trabajos) y estudiantes deportistas (preocupados por sus estudios). No nos equivoquemos: sin duda alguna, es necesario entrenar intensamente para mejorar. Sin el estímulo del esfuerzo, puedes descansar todo lo que quieras y no habrá ningún desarrollo. Pero sacar esta hora extra de entrenamiento a expensas del sueño rara vez es una buena idea.

Un lugar en el que se comprende el valor del dormir para los deportistas ocupados es la Universidad de Stanford. En un estudio del 2011, jugadores del equipo de baloncesto de la universidad recibieron la instrucción de mantener su rutina habitual de sueño en un período de entre dos y cuatro semanas durante el que se recogió información de su rendimiento en el momento de partida. Después de cada práctica se apuntaban las mediciones de rendimiento propias del baloncesto, como la velocidad del esprint, la precisión en el tiro y el tiempo de reacción. Tras el período inicial de referencia, se les dijo a los jugadores que se centraran en dormir todo lo que pudieran durante las seis o siete semanas siguientes. Los investigadores les pidieron que procurasen dormir un mínimo de diez horas y les prometieron que verían los beneficios en su rendimiento. Las estrellas de la canasta escucharon. De media, durmieron una hora y cincuenta minutos más cada noche.

Al terminar el período de ampliación del sueño, los jugadores volvieron a ser probados en todas las mediciones de rendimiento. Los resultados fueron significativos. En el esprint fueron un 4 % más rápidos, tanto los tiros libres como los de tres puntos lograron una precisión mayor de un 9 % y demostraron de manera significativa un tiempo de reacción más rápido.

Recuerda, no eran chicos de secundaria, ni siquiera de bachillerato. Eran jugadores en una potente Primera División. Este nivel de aumento del rendimiento no era nada extraordinario. El sueño extra se tradujo también en victorias en la cancha. En el 2011 (el año del estudio) el equipo de Stanford ganó veintiséis partidos (frente a los quince ganados el año anterior) además del Torneo Nacional por Invitación (NIT). A eso le siguió el premio de la Asociación Nacional de Deportes Universitarios en el 2012 y la victoria en otro NIT en el 2014.

Para demostrar que no había sido un golpe de suerte, los mismos investigadores replicaron el experimento con nadadores de la universidad. Los resultados fueron los mismos. Tras un período de ampliación del sueño, el rendimiento de los nadadores subió como un cohete. Esprintaron más rápidamente, reaccionaron con mayor velocidad, mejoraron los tiempos en cada vuelta y aumentaron el volumen sistólico. Según la directora de los estudios, Cheri Mah: «Muchos de los entrenadores de Stanford son claramente más conscientes de la importancia del sueño. Los entrenadores incluso han comenzado a ajustar su práctica y sus horarios de viaje para permitir hábitos de sueño adecuados. Muchos atletas y muchos entrenadores, gracias a este estudio entendieron por primera vez el gran impacto que el sueño puede tener en su rendimiento y sus resultados». Si una institución con una de las mejores combinaciones de deportistas e investigadores de todo el mundo dice que deberíamos dormir más para mejorar nuestro rendimiento físico, quizás deberíamos escuchar.

La siesta

Independientemente de lo que puedan decirte los *life hackers*,* la siesta no compensa el sueño nocturno insuficiente. No puedes echarte una siesta para desarrollarte, sea física o mentalmente. Dicho esto, es cierto que la siesta restaura la energía y la concentración durante las pausas del mediodía, así que es una estrategia que vale la pena tener en cuenta en días largos e intensos.

Cada vez más investigaciones demuestran que las siestas pueden mejorar el rendimiento, el estado de alerta, la concentración y las decisiones. Dado que estos atributos son todos ellos fundamentales para quienes se hallan en una estación espacial orbitando la Tierra, no debería sorprendernos que la NASA se interesase en conocer los beneficios de la siesta. Cuando científicos de esta agencia aeroespacial llevaron a cabo estudios sobre los astronautas, descubrieron que una siesta de veinticinco minutos mejoraba las decisiones en un 35 % y la vigilancia en un 16 %. De modo que no es extraño que la NASA recomiende las siestas después de comer. En otro estudio, más relevante para la mayoría de nuestras situaciones terrestres, los investigadores compararon dormir la siesta con tomar café. Hallaron que quienes durmieron después de almorzar entre quince y veinte minutos despertaban en un estado de mayor alerta y trabajaron mejor durante el resto del día que quienes, en lugar de dormir la siesta, tomaron 150 miligramos de cafeína o la misma cantidad en un café Starbucks de tamaño grande.

Cuando dormimos siestas breves, la parte de nuestro cerebro que está siempre activa cuando estamos despiertos tiene la

* Un *Life Hacker*, termino utilizado sobre todo en el ámbito de los *bloggers*, es una persona que a través de pequeños trucos le saca un mejor rendimiento a su día a día con el objetivo de ser más productivo, vivir más motivado y en definitiva ser más feliz. Se podría definir casi como un estilo de vida que se basa en ir acumulando hábitos saludables y productivos.

oportunidad de hacer una pausa. Del mismo modo que un músculo fatigado rejuvenece durante una breve respiración, también lo hace esta parte de nuestro cerebro. En una revisión crítica de la eficacia de la siesta, científicos del sueño hallaron que una cabezadita de diez minutos proporciona los mayores beneficios, aunque muchos expertos aseguran que si dura menos de treinta minutos no es efectiva. Incluso si no experimentas realmente la sensación de dormirte, simplemente cerrar los ojos puede ayudar a desconectar tu cerebro activo, permitiendo que se recupere. Sin embargo, estar durmiendo más de treinta minutos puede ser contraproducente. Esto se debe a que con siestas más largas corremos el riesgo de despertarnos sintiéndonos más torpes e indolentes que antes de dormir. Este estado, llamado «inercia del sueño», sucede cuando se nos despierta en medio de un ciclo de sueño profundo. La torpeza es la manera natural que tienen el cerebro y el resto del cuerpo de decirnos que volvamos a dormirnos para poder terminar lo que habíamos empezado (de ahí el término *inercia*). El sueño profundo generalmente no comienza hasta unos treinta minutos después de dormirnos, y esta es la razón por la que los expertos sugieren que ese sea el límite de la duración de una siesta.*

La próxima vez que luches para mantener los ojos abiertos al final de la tarde, experimenta con una breve siesta. Las compañías con visión de futuro, como Google y Apple, han diseñado

* En algunos casos, puede tener sentido una siesta más larga, de entre noventa minutos y dos horas. Las siestas largas imitan, tanto para el cerebro como para el resto del cuerpo, lo que ocurre durante el sueño nocturno. Desafortunadamente, las siestas más largas pueden interferir también en el sueño nocturno, que es mucho más importante. Por tanto, la mayoría de los expertos solo recomiendan siestas largas para individuos que verdaderamente necesitan más sueño profundo durante el día, sin que interfiera en su sueño profundo nocturno. Los deportistas de élite que realizan ejercicios agotadores dos veces al día son un buen ejemplo de un grupo que podría beneficiarse de unas siestas más largas. El famoso corredor estadounidense de larga distancia Meb Keflezighi asegura que utiliza todo un arsenal de siestas que oscilan entre los quince y los noventa minutos.

salas para dormir. Algunos de los mejores pensadores de la historia, incluidos Albert Einstein y Winston Churchill, eran grandes partidarios de la siesta del mediodía.

PAUSAS LARGAS

A finales de este año, Bernard Lagat, uno de los mejores corredores estadounidenses de todos los tiempos, hará un

PRÁCTICAS DE RENDIMIENTO

- El sueño es productivo
- Intenta dormir al menos entre siete y nueve horas cada noche. Para quienes realizan una actividad física intensa, diez horas no es demasiado.
- La mejor manera de saber la cantidad correcta de horas de sueño para ti es estar entre diez y catorce días yéndote a dormir cuando estés cansado y levantándote sin alarma. Observa el tiempo medio de sueño. Eso es lo que necesitas.
- Para dormir mejor por la noche, sigue estos consejos, consolidados por los investigadores más punteros a nivel mundial:

  ✓ Asegúrate de estar expuesto a luz natural durante el día, es decir, no eléctrica. Eso te ayudará a mantener un ritmo circadiano sano.
  ✓ Haz ejercicio. La actividad física vigorosa nos cansa. Cuando estamos cansados, dormimos. Pero no hagas ejercicio intenso demasiado cerca de la hora de dormir.
  ✓ Limita el consumo de cafeína, y elimínala por completo de cinco o seis horas antes de irte a dormir.

descanso. Durante cinco semanas, colgará sus zapatillas de deporte y hará muy poco ejercicio, si es que hace algo. Esto no es algo nuevo ni se debe a la edad de este atleta que ya ha cumplido los cuarenta y tres años. Más bien, parte de la razón de que Lagat, que ha corrido en cinco olimpiadas y ganado dos campeonatos mundiales, siga en la cumbre de la escena internacional de los corredores tiene que ver con este descanso, algo que ha estado haciendo cada año desde 1999. «Descansar –afirma– es beneficioso».

- ✓ Utiliza la cama solo para dormir y para tener relaciones sexuales. No para comer, ver la televisión, trabajar con tu ordenador portátil u otras actividades. La única excepción es leer un libro en papel antes de dormir.
- ✓ No bebas alcohol antes de irte a dormir. Si bien el alcohol puede acelerar la llegada del sueño, a menudo perturba las fases posteriores, que son las más importantes.
- ✓ Limita la exposición a luz azul por la noche.
- ✓ No empieces a trabajar en actividades duras y estresantes, ni mentales ni físicas, después de cenar.
- ✓ Si tienes que luchar con una mente agitada, intenta realizar una breve meditación *mindfulness* antes de irte a dormir.
- ✓ Cuando te sientas somnoliento, no luches contra ello. Sea lo que sea lo que estés haciendo, puede esperar hasta la mañana siguiente.
- ✓ Mantén tu dormitorio lo más a oscuras posible. Si es factible, utiliza persianas o cortinas opacas.
- ✓ Mantén tu móvil completamente FUERA del dormitorio. No en silencio. Apagado.

- Intenta hacer una siesta de entre diez y treinta minutos para ayudar a restablecer tu energía e intenta encontrar un momento de calma a media tarde.

Lagat atribuye a su descanso anual el hecho de mantenerse en forma física y mental a lo largo de los años. El largo período de desconexión permite que su cuerpo se recupere de las semanas en que corre ochenta millas. Aunque su descanso al final del año puede que sea el más largo, casi todos sus compañeros, al menos los que se hallan en la cumbre de las carreras, hacen descansos similares, que oscilan entre los diez días y las cinco semanas. El medallista de plata en 1.500 metros Leo Manzano dijo recientemente al *Wall Street Journal* que también él necesita al menos un mes para recuperarse de la temporada. Su razonamiento es sencillo: «He estado sin parar desde noviembre».

Para un momento y pregúntate: ¿Has estado alguna vez como Manzano? Si es así, ¿descansaste durante un mes? ¿Te tomaste al menos un fin de semana? Como vimos en la introducción de este libro, en el caso de la mayoría de los estadounidenses, la respuesta a estas dos preguntas es no. Seguimos trabajando los fines de semana y rara vez utilizamos todo el descanso remunerado, por no hablar de las vacaciones largas. En lugar de eso, nos quedamos atrapados pensando que si no estamos trabajando siempre intensamente, seremos superados en la competición. Esta idea errónea es el resultado de años de condicionamiento. Nosotros (es decir, Brad y Steve) recordamos haber crecido con la cantinela popular que repetía citas inspiradoras como: «Cuando no estás practicando, recuerda que en algún lugar alguien está haciéndolo, y si os encontráis, será él quien gane». Desafortunadamente, hemos perdido la noción de trabajo inteligente a costa del trabajo duro, que de un modo u otro casi siempre termina confundiéndose con más trabajo.

Pero esta es la cuestión: si nunca nos permitimos períodos «fáciles», nunca seremos capaces de ir a todo gas, y los períodos «difíciles» terminarán siendo no tan difíciles. Nos quedamos estancados en una zona gris, sin estresarnos realmente nunca, pero también sin descansar verdaderamente nunca. Para referirnos a ese círculo vicioso empleamos a veces una expresión que parece inofensiva –*cumplir de manera rutinaria*–, pero resulta que olvidamos un problema importante. Y es que pocas personas crecen cuando se limitan a seguir la rutina. Para dar todo de nosotros, y hacerlo durante un horizonte temporal largo, sin quemarnos, tenemos que ser más como Bernard Lagat. De vez en cuando, tenemos que descansar en serio.

> Si nunca nos tomamos períodos «fáciles», nunca seremos capaces de ir a todo gas, y los períodos «difíciles» terminan siendo no tan difíciles.

Además de su pausa de final de año, Lagat se toma un día libre al final de cada semana de entrenamiento intenso. En sus días de descanso, ni siquiera piensa en las carreras. En lugar de eso, se embarca solo en actividades que relajan y restablecen tanto su cuerpo como su mente, como recibir un masaje, hacer estiramientos suaves, ver sus programas favoritos de televisión, beber vino y jugar con sus hijos.

No estamos sugiriendo que te tomes días de descanso y vacaciones largas de manera caótica. Más bien, con la misma actitud de Lagat, te recomendamos que insertes de manera estratégica períodos más largos de descanso a continuación de períodos más largos de estrés. La moderna semana laboral de lunes a viernes se estableció, esencialmente, a partir de esa premisa. El concepto de «fin de semana» surgió a comienzos del siglo XX para el sábado cristiano y el *sabbat* judío, las versiones religiosas de los días de descanso. No obstante, muy pocos de nosotros observamos el *sabbat* –religiosa o simbólicamente–. Como alternativa, seguimos trabajando en los mismos proyectos en los que hemos trabajado durante la semana o añadimos circunstancias estresantes en otras dimensiones de nuestras vidas. Pocos de nosotros descansamos los fines de semana.

Desatender el descanso durante los fines de semana tiene un coste elevado. La calidad del trabajo que realizamos durante la semana sufre, lo que nos deja con la obligación de trabajar sábados y domingos, para ponernos al día. Quedamos atrapados en el círculo vicioso: sin demasiado estrés para exigir descanso, sin demasiado descanso para soportar el verdadero estrés. Si estás atrapado en este círculo ahora, intenta terminar con él este fin de semana próximo. Date al menos un día de descanso, en el que desconectes completamente de tu trabajo y otros factores estresantes similares. Los beneficios son significativos y científicamente comprobados. Los estudios muestran que el vigor y el rendimiento aumentan después de un día de descanso, y cuanto más se descansa en el fin de semana, más esfuerzo se despliega durante la semana. Si crees que poder tomarte un día libre está fuera de tu control, enséñale este libro a tu jefe y utilízalo para empezar un diálogo sincero sobre la necesidad de descansar para poder trabajar mejor. No hay nada que nos moleste más que las organizaciones poco razonables, que exigen demasiado y como consecuencia nunca obtienen bastante.

Durante el proceso de escritura de este libro, nos aliamos para recordarnos mutuamente que teníamos que tomarnos al menos un día de descanso a la semana. Ese día no escribíamos ni buscábamos una sola palabra. Sin duda, nuestras jornadas de escritura más intensa tenían lugar al día siguiente o a los dos días. (Brad descansaba generalmente los lunes. Y escribía mejor los martes y miércoles). Lo que decíamos dos días después merece tenerse en cuenta. A veces tanto al cuerpo como a la mente puede costarles un día retomar el ritmo. Por eso, antes de una carrera importante en domingo, muchos atletas descansan el viernes y realizan ejercicio suave el sábado para «despertar su cuerpo». Esa es la razón por la que algunos de los profesionales más expertos programan los encuentros principales los martes, en lugar de los lunes. Algunas personas se ponen en marcha inmediatamente después de un descanso, pero a otras les cuesta un poco más. No es muy difícil averiguar en qué grupo te encuentras, y una vez lo sabes, un día de descanso bien programado aporta enormes dividendos. Los días de descanso te permiten recuperarte del estrés acumulado en el pasado reciente y revitalizarte para que puedas volver con más fuerza en el futuro inmediato.

Un día de descanso bien programado aporta enormes dividendos. Los días de descanso te permiten recuperarte del estrés acumulado en el pasado reciente y revitalizarte para que puedas volver con más fuerza en el futuro inmediato.

Si bien los días de descanso son buenos puentes entre semana y semana, a veces el cuerpo y la mente necesitan una pausa más larga. Del mismo modo que los días de descanso tendrían que estar situados estratégicamente a continuación de la acumulación de estrés, también las vacaciones deberían estarlo, aunque en una escala más grande. Lagat no hace su pausa de cinco semanas a mitad de la temporada. Espera hasta que haya tenido lugar su última carrera del año, cuando su cuerpo y su mente están totalmente agotados. Para los músicos, esto puede significar tomarse un descanso después de cincuenta días de gira o trabajando duramente para terminar una grabación. Para los artistas visuales y plásticos, puede implicar un descanso después de la apertura de una galería o de terminar una obra especialmente difícil o una serie de obras. Y para los intelectuales y hombres de negocios, puede significar planear los descansos a continuación de largos períodos de trabajo, como la publicación de un artículo periodístico o un libro o el cierre de una inversión importante.

Sería negligente no reconocer que todo tipo de factores circunstanciales, desde obligaciones familiares hasta presiones económicas, pasando por las políticas de los lugares de trabajo, pueden dificultar la planificación del tiempo de las vacaciones extensas. Pero en la medida en que puedas, te animamos a pensar bien cuándo haces tus descansos. La investigación muestra que las pausas que duran entre siete y diez días tienen efectos positivos sobre la motivación, el bienestar y la salud, que duran todo un mes. Otros estudios señalan que unas vacaciones de una semana pueden reducir o incluso eliminar totalmente el agotamiento. Esta es la situación: si las condiciones que llevaron al agotamiento originalmente no están resueltas, los síntomas que te provoca volverán inevitablemente solo unas semanas después.

En la medida en que puedas, te animamos a pensar bien cuándo haces tus descansos.

PRÁCTICAS DE RENDIMIENTO

- Independientemente del trabajo que realices, tómate al menos un día libre cada semana
- Planifica tus días libres estratégicamente para que vengan a continuación de períodos de estrés acumulado.
- Cuanto más estrés, más descanso se necesita.
- Hasta donde te sea posible, tómate tus vacaciones estratégicamente para que vengan después de largos períodos de estrés.
- Tanto en los días libres aislados como en las vacaciones largas, desconecta realmente de tu trabajo. Desconecta tanto física como mentalmente y participa en actividades que encuentres relajantes y restauradoras.

Esta es una cuestión importante. Significa que, al contrario de lo que afirma la creencia común, los descansos largos no son una gracia salvífica que permite a la gente con cargas de trabajo insostenibles recuperar mágicamente la alegría. En lugar de ver las vacaciones como una última herramienta para salvar a alguien que está en el límite, es mejor considerar las pausas largas como parte de una estrategia de «descanso» más amplia que incluye minipausas, sueño adecuado y días libres. Dicho de otro modo, cuando se trata de una estrategia de «descanso» general, las vacaciones no son el pastel; son solo la guinda encima de él, una oportunidad para reunir fuerzas, después del estrés acumulado, para poder regresar más fuertes y mejor que antes. Cuando Lagat termina una temporada, está cansado, pero no está destrozado. La fatiga es un estímulo para el crecimiento. Destrozado es..., bueno, simplemente destrozado.

LA VALENTÍA DE DESCANSAR

Los beneficios del descanso son obvios, y están apoyados por un amplio cuerpo de evidencia científica. Y aun así, muy pocos de nosotros disfrutamos de un descanso suficiente. No es que la gente quiera agotarse. Se trata simplemente de que vivimos en una cultura que glorifica el esforzarte hasta el límite y trabajar sin parar, incluso si la ciencia dice que no tiene sentido. Elogiamos al deportista que después de su entrenamiento se queda en la sala de pesas para seguir esforzándose todavía más y ensalzamos al hombre de negocios que duerme en su despacho. Esto no significa sugerir que el trabajo intenso no sea importante para crecer. Como hemos visto en el capítulo

> El trabajo intenso solo se vuelve inteligente y sostenible cuando está apoyado por el descanso.

tres, lo es. Pero es de esperar que a estas alturas te hayas dado cuenta también de que el trabajo intenso solo se vuelve inteligente y sostenible cuando está apoyado por el descanso. La ironía es que «descansar intensamente» a menudo exige más coraje que trabajar intensamente. Basta con preguntarle a un autor como Stephen King («Para mí, el verdadero trabajo es no trabajar») o a una corredora como Deena Kastor («Mis ejercicios son la parte fácil»). Los sentimientos de culpa y de ansiedad aparecen sigilosamente cuando nos alejamos de nuestro trabajo, especialmente si percibimos que nuestra competitividad está en juego. Quizás en ningún otro lugar es esto más cierto que en una firma que se halla en lo alto de la escalera de la consultoría gerencial como el Boston Consulting Group (BCG).

El BCG se sitúa habitualmente como una de las empresas líderes de consultoría gerencial a nivel mundial. Los asesores de la empresa ayudan a los directores ejecutivos de compañías de miles de millones de dólares a resolver sus problemas más espinosos. Y cuanto más rápidamente los asesores del BCG pueden hallar las respuestas, más probable es que a la empresa se le adjudique el siguiente proyecto multimillonario. Dicho de otro modo, estos asesores trabajan en contextos arriesgados, de alta presión.

Por tanto, no es sorprendente que cuando unos investigadores propusieron una serie de experimentos para comprobar los efectos del necesario descanso de los asesores del BCG, estos reaccionaran no solo con sorpresa sino también con desdén. La *Harvard Business Review* afirmó: «La idea era tan extraña que [los dirigentes del BCG] tenían prácticamente que obligar a algunos asesores a tomarse un tiempo libre, especialmente cuando coincidía con períodos de intensidad laboral cumbre». Algunos asesores se preguntaban, de manera legítima, si su participación en el experimento suponía poner en peligro toda su carrera.

Se les dijo a los asesores que tenían que tomarse un día entero libre a mitad de semana. Para los individuos que generalmente trabajan doce o más horas al día, los siete días de la semana, esto era directamente absurdo. Incluso la compañera que dirigía el estudio, ella misma convencida del poder que el descanso regular tiene para mejorar el rendimiento, se puso «de repente nerviosa al tener que decirle a su cliente que cada miembro del equipo libraría un día a la semana». Le aseguró al cliente (y se aseguró a sí misma) que si el trabajo se veía perjudicado, pondría fin inmediatamente al experimento.

En un experimento complementario y menos radical, a los miembros de un grupo distinto de asesores se les pidió que se tomaran una noche libre a la semana. Eso significaba desconectar totalmente después de las seis de la tarde. Sucediera lo que sucediese en el proyecto, no habría ni correos electrónicos, ni llamadas telefónicas, ni mensajes de texto, ni Power Point, ni nada relacionado con el trabajo. También esta idea encontró una firme resistencia. Uno de los jefes del proyecto preguntó: «¿Qué sentido tiene estar una noche sin hacer nada? ¿No me obligará eso a trabajar más los fines de semana?».

Si el hecho de tomarse tiempo libre estuvo alguna vez a punto de fracasar fue con este grupo de adictos al trabajo, acostumbrados a altos logros, que no vacilaban a la hora de expresar su rechazo desde el comienzo del experimento, que duraba muchos meses. Pero a medida que fue desarrollándose, sucedió algo inesperado. Ambos grupos dieron un vuelco total. Al final, todos los asesores implicados querían disfrutar de algo de tiempo libre. Y esto no se debía solo a que experimentasen los beneficios en sí mismos y en las relaciones con la familia y los amigos, sino también a que eran mucho más productivos en el trabajo.

La comunicación con los asesores era más eficiente y la calidad de los resultados con los clientes mejoró. Los participantes informaron de que, además de esos beneficios a corto plazo, se sentían mejor también respecto a la sostenibilidad de su trabajo a largo plazo. En palabras de los investigadores que supervisaban el experimento, «después de tan solo cinco meses, los asesores de los equipos que experimentaron con el tiempo libre percibían su situación laboral más favorablemente –en todos los aspectos– que sus colegas de equipos ajenos al experimento».

Los asesores del BCG descubrieron que no se trata solo de acumular horas, sino de la calidad del trabajo producido en esas horas. Trabajando incluso un 20 % menos, lograban hacer más y sentirse mejor al respecto. Si los asesores del BCG, junto con los mejores atletas, pensadores y artistas creativos del mundo, pueden hallar el coraje de descansar, también tú puedes. No es fácil, y tal vez te parezca un gran salto. Pero garantizamos que una vez que comiences a utilizar las estrategias consignadas en este libro para entretejer el descanso en tus días, semanas y años, tu rendimiento y tu vitalidad mejorarán.

A lo largo de los capítulos precedentes, hemos revelado la clave fundamental del rendimiento sostenible. Esas lecciones pueden simplificarse utilizando la ecuación del crecimiento: esfuerzo + descanso = crecimiento. Es una guía simple, pero profunda, para estructurar tus días, tus semanas y tus años. Del mismo modo que un entrenador le da a un atleta una visión de conjunto del plan de entrenamiento, la ecuación del crecimiento te proporciona una visión global para mejorar el rendimiento. No podemos enfatizarlo

Esfuerzo + descanso = crecimiento. Es una guía simple, pero profunda, para estructurar tus días, tus semanas y tus años.

excesivamente: trabajar de este modo es clave para una vida de satisfacción y mejora.

Pero entender más plenamente cómo obtener lo máximo de nosotros mismos exige que enfoquemos nuestra atención en algunos detalles importantes. En la sección siguiente, nos dedicaremos a las rutinas y los rituales específicos que abren la puerta al gran rendimiento. Exploraremos cómo algunos escritores prolíficos logran un estado mental que les permite producir miles de palabras cada día, cómo los mejores músicos se preparan para interpretar delante de miles de fans vociferantes y cómo los atletas olímpicos preparan sus mentes y sus cuerpos para competir en los estadios más grandes del mundo. Aprenderemos que los grandes triunfadores no dejan nada al azar. En lugar de eso, buscan estados mentales y corporales especiales y organizan cada uno de sus días para obtener lo máximo de sí mismos. Y, como estás a punto de descubrir, también tú puedes hacerlo.

Sección 2

LA PREPARACIÓN

6

OPTIMIZAR TU RUTINA

Matt Billingslea intenta aislarse en la esquina de un vestuario abarrotado. Necesita un pequeño espacio propio con el fin de prepararse para lo que está a punto de tener lugar. En exactamente treinta minutos, entrará en un estadio a rebosar para actuar delante de miles de fans vociferantes. Pero, de momento, mientras termina su rutina calisténica, parece un boxeador experimentado, saltando de un lado a otro. Esta rutina concreta procede de años de práctica y repetición. Se está volviendo algo automático, como cepillarse los dientes por la mañana; una obligación antes de cada evento.

Empieza haciendo amplios círculos con los brazos, aumentando poco a poco la velocidad y la intensidad. Luego, con la espalda apoyada en una pared, comienza a subir y bajar el cuerpo para activar los músculos principales, incluyendo los de la espalda. Mientras realiza estos y otros movimientos, los entrelaza con estiramientos activos y otros ejercicios. Su sangre fluye, sus articulaciones se sueltan y sus músculos comienzan a entrar en calor. Son señales de que su cuerpo está listo.

Faltan diez minutos para el comienzo. La expectación crece. Puede que su cuerpo esté preparado, pero su mente todavía está acelerada. Billingslea dirige su atención hacia el lugar adecuado de su cabeza. Hace respiraciones profundas y visualiza cada uno de sus movimientos, cómo controlará su cuerpo cuando se esté moviendo a lo que parece ciento sesenta kilómetros por hora. Intenta cultivar un determinado estado mental, algo que llama «la zona». Para él, la zona representa una actitud mental en la que no piensa en posibles errores ni se distrae ante la presencia de la multitud. Lo ideal, nos dice, es dejar de pensar por completo y su actuación se vuelve automática: «He realizado todo este trabajo con antelación, pero en el momento preciso intento alcanzar ese punto óptimo en el que no pienso sobre lo que estoy haciendo. Sé que he llegado cuando mi mente y mi cuerpo están en una sincronía perfecta; se siente como un estado sin esfuerzo, como si mi actuación simplemente fluyera de mí».

Billingslea conoce bien este punto óptimo. Ha estado en él muchas veces antes, y la fluidez de su actuación esta noche y cada noche depende de que acceda a él. Todo ello nos lleva de nuevo a su rutina de precalentamiento y su única función: «Es el mejor impulso para entrar en la zona y permanecer allí de manera constante», explica. Además de preparar su mente y su cuerpo, este hábito rutinario –el mismo que ha ejecutado durante años– lo ayuda a crear una sensación de normalidad y predictibilidad, una especie de comodidad en una situación que casi todo el mundo encontraría incómoda.

Billingslea entra en el estadio. Las luces disminuyen. El estruendo de la muchedumbre se aminora por un instante. ¡Estalla! Con un destello de luz, el aire se llena con el sonido de unos cincuenta mil entusiasmados fans que enloquecen cuando la superestrella internacional Taylor Swift comienza a entonar su último éxito. Billingslea se sienta unos pocos metros detrás de ella, tocando la batería.

Antes de convertirse en la columna vertebral de uno de los actos más populares del planeta, Billingslea estuvo varios años perfeccionando su arte. Empleó incontables horas de práctica concentrada, estresando su mente y su cuerpo antes de hacer descansos para recuperarse y crecer. Tocó en miles de pequeñas actuaciones en restaurantes y bares por todo el país. Personifica la iniciativa, tras haber pasado la mayor parte de su carrera soportando canciones denigrantes cantadas no por Swift, sino por detractores que le decían: «No llegarás a nada en la música». Esos años de práctica, constancia y experiencia –que culminaron en lo que llamaremos «talento»– sirvieron como base para su actuación en todos los lugares por los que transcurrió la gira de Swift. Pero para expresar plenamente su talento, para lograr lo máximo de sí mismo en una noche determinada, él confía en una sólida rutina.

Billingslea no es el único. Ya sea un escritor que se organiza para escribir una historia, un atleta que prepara una competición o un hombre de negocios que dirige una presentación importante, los grandes triunfadores nunca esperan simplemente estar en lo más alto, sin más. Al contrario, crean las condiciones específicas que ayudarán a que salga lo mejor de ellos, preparándose para la actuación. Como aprenderemos en este capítulo, estas estrategias

Los grandes triunfadores nunca esperan simplemente estar en lo más alto, sin más. Al contrario, crean las condiciones específicas que ayudarán a que salga lo mejor de ellos.

preparatorias son eficaces debido a sus ingredientes específicos y su repetición constante. Es esta combinación –desarrollar la rutina «adecuada» para ti y repetirla una y otra vez– lo que sirve como entrada a tu rendimiento máximo.

LLEGAR A LA ZONA

¿Has notado algo raro en la rutina de Billingslea? ¿Qué sucede con el hecho de que no había batería en ella? Cuando le preguntamos sobre esto, nos dijo que había tenido un segundo empleo como entrenador personal. Con el mismo espíritu que nosotros, mediante este libro, intentamos derribar los muros que hay entre distintos dominios, aprendiendo cosas de uno y aplicándolas a otro, Billingslea comenzó a experimentar en su batería con sistemas de precalentamiento que había aprendido en los centros de *fitness*. Descubrió que las flexiones, los saltos y correr sin moverse del sitio eran tan eficaces como preparación para tocar la batería como lo eran para levantar pesas o correr. Esto tiene sentido. Tocar la batería durante dos horas seguidas es una actividad física exigente. Billingslea descubrió que elevar su frecuencia cardíaca y soltar su cuerpo antes de una actuación es mucho más importante que ensayar los aspectos técnicos de la propia batería. Él ya sabe tocar la batería. Tiene treinta años de experiencia. Otros treinta minutos de práctica justo antes de actuar no añadirá mucho. Si algo hace será limitarlo, ya que pensará más cuando su objetivo es pensar menos. El tiempo de precalentamiento es mejor utilizarlo para entrar en la zona física y mental en la que espera estar.

Si empezase la actuación tocando mientras todavía esta «frío», tendrían que pasar varias canciones para entrar en ese estado. Esto no significa que no llegaría a él finalmente, pero, como nos dijo, correría el riesgo de «pensar demasiado al principio», lo cual podría llevarlo a cometer errores y a rumiar mentalmente.* En un intento de minimizar esta posibilidad, se asegura de estar físicamente alerta y mentalmente en la zona nada más salir al escenario. Como consecuencia, entra en la escurridiza zona de manera más rápida y predecible. No espera que la zona llegue a él. La produce. Durante el clímax de una actuación, cuando todo está funcionando bien, Billingslea está sudando y físicamente empujando sus límites. Su mente, por el contrario, se encuentra en una especie de trance meditativo.

Otra gran triunfadora que comprende la importancia de estar preparada al comienzo de un evento es Megan Gaurnier. La diferencia es que Gaurnier no toca la batería: ella pedalea. La ciclista olímpica californiana es una de las mujeres más rápidas del mundo. Nos dijo que la preparación física que ha desarrollado a lo largo de los años de entrenamiento es la roca firme sobre la que descansa su actuación. Pero el día de la carrera, para liberar su estado físico en forma, confía también en una rutina. «En mi caso, es el yoga. Hago exactamente la misma rutina de yoga cada vez. Solo me ocupa entre veinte y veinticinco minutos, pero coloca mi cuerpo y mi mente en la mejor disposición posible para la carrera. La importancia que esto tiene para mi éxito cuando suena el disparo de salida es total».

Gaurnier no es la única en enfatizar la rutina, especialmente cuando se trata de deportistas. Casi todos los atletas de élite han practicado abundantemente rutinas de precalentamiento que están orquestadas minuto a minuto. Por ejemplo, los corredores de categoría mundial de Steve saben el momento preciso

* Cuando Billingslea comete un «error», nadie más lo nota, ni siquiera otros miembros de su banda. Aun así, nos dijo que un error puede realmente despistarlo, lo cual es irónico, ya que nadie excepto él notaría su despiste. Esta incansable persecución y expectativa de excelencia personal es lo que caracteriza a tantos grandes triunfadores.

durante el cual comenzar el precalentamiento anterior a la carrera –generalmente unos sesenta minutos antes de la competición–. Todos ellos realizan su secuencia cuidadosamente preparada, desde *jogging* hasta ejercicios de flexibilidad dinámica, pasando por breves esprints. Su objetivo es el mismo que el de Billingslea y Gaurnier: saltar a la línea de partida con sus cuerpos y sus mentes en un estado óptimo. En el caso de los atletas, el precalentamiento físico no solo estimula el flujo sanguíneo y prepara los músculos para la competición. También ayuda a propiciar una mente clara y relajada. El héroe olímpico de los Estados Unidos Frank Shorter, el último americano que ganó una medalla de oro en el maratón (1972), siempre toma exactamente el mismo desayuno –una tostada, café y fruta– antes de cada carrera, sea lo importante que sea. En sus memorias, *My Marathon: Reflections on a Gold Medal Life* [Mi maratón: reflexiones sobre la vida de un medallista de oro], escribió: «La regularidad era otro modo de aplacar el terror».

Puede que hayas notada variaciones en las rutinas que hemos destacado hasta ahora. Eso se debe a que no hay una rutina que sea la mejor de manera universal. Depende de ti decidir cuál es el estado ideal de tu cuerpo y tu mente para las exigencias de tu actuación y averiguar el mejor modo de ponerte en ese estado, o lo más cerca posible de él, desde el comienzo. Para unos eso puede ser el yoga; para otros, las flexiones.

Depende de ti decidir cuál es el estado ideal de tu cuerpo y tu mente para las exigencias de tu actuación y averiguar el mejor modo de ponerte en ese estado, o lo más cerca posible de él, desde el comienzo.

Si bien esto puede parecer importante para los que confían en sus cuerpos a la hora de su actuación, ¿qué sucede con todos los demás? La guionista y directora de cine Alexi Pappas, que precisamente es también una corredora de talla mundial, dice que utiliza el mismo enfoque en sus esfuerzos creativos que en sus carreras:

> Yo creo que lo mismo que hago con el blog de escritora es lo que hago cuando se trata de ensayar y calentar para una carrera. Tengo estas herramientas y estos precalentamientos que puedo utilizar para poder estar en forma siempre que lo necesito. Incluso si estás compitiendo con el mejor corredor del país, puedes hacer los mismos precalentamientos. Respecto a la escritura, tengo algunas cosas, como mi lugar favorito para sentarme o mi té preferido. Trato toda la cuestión relacionada con el cine como una práctica. Es algo con lo que me comprometo. En días buenos y en días malos, siempre realizo el mismo ritual.

Pappas da en el clavo. Del mismo modo que los grandes atletas preparan sus cuerpos para el máximo rendimiento, los grandes pensadores y artistas preparan sus mentes.

PREPARA TU MENTE

Chade-Meng Tan (es decir, el magnífico compañero pionero de *mindfulness* que conociste en el capítulo cuatro) es célebre por su modo peculiar de entrar en las salas de conferencias. Cuando se dirige a un encuentro por primera vez, mira rápidamente alrededor y realiza un comentario silencioso, para sí mismo, acerca de cada uno de los que están en la sala. A diferencia del estereotipo del trabajador empresarial, Tan no está midiendo a todo el mundo como preparación para una lucha de cuello blanco. En lugar de eso, está dándose un instante para decir algo amable acerca de cada persona, aunque todavía no las haya conocido: «Es hermoso trabajar con Melissa [...] Jim es un fantástico director de *marketing* [...] Esa mujer del pelo rojo parece llena de energía positiva [...]». Al hacerlo, Tan está suprimiendo la reacción instintiva de ver a cada persona como una amenaza potencial o un obstáculo. Simplemente pronunciando unas cuantas palabras sencillas en su cabeza, Tan se sitúa en un estado de ánimo positivo, cooperativo.

Resulta que un estado de ánimo positivo es también beneficioso para la resolución de problemas y la creatividad. En un experimento realizado en la Universidad de Northwestern, a los participantes se les entregó un cuestionario para evaluar sus estados emocionales. Luego se los dividió en dos grupos, a partir de su estado de ánimo: uno positivo y uno negativo. Los sujetos del grupo positivo era más probable que resolvieran problemas intelectuales difíciles mediante la intuición creativa. Para averiguar por qué, los investigadores utilizaron fMRI para observar cómo operaban los cerebros de los sujetos cuando intentaban solucionar los problemas. Los que tenían estados de ánimo positivos demostraron un aumento de la actividad en una región del cerebro que se asocia con la toma de decisiones y el control emocional. Esta región del cerebro (la corteza cingulada anterior) es también muy importante para la resolución de problemas. Sin embargo, los de los estados de ánimo negativos mostraron poca o ninguna actividad en esta zona cerebral. En otras palabras, la capacidad de los sujetos para activar esta zona fundamental del cerebro estaba relacionada con sus estados de ánimo. Mientras que los estados de ánimo positivos llevaban a la solución de problemas y la creatividad, los negativos inhibían esas funciones en un nivel neurológico profundo. Este experimento es solo uno de los muchos que demuestran lo difícil que es pensar de la mejor manera posible cuando tu mente no está en paz.

Las implicaciones son claras: puedes mejorar tu rendimiento situándote en un estado de ánimo positivo antes de comenzar un trabajo importante que implique la solución de problemas y el pensamiento creativo. Por tonto que pueda parecer, la investigación muestra que algo tan simple como ver vídeos divertidos de gatos en YouTube puede mejorar el rendimiento posterior de tareas cognitivamente exigentes.

Es difícil pensar de la mejor manera posible cuando tu mente no está en paz.

Tan importante como invocar un estado de ánimo positivo es evitar uno negativo. Con el fin de subir tu rendimiento, intenta evitar personas, lugares y situaciones que puedan ponerte en un estado de ánimo negativo. Si bien hay casos en los que estos factores pueden estar fuera de tu control, es importante tener en cuenta el impacto que el estado de ánimo produce en la realización de muchas tareas. Cómo y con quién pasas el tiempo, especialmente antes de un trabajo significativo, es verdaderamente importante.

También lo es recordar el efecto del estado de ánimo sobre el rendimiento cuanto se trata de valorarte a ti, a tus compañeros de equipo o a tus colegas. La ciencia más reciente sugiere que es extremadamente difícil rendir bien en el trabajo si otros elementos de tu vida no están en armonía. Sé comprensivo contigo mismo y con aquellos que están pasando tiempos difíciles y reconoce que desconectar el «trabajo» de la «vida» es una ilusión.

Desconectar el «trabajo» de la «vida» es una ilusión.

No solo el trabajo intelectual o creativo se ve influenciado por el estado de ánimo; también afecta al rendimiento deportivo.

Recuerda el caso de Tiger Woods, cuya carrera en el golf se vino abajo al mismo tiempo que lo hacía su vida personal. Si bien la historia de Woods puede ser un ejemplo extremo, una investigación dirigida por el científico del deporte Samuele Marcora halló que incluso ligeros y sutiles factores que influyen en el estado de ánimo pueden alterar el rendimiento deportivo. En un estudio con ciclistas bien preparados, Marcora proyectó en una pantalla rostros contentos o tristes mientras los corredores pedaleaban en momentos de un gran esfuerzo. Los rostros quedaban reflejados solo una fracción de segundo, tan brevemente que solo podían ser reconocidos por el subconsciente. Aun así, quienes habían sido expuestos a las caras alegres lograron unos resultados un 12 % mejores que quienes habían sido expuestos a caras tristes. La investigación de Marcora sirve como una prueba más de que el estado de ánimo tiene profundos efectos sobre el rendimiento de manera muy profunda en nuestros cerebros y nuestros cuerpos. Sus descubrimientos experimentales apoyan también las evidencias circunstanciales de que los atletas tienden a rendir más cuando todo va bien no solo en el campo de la competición, sino también fuera de él.

Aunque nos hemos centrado fundamentalmente en el estado de ánimo, hay otras muchas oportunidades para prepararse mentalmente. Por ejemplo, durante el proceso de escribir este libro, cuando llegábamos a un *impasse* que no podíamos superar con una pausa habitual o, incluso peor, sentíamos que estaba a punto de producirse un bloqueo, nos dedicábamos a leer nuestros libros favoritos de géneros parecidos a este.*

Sin excepción, la relectura de estos libros nos ayudó a relanzar nuestras mentes a una escritura creativa. Por ello, no nos

* En concreto, *The Upside of Stress*, de Kelly McGonigal; *Give and Take*, de Adam Grant; *The Sports Gene*, de David Epstein; *Quiet*, de Susan Cain; *Drive*, de Daniel Pink y *Presence*, de Amy Cuddy.

resultó sorprendente cuando más tarde supimos que en un estudio (parecido a nuestro autoexperimento), los investigadores hallaron que los sujetos mejoraban la capacidad de reconocer patrones, un indicador frecuente del rendimiento cognitivo general, en un 37 % después de leer obras de calidad.

La lección no consiste necesariamente en llenar tu lugar de trabajo con caras sonrientes o ver alguna comedia antes de tu próximo gran evento (aunque estas prácticas, ciertamente, no te harán daño). La lección es, más bien, que el estado mental en el que estés antes de una actuación puede afectarla considerablemente. Igual que Billingslea, Gaurnier y muchos deportistas de talla mundial que diseñan rutinas para preparar sus cuerpos y centrar sus mentes, antes de la actuación, también tú puedes diseñar una rutina para ayudarte a dar lo mejor de ti mismo.

PRÁCTICAS DE RENDIMIENTO

- Piensa en las actividades de tu vida que son más importantes para ti.
- Decide qué estado mental y corporal te exigen.
- Prepárate para la actuación cuidando tu mente y tu cuerpo antes de las actividades clave.
- Prueba y refina varias técnicas de preparación, para finalmente desarrollar rutinas que se conviertan en habituales.
- Sé constante: utiliza la misma rutina cada vez que vayas a realizar la actividad con la que está relacionada (hablaremos acerca de la importancia de la constancia en un momento).
- Recuerda el impacto del estado de ánimo sobre la actuación; la positividad contribuye considerablemente.

EL ENTORNO ES IMPORTANTE

Durante la escritura de estas páginas, hemos confiado no solo en la lectura de nuestros libros favoritos, sino también en el café. Un montón de café. Y no cualquier café, sino el mismo café, en la misma cafetería, en la misma mesa, en el mismo momento del día, todos y cada uno de los días. Además, cada uno de nosotros tenía una lista de canciones para reproducir, pensadas solo para la escritura, y Brad llegó a tener un ordenador exclusivo para trabajar en este libro. Aunque a primera vista podría parecer que habíamos sido presa de nuestras tendencias de tipo A,* no fue así. Más bien, estábamos siguiendo el consejo de uno de los escritores más prolíficos que han existido, Stephen King.

Todo lo que rodea la escritura de King es deliberado, desde la habitación en la que escribe hasta la colocación de su mesa, pasando por los materiales que tiene en ella y la música de AC/DC, Metallica y Guns N' Roses. No hay un secreto especial en su entorno, y desde luego no es el mejor para todo el mundo (nosotros, por ejemplo, no podemos imaginarnos escribiendo con *heavy metal*). No obstante, lo importante es que ha creado un entorno que funciona para él. En sus memorias, *Mientras escribo*, lo dice con claridad: «La mayoría de nosotros realiza el mejor trabajo en un espacio propio».

El sentimiento de King no es algo raro. Casi todos los grandes triunfadores que conocerás en este libro han enfatizado la importancia del lugar en el que perfeccionaron su arte. Desde el gimnasio favorito de un atleta de talla mundial hasta el estudio habitual de un artista premiado, pasando por la cueva de

* En 1957, dos cardiólogos, Rosenman y Friedman, del hospital Monte Sinaí, en San Francisco, California, describieron un estilo de comportamiento que llamaron patrón de conducta tipo A o personalidad tipo A, caracterizada, entre otras cosas, por una gran implicación en el trabajo y por una preocupación obsesiva por el rendimiento y los resultados finales, más que por el disfrute de la actividad mientras se realiza.

escritura de King, los lugares específicos en los que trabajamos son muy importantes. Un oscuro campo llamado psicología ecológica permite comprender por qué es así.

> Los lugares específicos en los que trabajamos son muy importantes.

La psicología ecológica sugiere que los objetos que nos rodean no son estáticos; más bien, influencian determinadas conductas e invitan a ellas. Algunos experimentos muestran que la simple visión de un objeto provoca actividad cerebral asociada con determinadas acciones. Por ejemplo, cuando vemos la imagen de una silla, las partes de nuestro cerebro responsables de coordinar el acto de sentarse (es decir, los programas motores) comienzan a activarse, incluso si no nos hemos movido físicamente en lo más mínimo. Es como si la silla nos hablara, diciendo: «Ven y siéntate», y nuestros cerebros escucharan y respondieran de acuerdo con ello. Este fenómeno ayuda a explicar por qué los deportistas que practican deportes de acción, como el fútbol, afirman a menudo que no «piensan» en qué dirección correr; el proceso lineal de razonar sería demasiado lento. En lugar de eso, el hecho de que se abra un hueco en el campo de fútbol invita a los jugadores, en un nivel mucho más profundo que el de la experiencia consciente, a correr hacia él.

Dicho con mayor claridad, no estamos tan separados de nuestro entorno como podemos pensar, sino que nuestros cerebros están comprometidos en una intrincada conversación con los objetos que nos rodean, y cuanto más dialogan, más estrecha se vuelve la relación. La primera vez que un bebé ve una silla, por ejemplo, los programas motores de su cerebro no comienzan a activarse automáticamente mediante un patrón de cómo sentarse. Pero cuando el bebé se ha convertido en un adulto y ha visto miles de sillas y se ha sentado en miles de ellas, la visión de una silla le ofrece, en el fondo de su cerebro, una respuesta relacionada con sentarse.

Esta idea puede parecer un poco esotérica, pero las implicaciones prácticas son concretas y simples. Cuando creamos un espacio en el que practicar nuestra especialidad, es beneficioso rodearnos de objetos que invitan a realizar las acciones deseadas y a eliminar las que no lo son. En su libro *El yo evolutivo*, Mihaly Csikzentmihalyi afirma que ser consciente y cuidadoso con nuestro entorno es esencial para estimular el mejor rendimiento. Los objetos entre los que trabajamos, escribe, se convierten en «expansiones del yo [...] cosas que la mente puede utilizar para crear armonía en la experiencia».

Los objetos entre los que trabajamos se convierten en «expansiones del yo [...] cosas que la mente puede utilizar para crear armonía en la experiencia».

PRÁCTICAS DE RENDIMIENTO

- Crea un «espacio propio» en el que realices tu trabajo más importante.
- Rodéate de objetos que inviten a la realización de las conductas que deseas.
- Trabaja de manera regular en el mismo lugar, utilizando los mismos materiales.
- Con el tiempo, tu entorno acrecentará tu productividad en un nivel neurológico profundo.

Además, al trabajar en el mismo entorno de manera constante y repetida, el vínculo entre nosotros y lo que nos rodea se estrecha. La obra del neurocientífico conductista Daniel Levitin apoya la idea de Brad de utilizar un ordenador solo para escribir. Según Levitin, cuando un objeto, como un ordenador, se reserva para una tarea específica, como escribir, el lazo entre el sujeto (el escritor) y el objeto (el ordenador) se fortalece. Con el tiempo, la simple visión de ese ordenador concreto invita a escribir, lo que empuja al cerebro a pensar sobre el libro, la historia o el artículo que se está escribiendo.

Las rutinas estratégicas van más allá de las meras supersticiones, como usar los mismos calcetines o la misma ropa interior antes de un gran evento. Más bien, las actividades que desarrollamos antes de actuar colocan nuestros cuerpos y nuestras mentes en estados específicos y los entornos en los que trabajamos invitan a ciertas conductas e influyen en ellas. Cuando ejecutamos una y otra vez la misma rutina y trabajamos en el mismo entorno, creamos vínculos profundos en nuestros cerebros y en el resto de nuestros cuerpos. Conectamos lo que hacemos antes de trabajar y el lugar en el que trabajamos al acto mismo de trabajar. Básicamente, nos condicionamos para trabajar.

CONDICIONAR

Ya has visto que Stephen King es meticuloso en su rutina a la hora de escribir y valora mucho su entorno. Como consecuencia, cuando se sienta a escribir, está preparado para ser productivo. King no cree en la casualidad o en que la inspiración aparezca misteriosamente: «No esperes a las musas –escribe en sus memorias–. Tu trabajo consiste en asegurarte de que las musas sepan dónde vas a estar cada día de nueve a doce, o de siete a tres. Si lo saben, te aseguro que empezarán a manifestarse». De forma muy parecida a como el batería Matt Billingslea utiliza su rutina para entrar en la «zona» de manera predecible o a como la ciclista Megan Gaurnier usa su rutina para preparar su mente y su cuerpo para la siguiente carrera, King confía en su rutina para que se produzca una corriente constante de creatividad. «Tu horario –más o menos el mismo cada día, o cuando unas mil palabras están escritas en el papel o grabadas en el disco– existe para habituarte, para prepararte a soñar, igual que te preparas para irte a la cama aproximadamente a la misma hora cada noche y siguiendo el mismo ritual». La confianza de King en el ritual no es nada nuevo entre los grandes pensadores. Otro ejemplo notable es el psicólogo B. F. Skinner. A comienzos de los años sesenta, cuando estaba terminando su obra intelectual más innovadora, seguía una rutina muy precisa. En una entrada de su diario, fechada en 1963, escribió:

Tu horario existe para habituarte, para prepararte a soñar, igual que te preparas para irte a la cama aproximadamente a la misma hora cada noche y siguiendo el mismo ritual.

> A veces me levanto entre las seis y las seis y media, a menudo después de haber escuchado las noticias de la radio. Mi desayuno, un plato de copos de maíz, está en la mesa de la cocina. El café está hecho automáticamente por el temporizador del hornillo. Desayuno a solas [...] A las siete más o menos bajo a mi estudio, una habitación de madera de nogal en el sótano. Mi mesa de trabajo es una larga mesa moderna, escandinava, con una serie de cajones que yo mismo hice para guardar los diccionarios, algunos libros, etcétera [...] Más tarde, avanzada la mañana, voy a mi despacho. Estos días salgo justo antes de las diez para poder llevar a Debbie a su clase en la universidad de verano.

Y así sigue, describiendo, casi minuto a minuto, los detalles precisos de sus días. Skinner era el no va más en seguir sus hábitos. Incluso comenzaba y terminaba sus sesiones de escritura con el zumbido de un temporizador. La gran ironía, desde luego, es que utilizaba el poder de la rutina como ayuda para el desarrollo de la teoría psicológica que fundamenta el poder de la rutina: el conductismo. Esencialmente, el conductismo sugiere que algunas acciones pueden ser desencadenadas o «condicionadas», por estímulos externos. Las hazañas de condicionamiento más célebres de Skinner tienen que ver con enseñar a ratas a apretar palancas y a palomas a jugar al *ping-pong*. Enseñaba a estos pequeños animales asociando las conductas deseadas a la comida. (Todo el que haya adiestrado una mascota utilizando comida tiene que agradecérselo a él).

Skinner creía que casi cualquier estímulo puede producir determinadas conductas, mientras ambos (es decir, el estímulo y la respuesta) se presenten constantemente unidos y se refuercen positivamente. Bajo los lentes del conductismo, su propia minuciosa rutina servía como estímulo para producir la respuesta de escribir, que era reforzada por las emociones positivas que sentía después de ser productivo.

La psicología moderna acepta que la conducta humana es mucho más compleja de lo que afirmaba el conductismo de Skinner. Pero la esencia de la teoría sigue viva a través de la ciencia de los hábitos en boga, que consiste en que las conductas pueden ser inducidas por las actividades que las preceden. Quizás actualmente no diríamos que Billingslea, Gaurnier y King utilizan sus rutinas para «condicionar» su actuación. Más bien diríamos que «hacen un hábito» de la excelencia. Pero, en realidad, son dos caras de la misma moneda.

PRÁCTICAS DE RENDIMIENTO

- Une las conductas clave a estímulos o rutinas.
- Sé regular y constante; ejecuta la misma rutina siempre antes de la conducta con la que la has asociado.
- Si es posible, une las actividades clave al mismo contexto (es decir, el momento del día, el entorno físico, etcétera).
- Si tu actividad requiere entornos variables, desarrolla rutinas «portátiles» que puedan realizarse en cualquier parte (por ejemplo, la rutina de respirar profundamente, de hablarte a ti mismo, etcétera).
- La constancia es la reina. La mejor rutina tiene poco sentido si no la practicas con regularidad.

Vinculando de manera constante nuestro trabajo a la misma rutina (y, si es posible, al mismo entorno), el rendimiento brillante empieza a ser más automático.

DE LA PSICOLOGÍA A LA BIOLOGÍA

El acento británico de Dave Hamilton destaca en el campo de prácticas de Lancaster (Pensilvania), donde es director de ciencia del rendimiento en el equipo de *hockey* sobre hierba femenino estadounidense. Hamilton está encargado de terminar con la sequía de medallas del equipo, que se remonta a 1984. Hace poco que fue contratado, procedente del Reino Unido, donde ayudó a que el equipo de *hockey* sobre hierba británico lograra una medalla de bronce en las Olimpiadas del 2012. De manera similar a lo que sucede con el equipo estadounidense, también los británicos estaban en sequía, sin haber ganado una medalla en veinte años. A pesar de los indicadores que mostraban un rendimiento de talla mundial, les costaba ganar los partidos importantes; eran campeones en el entrenamiento, pero no podían materializarlo el día del partido. Hamilton, científico del deporte, emprendió un meticuloso método para averiguar por qué sus chicas no podían traducir ese entrenamiento ejemplar en un resultado ejemplar.

Lo supervisó todo, empezando con los regímenes alimenticios de las deportistas. No apareció ninguna señal de alarma. No resultaba sorprendente, dado el alto nivel de juego que observaba en todos los entrenamientos. Alterar la fisiología de sus chicas no era la respuesta. Pero, se preguntó, ¿y qué tal cambiar su biología? ¿Podría eso proporcionarles la ventaja adicional que necesitaban el día del partido?

Hamilton se interesó especialmente por la hormona testosterona. Quizás más que cualquier otra hormona, la testosterona se halla relacionada con el rendimiento. Aumenta el desarrollo muscular, la fuerza y la energía. Además de sus profundos efectos sobre nuestra fisiología, se relaciona también con el aumento de la creatividad, la confianza, la memoria y la atención. En otras palabras, la testosterona es un potente estimulante del rendimiento, en casi todos los terrenos. Y aunque la testosterona sintética está prohibida en los deportes, Hamilton creyó que podría aumentar la cantidad natural de esta hormona que ya recorría los cuerpos de las deportistas.

Empezó apostando por el sueño, asegurándose de que dormían al menos ocho horas cada noche (para saber más sobre dormir y la testosterona, consulta el capítulo cinco). Pero fue más allá del dormir, y midió, a través de pruebas salivares, cómo impactaba casi cualquier cosa sobre los niveles de testosterona de sus chicas. Por ejemplo, evaluó cómo responde la testosterona al *feedback* negativo, a diferencia del positivo, a los discursos previos al juego, a las películas inspiradoras, al entorno social, y al precalentamiento con esprint frente al precalentamiento de duración.

Hamilton halló que no había una única fórmula para aumentar los niveles de testosterona. Más bien, las respuestas de las jugadoras a diferentes estímulos variaban: por ejemplo, algunas experimentaban picos de testosterona después de correr poco y a gran velocidad, mientras que otras recibían un empujón al correr mucho y lentamente; algunas tenían niveles altos de testosterona después de prepararse jugando solas, mientras que otras se beneficiaban al calentar en grupo, etcétera. Lo que permanecía constante era que elevar la testosterona antes del partido mejoraba significativamente su rendimiento. La clave del enigma de Hamilton, y finalmente de una medalla olímpica para el equipo femenino de *hockey* del Reino Unido, fue aumentar los niveles de testosterona de las deportistas.

Con eso en mente, antes de las Olimpiadas del 2012 trabajó con cada una de ellas para desarrollar rutinas individualizadas para los momentos previos al partido. Se aseguró de que la rutina de cada una fuera «óptima» midiendo su testosterona cuando modificaba su rutina. Cuando los Juegos Olímpicos del 2012 se pusieron en marcha, cada jugadora tenía unos hábitos rutinarios diseñados específicamente para maximizar su testosterona. Este enfoque poco convencional funcionó, como pone de manifiesto la medalla olímpica que el equipo ganó ese año.

Si bien Hamilton utilizaba comprobaciones una y otra vez para desarrollar los hábitos rutinarios de sus jugadoras, tal nivel extremo de precisión quizás no habría sido necesario. Sin excepción, nos dijo, los niveles de testosterona eran más altos cuando las chicas se sentían bien. De modo que, «cuando llegaba el día del partido, todo lo que hacíamos era hacer que todas y cada una de ellas tuvieran confianza en que su mente y su cuerpo estaban listos cuando sonara el silbato».

Al principio de este capítulo, hemos visto que las rutinas son tan efectivas porque estimulan conductas específicas y estados físicos y mentales. Lo que la historia de Hamilton añade es que unos hábitos rutinarios individualizados van más allá de estimularnos a trabajar. Alteran también nuestra biología, cambiando nuestro perfil hormonal de manera que aumenta la fuerza, la energía, la confianza, la creatividad, la atención y la memoria. Dicho de otro modo, desarrollar unos hábitos rutinarios no solo nos condiciona para actuar. Mejora la propia actuación. Si esfuerzo + descanso = crecimiento es la base sobre la que se desarrolla nuestro talento, nuestros hábitos y nuestro entorno nos ayudan a expresar plenamente ese talento.

7

MINIMALISTA PARA SER MAXIMALISTA

Michael Joyner, médico e investigador en la prestigiosa Clínica Mayo, es no solo experto en el rendimiento humano, sino que es también él mismo un gran triunfador. Ha publicado más de trescientos cincuenta artículos sobre el tema y ha ganado muchos premios por su trabajo. Recientemente fue nombrado investigador distinguido en la Clínica Mayo y se le concedió una beca para el celebrado Fulbright Scholar Program. Además de su investigación, Joyner, que es anestesiólogo, visita pacientes regularmente y es mentor de innumerables promesas, al dirigir informalmente lo que él llama «mi propia versión de una escuela Montessori». Escribe para la revista *Sports Illustrated* y con frecuencia es citado como experto en otras publicaciones especializadas. Si eso no fuera bastante, a los cincuenta y ocho años es todavía un apasionado atleta, y en su apogeo corrió maratones a grandes velocidades. Como colofón, está casado y tiene hijos pequeños.

Joyner no es poseedor de una especial mutación genética que le proporcione una interminable energía, ni trabaja doce horas al día. Lo que sí hace es minimizar las distracciones y eliminar las actividades que son ajenas a su trabajo. Esto no quiere decir que sea estrecho de miras ni que esté amurallado en su propio terreno. Si algo es cierto, es justo lo contrario. «Reservo entre sesenta y noventa minutos cada día para leer cosas que no pertenecen a mi especialidad –nos dijo–. Eso me ayuda a producir ideas nuevas». Pero Joyner solo lleva a cabo estas amplias lecturas porque identifica la creatividad como algo crucial para su investigación, y leer ampliamente es uno de sus canales hacia la creatividad. No gasta tiempo ni energía en nada que no sea fundamental para su misión. «Para ser maximalista –afirma– tienes que ser minimalista». Toma nota: esto no quiere decir que tendrías que aspirar a superespecializarte. Como hemos visto en este libro, muchos grandes triunfadores tienen intereses diversos que funcionan juntos para alimentar su éxito. Lo que significa es que deberías identificar todo lo que sea superficial en tu vida y esforzarte por eliminarlo. Deberías ser totalmente consciente de cómo gastas el más valioso de tus recursos: el tiempo.

Para ser maximalista tienes que ser minimalista.

Un día en la vida de Joyner ejemplifica esta filosofía. Se levanta temprano, entre las cuatro y media y las cinco de la mañana, mucho antes de que su mujer o sus hijos se despierten. Durante este tiempo sagrado, cuando su mente está fresca y sin distracciones, realiza lo que considera que es su trabajo más urgente e importante de ese día. Cuando su familia se despierta, él está listo para desayunar, así que pasa a tener un tiempo de calidad con ellos. Una hora después, cuando sale para empezar la jornada fuera, toma su bolsa del gimnasio ya preparada, con el mismo conjunto de ropa de ejercicio y el mismo conjunto de ropa de trabajo para cada día. «No quiero dedicar ninguna energía mental a pensar en qué ponerme», nos dijo. Va en bicicleta hasta el gimnasio que está cerca de su despacho, a unos pocos kilómetros de distancia: «Fui muy consciente a la hora de seleccionar dónde vivir. No quería perder demasiado tiempo con el transporte diario ni derrochar energía conduciendo con mucho tráfico. De modo que elegí un lugar que está a un paseo en bicicleta. Además, los días que no puedo ir al gimnasio, mi desplazamiento en bicicleta asegura que al menos realice cierta actividad física».

En el trabajo, Joyner no se mete en política ni en las habladurías que tienen lugar frecuentemente en los despachos. Y aunque hay muchos seminarios y conferencias a los que podría asistir cada día, a menudo elige no hacerlo, ya que le distraería del trabajo en el que se halla concentrado. Cuando regresa a casa por la tarde, hace todo lo que puede para «desconectar»; rara vez, si es que alguna, se embarca en actividades extracurriculares. Para desarrollar un trabajo importante, nos contó, «es preciso decir no a muchas cosas, de manera que cuando sea el momento de decir sí, puedas hacerlo con toda tu energía». Joyner es el primero en reconocer que no es fácil decir no. «Podría haber vivido en Nueva York, Boston o Washington DC –explicó , pero me sentí atraído por Rochester (Minesota) porque era un lugar en el que podía centrarme más fácilmente en lo que para mí es más importante: mi investigación y mi familia». Y puesto que ama ambas cosas, su investigación y su familia, es muy feliz.

Joyner ha planeado no solo sus días sino, realmente, toda su vida alrededor de la eliminación de distracciones y decisiones «que en realidad no son importantes». Al hacerlo, reserva su energía y su fuerza de voluntad para las actividades que son verdaderamente importantes para él. En otras palabras, el secreto de que Joyner realice tantas cosas, ser «maximalista» en su campo, es ser «minimalista» en casi todo lo demás.

Si su filosofía y su estilo de vida suenan familiares, es porque se parecen a los de otro gran triunfador que conocimos en el capítulo tres: Bob Kocher. El doctor Bob divide su día minuto a minuto, asegurándose de que cada cosa tiene un objetivo distinto. Como Joyner, es muy consciente acerca de lo que hace y lo que no, a qué dedica su energía y a qué no. Emil Alzamora, un artista galardonado del que pronto sabrás más, estableció su estudio, lo que llama su «cueva», en su patio trasero. Lo hizo, nos dijo, «para minimizar lo que se interpone entre mi arte y yo». Es esta manera de pensar lo que Alzamora, el doctor Bob, Joyner y tantos otros destacados personajes comparten. Todos ellos eligen dónde focalizar su energía y la protegen de todo lo que pudiera entrometerse. Esto incluye incluso acciones aparentemente simples, como decidir qué tipo de camisa ponerse.

TOMAR DECISIONES CANSA

La próxima vez que estés delante de tu ordenador, dedica un momento a realizar una búsqueda completa de imágenes en Google centradas en el fundador y director general de Facebook, Mark Zuckerberg. (A estas alturas ya sabes que preferimos que no tengas tu móvil al alcance de la mano, pero adelante si lo necesitas). Por extraño que te parezca, te darás cuenta de algo que tienen en común las fotos. Excepto las contadas ocasiones en las que se ve obligado a hacerlo de otro modo, Zuckerberg casi siempre lleva la misma ropa: tejanos azules, una camiseta gris y una sudadera con capucha. No es que esté intentando lanzar una moda, promoviendo un código de vestir relajado en Silicon

Valley (aunque ciertamente lo ha hecho). Más bien su limitado vestuario se debe a un esfuerzo por aumentar su productividad y mejorar su rendimiento.

A finales del 2014, en su primera sesión pública de preguntas y respuestas, la pregunta que obtuvo más atención fue: «¿Por qué usas la misma camiseta todos los días?».

«Realmente quiero simplificar mi vida para tener que tomar la menor cantidad posible de decisiones sobre cualquier cosa, excepto en cómo servir mejor a esta comunidad», respondió Zuckerberg, y luego aclaró que tenía «muchas camisetas iguales». Siguió explicando que, cuando las pequeñas decisiones, como elegir qué ponerse, se suman, pueden llegar a cansar. «Me encuentro en esta posición realmente afortunada, en la que me levanto cada día y ayudo a servir a más de mil millones de personas. Y siento que no voy a hacer bien mi trabajo si empleo mi energía en aspectos triviales o frívolos de mi vida», dijo.

Zuckerberg no es el primer genio en simplificar su armario. Muchos afirman que Albert Einstein, como Zuckerberg, tenía un ropero lleno de «muchos trajes grises iguales». Steve Jobs usaba casi exclusivamente un jersey de cuello alto, pantalones vaqueros azules y zapatillas de deporte New Balance. El presidente Barack Obama dijo hace poco a la revista *Vanity Fair*: «Verán ustedes quc uso solo los mismos trajes grises o azules. Intento reducir las decisiones que tengo que tomar. No quiero pararme a pensar en lo que voy a comer o a ponerme, porque tengo demasiadas otras decisiones que tomar». Podríamos seguir y seguir con otros muchos destacados personajes que han eliminado de su vida las decisiones triviales. Pero ¿eliminar estas decisiones sencillas –camisa azul o roja, cereales o tostadas– puede realmente afectar a nuestro rendimiento?

Recuerda la idea de nuestra mente como un músculo, la teoría liderada por el psicólogo Roy Baumeister, que presentamos en el capítulo uno, una idea que sugiere que tenemos un depósito limitado de energía mental, que, a lo largo del día se va agotando a medida que la usamos.* Al principio, la investigación sobre esta teoría se centró fundamentalmente en el autocontrol: cómo resistir las tentaciones al comienzo del día hace más probable que sucumbamos a ellas más tarde. Pero los científicos pronto hallaron que no solo resistir las tentaciones nos fatiga, sino también tomar decisiones.

A los jueces se los acusa de tomar decisiones imparciales basándose solo en la evidencia disponible. Esperamos que sean hábiles a la hora de minimizar lo superfluo y los prejuicios, y que evalúen cada caso con objetividad. Por eso resulta especialmente sorprendente que la investigación muestre que las reglas de los jueces se hallan muy influidas por el número de decisiones que han tomado previamente. Por ejemplo, un estudio reveló que les concedían la libertad provisional a los juzgados en un 65 % de las veces al comienzo del día, pero casi el 0 % de las veces al final del día. Estos jueces sucumbían a algo llamado «el cansancio de tomar decisiones». A medida que las decisiones que se veían obligados a tomar se acumulaban, se mostraban mentalmente cansados y tenían menos energía para pensar de manera crítica sobre los casos, por lo que terminaban optando por la decisión más fácil, por defecto, que consiste en no conceder la libertad provisional.

Los jueces no son los únicos profesionales que son respetados por su capacidad de pensar críticamente pero padecen

* Una de las mejores maneras de «restaurar» la fuerza de voluntad es hacer una pausa de las tareas exigentes. Esto explica por qué generalmente nos despertamos con un depósito lleno de fuerza de voluntad por la mañana; para la mayoría de nosotros, dormir es nuestra pausa más larga.

cansancio por la toma de decisiones. Un estudio reciente halló que los médicos cometen, de manera significativa, más errores al diagnosticar y prescribir a medida que el día avanza. Jeffrey Linder, director del estudio, dijo al *New York Times*: «La idea clara que surge aquí es que los doctores también somos personas, y podemos fatigarnos y tomar peores decisiones hacia el final del día de nuestras sesiones clínicas».

No cabe duda de que evaluar si conceder la libertad provisional o examinar a un paciente enfermo requiere mucha más reflexión que decidir el color de la camisa que nos pondremos hoy. No obstante, incluso decisiones aparentemente triviales nos agotan. Los experimentos muestran que las personas que se vieron obligadas a tomar decisiones entre un abanico de bienes de consumo (por ejemplo, el color de la camiseta, el tipo de vela perfumada, la marca de champú, la clase de caramelos y, sí, incluso el tipo de calcetines) rindieron menos que aquellas a quienes se les presentó solo una opción, y eso ocurrió en test de todo tipo, desde la resistencia física hasta la constancia para resolver problemas. Los sujetos que tenían que hacer frente a múltiples elecciones dejaban más asuntos en otras áreas de su vida para más tarde. Los investigadores implicados en estos estudios concluyeron que incluso cuando se trata de lo más simple, «tomar decisiones deja a una persona en un estado de fatiga», lo que afecta a su rendimiento en actividades futuras.

Cada vez que tomamos una decisión conscientemente, por insignificante que parezca, nuestro cerebro está procesando diferentes escenarios y valorando todas las opciones. A medida que se van sumando las decisiones que tomamos, también aumenta la cantidad de procesos requeridos por nuestro cerebro. Igual que sucedería con cualquier otro músculo, nuestro músculo mental se cansa.* Además de fatigarnos a lo largo del día, tomar decisiones, incluso si son pequeñas, interrumpe nuestro agudo tren de pensamientos. Nuestros cerebros tienen que soltar todo lo que estén cocinando (o, si estuviesen en un estado de divagación mental creativa, deberían desconectar y entrar en un estado mental sin esfuerzo) solo para valorar qué tipo de calcetines nos pondremos.

Esto no quiere decir que deberíamos vivir con el piloto automático, optando por no tomar prácticamente ninguna decisión. Lo que significa es que deberíamos darnos cuenta de que tenemos una cantidad limitada de energía y dedicarla solo a lo que realmente sea importante. Desde luego, cuantas más cosas creamos que importan de verdad, menos energía tendremos para dedicarla a cada una de ellas. Solo convirtiéndonos en minimalistas podemos llegar a ser maximalistas.

> Deberíamos darnos cuenta de que tenemos una cantidad limitada de energía y dedicarla solo a lo que realmente sea importante.

La clave para ser minimalista es convertir en hábito rutinario casi todo lo que no sea crucial para nuestra misión. Cuando las decisiones son automáticas, te saltas la decisión consciente y la actividad cerebral asociada. Pasas directamente de encontrar una situación (por ejemplo, necesito vestirme) a realizar una acción (por ejemplo, poniéndome la misma camisa todos los días) sin gastar energía en ello. En cierto sentido, estás burlando la fatiga, reservando tu músculo mental para lo que realmente te importe. Cuantas más decisiones pasen a ser automáticas, más

* Nuestro músculo mental es responsable no solo de nuestra capacidad de pensar críticamente, sino también de nuestro autocontrol. Esto significa que incluso si tu esfuerzo es de naturaleza física (por ejemplo, correr o levantar pesas), tu capacidad de dar lo máximo de ti –una de las expresiones más difíciles que hay del autocontrol– puede depender de las decisiones que tomas (o dejas de tomar) al principio del día. En otras palabras, independientemente de lo que hagas, eliminar las decisiones que no sean esenciales puede mejorar tu rendimiento. Por eso muchos entrenadores hacen lo que pueden para asegurar que los deportistas no tienen nada en qué pensar el día de la competición.

energía tendrás para el trabajo que consideres importante. La parte más fundamental a la hora de adoptar el estilo de vida «minimalista para ser maximalista» es averiguar qué es lo que te interesa de verdad –qué es aquello en lo que realmente merece la pena gastar energía– y dedicar una energía mínima a todo lo demás.

PRÁCTICAS DE RENDIMIENTO

- Conviértete en minimalista para ser maximalista.
- Piensa en todas las decisiones que tomas a lo largo del día.
- Identifica las que no son importantes, las que no te interesan.
- Automatiza tantas decisiones, de las que no sean importantes, como puedas. Ejemplos comunes incluyen decisiones sobre:

  ✓ Qué ponerte para vestir.
  ✓ Qué tomar en las comidas.
  ✓ Cuándo llevar a cabo actividades diarias (por ejemplo, hacer ejercicio a la misma hora del día, de manera que no necesites pensar en ello).
  ✓ Dejar de asistir a reuniones sociales. (No siempre es una buena idea, pero durante períodos de trabajo importante, muchos grandes triunfadores adoptan una política estricta de decir no a eventos sociales).

- Además de eliminar tantas decisiones como sea posible, no dediques tu energía a habladurías, a política o a preocuparte por lo que otros piensan de ti. (A menos, desde luego, que tu misión central consista en ser representante público; en ese caso, todo esto es, ciertamente, de gran importancia).
- Además de pensar en las decisiones diarias, piensa en los efectos de segundo y tercer orden (por ejemplo, el tiempo de desplazamiento diario, las presiones económicas, etcétera) de las decisiones de larga duración, como dónde vivir.

ALONDRAS Y LECHUZAS

Si el primer paso para planificar un día óptimo es averiguar qué hacer (y lo que quizás sea más importante, qué no hacer), el segundo paso es averiguar cuándo hacerlo. En su libro *Rituales cotidianos*, el autor Mason Currey expuso en detalle un día típico de más de cincuenta de los más grandes artistas, escritores, músicos y pensadores del mundo, de todos los tiempos. Ya no resultará sorprendente que casi todos ellos fuesen minimalistas y se adhiriesen a hábitos rutinarios bastante rígidos. Pero las propias rutinas, cómo estos grandes triunfadores planificaban sus días, variaban de manera significativa. Especialmente en lo que se refiere al momento del día en que realizaban su mejor trabajo. Algunos, incluido Mozart, daban lo mejor de sí bien entrada la noche. Otros, incluyendo a Beethoven, eran más productivos al amanecer. El mensaje aquí no era que la mayoría de estos grandes personajes hicieran lo mejor de su trabajo en ciertos momentos del día, o que haya una hora óptima para la productividad. Más bien, cada uno averiguó cuándo estaba más alerta y concentrado y según eso planificaba su día. Estos individuos trabajaban de manera óptima en sus respectivos cronotipos, el término científico para el flujo y reflujo de energía que todo el mundo experimenta en el curso de las veinticuatro horas del día.

Los científicos denominan a quienes están más alertas por la mañana «alondras» y a quienes lo están por la noche, «lechuzas». Muchos estudios confirman que estas categorías son muy reales. Ya se trate de tareas exigentes física o cognitivamente, la mayoría de las personas tienden a rendir más o en la primera parte del día (esto es, las alondras) o en la última parte del día (esto es, las lechuzas). Estas diferencias individuales están enraizadas en los ritmos biológicos particulares de nuestros cuerpos: cuando se liberan varias hormonas asociadas con la energía y la concentración y cuando la temperatura corporal sube y baja. Mientras que algunos de nosotros recibimos un mayor flujo de hormonas energizantes de buena mañana, para otros sucede más tarde.

DETERMINAR TU CRONOTIPO

Para ayudarte a determinar tu cronotipo, puedes utilizar un cuestionario con base empírica diseñado por investigadores del Centro de Investigación del Sueño, en la Universidad de Loughborough, en el Reino Unido. Aunque la información sobre cómo acceder a la versión completa está en «Bibliografía y Fuentes», y en algunas partes de este libro, responder a las tres preguntas que vienen a continuación te permitirá hacerte una idea adecuada de si eres alondra o lechuza.

1. Si pudieras organizar de manera totalmente libre tu tarde y tu noche, sin obligaciones por la mañana, ¿a qué hora te irías a dormir?
2. Tienes que realizar dos horas de ejercicio físico intenso. Si fueras totalmente libre para planificar tu día, ¿cuándo lo harías?
3. Tienes que pasar un test de dos horas, que sabes será mentalmente agotador. Si fueras completamente libre para elegir, ¿cuándo elegirías pasar el test?

Este cuestionario es una herramienta valiosa, pero el mejor modo de comprender tu horario óptimo es escuchar a tu cuerpo. Durante los dos próximos días, presta una profunda atención a cuándo sientes que tus niveles de energía están más altos y cuándo caes en ese estado cerebral nublado en el que la atención decae y tu trabajo comienza a verse afectado.

Si bien un período de reflexión de dos días puede ser instructivo, meses de café, azúcar y lucha contra el «cansancio» pueden enmarañar tu cronotipo. De modo que la regla de oro para descubrir cuál es consiste en estar siete días sin ponerte el despertador ni compensar el cansancio en ningún momento del día. No solo podrás establecer de la manera más adecuada tu cronotipo, sino que también te beneficiarás de un período de «reajuste» durante el cual tu cuerpo puede volver a su ritmo natural.

Puedes llevar a cabo extensos análisis de sangre longitudinales para averiguar cuándo es más probable que estés en tu mejor momento, o puedes ahorrarte el dinero y las molestias y simplemente hacerte algunas preguntas clave. Todos los grandes triunfadores con los que hablamos mientras escribíamos este libro nos dijeron que había momentos específicos en los que trabajaban mejor y, a excepción de unos cuantos atletas olímpicos, no se basaban en análisis de sangre para averiguar cuáles eran esos momentos. Simplemente realizaban una cierta introspección.

Mientras que trabajamos mejor cuando se exige una atención y una concentración profundas durante nuestras horas cumbre (es decir, las mañanas para las alondras y las tardes para las lechuzas), lo contrario es cierto para producir ideas creativas. Como vimos en el capítulo cuatro, la creatividad a veces requiere tomar distancia de aquello en lo que estamos trabajando y dejar que nuestras mentes divaguen. Al hacerlo, liberamos el poder creativo de nuestro subconsciente (nuestra red cerebral en modo «por defecto»). Durante nuestras horas cumbre, cuando estamos hiperalertas y bien concentrados, nuestra mente consciente es dominante. Pero durante nuestras horas bajas, cuando nos cansamos y luchamos para mantener la atención, nuestra mente más creativa tiene la oportunidad de brillar. No debería resultar sorprendente, pues, que los investigadores hayan encontrado que las personas alondra rinden mejor en tareas que exigen intuición creativa por la noche, mientras que las personas lechuza tienden a ser más creativas por la mañana.

Con el tiempo, nosotros (Steve y Brad) descubrimos que somos alondras y planificamos nuestros días de escritura basándonos en ello. Utilizamos las mañanas para editar y refinar la escritura (trabajo de concentración profunda) y las tardes para trabajar sobre ideas nuevas y la siguiente fase de escritura (trabajo creativo). Esto permitía un hermoso ciclo: refinar por la mañana la obra bruta y creativa que habíamos llevado a cabo la tarde anterior.

Los grandes triunfadores no luchan contra el ritmo natural de su cuerpo; más bien lo tienen en cuenta y sacan ventajas de él. De manera deliberada, programan su trabajo más intenso y que requiere una concentración profunda (o, en el caso de los deportistas, sus ejercicios) durante los períodos en los que están más alertas. Para algunos, esto es por la mañana temprano y para otros por la noche. Cuando su biología cambia y están menos alertas, los grandes triunfadores se centran en tareas que, aunque también son importantes para su trabajo, exigen menos atención. Esto incluye tareas como contestar correos electrónicos, programar encuentros inevitables aunque sean poco productivos o hacer tareas básicas en la casa. Finalmente, cuando su atención comienza realmente a descender, no se fuerzan a seguir trabajando. En lugar de eso, los grandes triunfadores dejan vagar su mente y permiten que sus cuerpos se recuperen, y al hacerlo, a menudo experimentan momentos de comprensión tipo «ajá» o «eureka». Dicho de otro modo, los grandes triunfadores son muy conscientes de su cronotipo específico y hacen todo lo que pueden para alinear sus actividades con sus niveles de energía. Tú puedes esforzarte por hacer lo mismo.

PRÁCTICAS DE RENDIMIENTO

- Determina tu cronotipo utilizando las herramientas y las sugerencias anteriores.
- Planifica tu día según lo anterior. Sé muy consciente acerca de cuándo programas determinadas actividades; haz corresponder las exigencias de la actividad con tu nivel de energía.

  ✓ Utiliza el momento en el que estás más alerta para tu trabajo más importante.
  ✓ Programa tareas menos exigentes durante los períodos en los que estás menos alerta.
  ✓ ¡No luches contra la fatiga! En lugar de eso, utiliza esos momentos para recuperarte y producir ideas creativas que puedas llevar a cabo durante el próximo ciclo de alta energía e intensa concentración.

- Trabaja alineado con tu cronotipo; eso no solo maximiza el rendimiento, sino que también ayuda a asegurar un equilibrio adecuado entre el estrés y el descanso.

ELIGE A TUS AMIGOS SABIAMENTE

En el 2010, la Academia de las Fuerzas Aéreas de los Estados Unidos se propuso comprender por qué algunos cadetes mejoran su forma física durante el tiempo que pasan en la Academia mientras que otros no lo hacen. En un estudio de la Oficina Nacional de Investigación Económica que siguió la pista a un grupo de cadetes durante cuatro años, los investigadores hallaron que mientras había cierta variabilidad en las ganancias/pérdidas entre el conjunto de los cadetes, apenas la había dentro de los escuadrones. Los escuadrones son grupos de unos treinta cadetes a los que se asigna a los individuos, de manera aleatoria, antes de su primer año. Los cadetes pasan la mayor parte de su tiempo interactuando con compañeros de su escuadrón. En cierto sentido, el escuadrón se convierte en una segunda familia: los cadetes del mismo escuadrón comen, duermen, estudian y trabajan juntos. Aunque todos los escuadrones se entrenan y se recuperan exactamente de la misma manera, algunos mostraban grandes mejoras en la salud física a lo largo de los cuatro años mientras que otros no lo hacían.

Resultó que el factor determinante respecto a si los treinta cadetes de un escuadrón mejoraban o no era la motivación de la persona menos preparada del grupo. Si esta persona mejoraba, su entusiasmo se propagaba y todo el mundo mejoraba. Si, por el contrario, la persona menos preparada era apática o, peor aún, negativa, arrastraba a todos los demás hacia abajo. Del mismo modo que las enfermedades se propagan fácilmente a través de grupos de personas que están en contacto estrecho, también sucede así con la motivación. Y es muy contagioso.

Del mismo modo que las enfermedades se propagan fácilmente a través de grupos de personas que están en contacto estrecho, también sucede así con la motivación.

Incluso el simple acto de observar a otros puede afectar a tu propia motivación. Investigadores de la Universidad de Rochester hicieron que los sujetos mirasen un vídeo en el que alguien se describía a sí mismo como estando intrínsecamente motivado (es decir, que la motivación procedía de su interior) o extrínsecamente motivado (esto es, que la motivación provenía de reconocimientos y recompensas externas) para participar en un juego. Aquellos asignados a ver el vídeo de individuos que se describían como intrínsecamente motivados afirmaron sentirse más intrínsecamente motivados. Además, cuando los investigadores dejaron a los sujetos solos, los que habían visto el vídeo de la motivación intrínseca comenzaron a jugar (por iniciativa propia) al mismo juego que aparecía en el vídeo, mientras que aquellos que vieron el vídeo de la motivación extrínseca no lo hicieron. Quizás lo más fascinante es que estos efectos eran fuertes independientemente de si alguien se identificaba como estando intrínseca o extrínsecamente motivado antes del experimento. Es como si la actitud de uno palideciera ante las actitudes de los que lo rodean.

La motivación no es la única emoción que resulta contagiosa. La investigación muestra que cuando vemos a alguien expresar felicidad o tristeza (por ejemplo, sonriendo o frunciendo el ceño), las redes neuronales asociadas con esas emociones se activan en nuestros cerebros. Lo mismo sucede con el dolor: la simple visión de alguien sufriendo activa nuestra propia respuesta neurológica al dolor. Esto explica por qué lloramos durante las películas tristes, nos sentimos animados entre amigos contentos y nos encogemos cuando contemplamos a alguien sufriendo. En palabras de la psicóloga de la Universidad de Standford Emma Seppälä: «Estamos programados para la empatía».

No solo estamos programados para la empatía, sino que hay evidencia empírica de que tenemos emociones socialmente contagiosas que favorecen acciones y conductas muy concretas. Algunos estudios muestran que si uno de tus amigos se vuelve obeso, es un 57 % más probable que tú mismo te vuelvas obeso. Si uno de tus amigos deja de fumar, la probabilidad de que tú fumes desciende un 36 %. Estas influencias sociales siguen siendo sorprendentemente fuertes incluso en el caso de relaciones de segundo y de tercer grado. Si el amigo de un amigo se vuelve obeso, tu tendencia a engordar aumenta un 20 %. Incluso si un familiar al que apenas conoces empieza a fumar, esto incrementa la probabilidad de que tú lo hagas en un 11 %. En otras palabras, la constitución de tu círculo social tiene profundas implicaciones para tu propia conducta. Si bien lo que haces y cuándo lo haces es importante, también lo es con quién lo haces.

La constitución de tu círculo social tiene profundas implicaciones para tu propia conducta.

En el esplendor de la antigua Grecia, Platón observó: «Lo que se honra en un país se cultivará en él». Lo mismo sucede en un equipo o un grupo social. Cuando los equipos deportivos tienen una racha de victorias, casi siempre se habla de una química mágica que fluye en el vestuario. A menudo, no es el equipo que tiene la mayor colección de talento puro el que gana los campeonatos, sino el equipo que es más capaz de mantenerse unido. No es distinto fuera del campo o la cancha. En palabras del gurú de los negocios y la dirección de empresas Peter Drucker: «La cultura desayuna estrategia».

«Lo que se honra en un país se cultivará en él». Lo mismo sucede en un equipo o un grupo social.

Aunque no todos trabajamos en equipo, el significado de aquellos con quienes nos rodeamos es importante en todos los casos. Con quién interactuamos día a día, a quién acudimos cuando las cosas se ponen feas y con quién compartimos nuestros espacios laborales, todo ello tiene un profundo impacto sobre cómo nos sentimos y cuánto rendimos. Si estamos constantemente trabajando contra la actitud mental de quienes nos rodean, es solo cuestión de tiempo que también nosotros seamos arrastrados hacia abajo, como les sucedió a algunos de los cadetes de la Academia de las Fuerzas Aéreas.*

Si, por el contrario, nos rodeamos de personas que nos apoyan, nos motivan y suponen un reto para nosotros, podremos alcanzar mayores alturas de lo que podríamos hacerlo solos. En palabras de la ciclista olímpica Megan Gaurnier: «No puedo enfatizar demasiado la importancia de construir una "comunidad" de amigos y profesionales que te apoyen: eso lo es todo».

Si nos rodeamos de personas que nos apoyan, nos motivan y suponen un reto para nosotros, podremos alcanzar mayores alturas de lo que podríamos hacerlo solos.

PRÁCTICAS DE RENDIMIENTO

- Reconoce el enorme poder de la gente con la que te rodeas.
- La energía positiva, la motivación y el impulso son, todos ellos, contagiosos. Haz lo que puedas para cultivar tu propia comunidad de apoyo, para rodearte de una cultura de rendimiento.
- Recuerda que al ser positivo y mostrar motivación, no solo te estás ayudando a ti mismo, sino también a todo el que esté en tu vida.
- Desafortunadamente, la negatividad y el pesimismo también son contagiosos. No te apuntes demasiado a ellos. Una cadena solo es tan fuerte como el más débil de sus eslabones.

* La apatía y la negatividad son especialmente peligrosas frente a los retos. Un compañero apático o negativo aumenta y amplifica las dudas preexistentes que uno pudiera tener.

CUMPLIR

Los mejores triunfadores planifican sus días de manera estratégica. Son minimalistas para ser maximalistas; se aseguran de que su trabajo esté en armonía con su cronotipo y se rodean de personas que piensen como ellos y que los apoyen. Pero planificar el día perfecto no significa nada si no lo cumples. En palabras del escritor James Clear: «La principal habilidad en cualquier cometido es hacer el trabajo. No hacer el trabajo que te resulta fácil. No hacer el trabajo que hace que parezcas bueno. No hacer el trabajo cuando te sientes inspirado. Simplemente hacer el trabajo». Los más grandes triunfadores no son constantemente grandes, pero son grandes en su constancia. Cumplen cada día y hacen su trabajo. Un amplio sector de la ciencia social sugiere que las actitudes, con frecuencia, siguen a las conductas. Los grandes triunfadores comprenden esto y se aseguran de, al menos, empezar con buen pie todos los días.

Los más grandes triunfadores no son constantemente grandes, pero son grandes en su constancia.

Al escribir una novela, el autor galardonado Haruki Murakami planifica su jornada con precisión y se adhiere a una estricta rutina. Pero él sería el primero en decirte que la propia rutina está presente solamente para sostener lo realmente importante: cumplir. También sería el primero en decirte que cumplir cada día no es fácil:

> Cuando estoy en modo escritura de novela, me levanto a las cuatro de la mañana y trabajo durante cinco o seis horas. Por la tarde, corro cuatro kilómetros o nado mil quinientos metros (o hago ambas cosas), luego leo un poco y escucho música. Me voy a dormir a las

nueve de la noche. Mantengo esta rutina todos los días sin variar. La propia repetición se convierte en algo importante; es una forma de hipnotismo. Me hipnotizo para alcanzar un estado de conciencia profundo. Pero mantener tal repetición durante mucho tiempo –seis meses al año– exige una buena dosis de fuerza mental y física. En ese sentido, escribir una novela es como un entrenamiento de supervivencia. La fuerza física es tan necesaria como la sensibilidad artística.

Si piensas en ello, todo lo que hemos analizado en este capítulo opera al servicio del cumplimiento de nuestra planificación y de estar lo más en forma posible cuando lo hacemos. Quizás el verdadero secreto de los realizadores de talla mundial no esté en las rutinas que desarrollan, sino en el hecho de aferrarse a ellas. En que las cumplen, incluso si no les apetece. Llámalo impulso, llámalo pasión o llámalo valor; lo llames como lo llames, ha de salir desde la profundidad interior. Pero, en un giro interesante, esta fuerza que viene de dentro muchas veces está enraizada en algo «exterior». Cuando las cosas se ponen difíciles, los grandes triufadores no confían solo en sí mismos. Confían en algo más grande que ellos mismos. En realidad, trascienden completamente la noción misma de «yo». A eso vamos a continuación.

Quizás el verdadero secreto de los realizadores de talla mundial no esté en las rutinas que desarrollan, sino en el hecho de aferrarse a ellas. En que las cumplen, incluso si no les apetece.

Sección 3

EL PROPÓSITO

8

TRASCIENDE TU «YO»

Tan pronto como Tom Boyle percibió el pánico en la voz de su mujer, supo que algo iba tremendamente mal. «¡Oh, Dios mío! ¡Tom! ¡Tom! ¿Has visto eso?», gritó.

Lo que Tom y su mujer presenciaron en aquel momento fue cómo Kyle Holtrust, un chico de dieciocho años que iba en bicicleta por una carretera suburbana de Tucson (Arizona), chocó frontalmente contra un Chevy Camaro. Cuando Boyle corrió hacia el escenario del accidente, vio que las ruedas delanteras del coche se elevaban ligeramente del suelo. Antes de poder procesar completamente lo que estaba ocurriendo, oyó unos gritos: «¡Sácame, sácame! ¡Me duele! ¡Sácame!». Holtrust estaba vivo, aunque atrapado bajo el peso aplastante del coche.

Sin pensárselo, Boyle empezó a levantar la parte delantera del Camaro. Holtrust seguía gritando: «¡Más arriba! ¡Más arriba!», y continuó elevándolo. Después de lo que pareció una eternidad, Boyle oyó jadear a Holtrust: «Vale, ya no lo tengo encima, pero no me puedo mover. No puedo mover las piernas. Sácame. ¡Por favor! Por favor, sácame».

En eso, desafortunadamente, no podía ayudarlo. Tenía en las manos más de mil setecientos kilos de hierro candente, que estaba sujetando en el aire. Mientras continuaba levantando el Camaro, le gritó al conductor que había atropellado a Holtrust, que los contemplaba completamente aturdido a un lado de la carretera, que fuera a ayudarlos. «Le grité como cuatro o cinco veces, y entonces, por fin, llegó y sacó a Holtrust –relató Boyle al *Arizona Daily Star*–. El conductor debía de estar en *shock* y no parecía poder salir de él».

Cuando por fin sacaron al muchacho de debajo del coche, estaba en malas condiciones, pero consciente y vivo. En pocos minutos llegó una ambulancia que lo llevó a toda prisa a un hospital cercano. Una vez allí, le trataron las lesiones graves de la cabeza y las piernas. Holtrust requeriría meses de rehabilitación, pero sobreviviría. Dadas las circunstancias, era prácticamente un milagro.

Aunque Boyle había más que triplicado el récord mundial de levantamiento de peso –el récord está en quinientos kilos; un Camaro pesa cerca de mil setecientos–, no iba a empezar a entrenar para las olimpiadas. Simplemente, regresó a su trabajo como supervisor en una tienda de pintura al día siguiente. Más allá de su transformación en el Increíble Hulk durante esos minutos heroicos, era un tipo normal.

Esta historia es increíble, pero no es la única. Estas inconcebibles exhibiciones de fuerza son tan comunes que la comunidad científica considera estos actos de fuerza «sobrehumana» e «histérica» algo muy real. Las exhibiciones de fuerza sobrehumana ocurren casi siempre en situaciones de vida o muerte. Según J. Javier Provencio, doctor en medicina y director de la unidad de cuidados intensivos de la Clínica de Cleveland, en circunstancias normales el cuerpo se detiene bastante antes de llegar al límite. El miedo, la fatiga y el dolor actúan como mecanismos de protección. Estas sensaciones nos indican que, si continuamos con ese desafío colosal, hay una alta probabilidad de que fracasemos o nos lesionemos; así que paramos. Pero en situaciones excepcionales, como cuando la vida de alguien está en juego, somos capaces de saltarnos estas defensas. Ya no sentimos miedo, fatiga o dolor. Como consecuencia, podemos acercarnos más a nuestro límite real (como levantar un Camaro). Si alguien le hubiera pedido a Boyle que levantara un Camaro una tarde de domingo cualquiera, probablemente se habría reído y ni lo habría intentado. Incluso si le ofrecieran miles de dólares por hacerlo, no habría sido capaz. Su mente habría detenido a su cuerpo. Boyle fue capaz de levantar el coche únicamente porque este estaba aplastando a Holtrust.

Pero ¿y si hubiera una forma de aprovechar esta fuente de fuerza insólita en nuestras propias vidas y hacer uso de ella regularmente? Un profesor de Salud Pública de la Universidad de Míchigan llamado Victor Strecher está convencido de que podemos. Lo sabe no solo por sus investigaciones, sino también por sus propias vivencias. Es alguien que tiene experiencia de primera mano en cuanto a salir de debajo de los pesos más pesados.

SUPERANDO LOS LÍMITES DE TU «YO»

Strecher es una leyenda viviente en todo Ann Arbor (Míchigan). Es un profesor muy prestigioso, experto en cambio del comportamiento de la salud y un empresario de éxito que vendió su empresa de tecnología de la salud desarrollada localmente a un consorcio multimillonario en el 2008. Pero, quizás más que por cualquier otra cosa, Strecher es conocido por su energía y entusiasmo en el aula. Verlo enseñar es como ver un espectáculo artístico, solo que él no está actuando. Está totalmente comprometido con sus alumnos y su pasión es evidente. La energía que lleva al aula es palpable.

En el 2010, cuando Brad se estaba preparando para empezar sus estudios en la Universidad de Míchigan, todo el mundo le dijo que fuera a la clase de Strecher. No importaba que no estuviera estudiando el cambio en el comportamiento de la salud y comunicación, asignatura que Strecher enseñaba. «Tan solo entra en el aula de Strecher. –Brad evoca a su consejero de facultad, un economista, diciéndoselo–. Tu cerebro se beneficiará». Desafortunadamente, cuando fue a apuntarse a su clase, se dio cuenta de que no iba a enseñar ese semestre.

Strecher y su familia estaban de vacaciones en la República Dominicana en la primavera del 2010. El tiempo era perfecto. Estaba rodeado por su mujer, sus hijas y los novios de estas. Si alguien sabe de la importancia de saborear los buenos momentos con los seres queridos, ese es Strecher. Este hombre aprendió a no dar nada por sentado.

Cuando la más pequeña de sus hijas, Julia, tenía solo catorce meses, contrajo una horrible varicela. El virus se extendió a velocidad de vértigo y le atacó el corazón, que rápidamente comenzó a fallar. La salud de Julia se deterioró con rapidez; su vida pendía de un hilo. Necesitaba un milagro, y lo obtuvo. El día de San Valentín de 1991, en el centro médico de la Universidad de Carolina del Norte, se sometió a uno de los primeros trasplantes de corazón pediátricos. Funcionó, y Julia sobrevivió.

Ocho años más tarde, la niña, de entonces nueve años, volvió a enfermar. A pesar de que Strecher y su mujer, Jeri,intentaban no ponerse excesivamente nerviosos con cada pequeño susto (aunque ¿quién podría culparlos por ello?), sintieron que algo terrible le ocurría a su hija. Su intuición era cierta. La llevaron al médico y afrontaron la peor de las noticias: el segundo corazón estaba fallando. Necesitaba otro milagro, otro corazón. Para los Strecher, significaba volver de nuevo a la UCI pediátrica y a las noches sin dormir que ello conllevaba.

Julia recibió otro corazón, pero esta vez el trasplante estuvo seguido de graves complicaciones. Strecher pensó que su hija iba a morir. Recuerda a su mujer, Jeri, incluso en ese horrible momento, ofreciéndose como donante. «Jeri quería asegurarse de que hubiera un plan para extraer y donar los órganos de Julia –nos contó–. Realmente pensábamos que era el fin». Pero, quién lo iba a decir, Julia volvió. Strecher dice que nadie pudo realmente explicarlo entonces, y que él todavía no puede explicarlo ahora. Fue otro milagro.

Julia se convirtió en una joven inteligente y hermosa. Estaba terminando su primer año de enfermería cuando ella y su novio se reunieron con su familia para ir a la República Dominicana durante las vacaciones de primavera. Todo era maravilloso... hasta que dejó de serlo. El 2 de marzo del 2010, el corazón le dejó de latir de repente. En esa ocasión, ni ese corazón ni ningún otro colocado en su pecho volvería a latir. A la edad de diecinueve años, con lo que debería haber sido toda una vida por delante, Julia había muerto.

Un corazón roto llevó a otro. Strecher se replegó a un lugar muy oscuro, sufriendo de una forma que solo aquel que ha perdido a un hijo puede comprender. Tras el segundo trasplante, consciente de que la vida de Julia era una auténtica bendición, tomó la determinación de ayudar a su hija a llevar una vida buena y plena. Viajaron por el mundo juntos, montaron en elefante en

Tailandia e hicieron parapente en las Montañas Rocosas, saltando desde una roca de nueve metros de altura a una piscina. Pero ese propósito murió con Julia. «No me importaba en absoluto vivir –rememora Strecher–. Había perdido el rumbo».

Tres meses después de que Julia falleciera, se retiró a una remota cabaña en el norte de Míchigan. Una madrugada, después de soñar con ella, remó con un kayak hasta la mitad del lago. Eran tan solo las cinco de la mañana. El sol estaba saliendo, y aparte de las pequeñas olas que mecían la barca, Strecher estaba rodeado únicamente de aguas tranquilas. «Empecé a sollozar y sentí cómo Julia vino a mí –recuerda–. Me dijo: "Tienes que seguir adelante, papá"».

Strecher se daría cuenta más tarde de que eso sucedió el Día del Padre.

En ese momento, Strecher reconoció lo vacío que estaba. Nos dijo que Julia le estaba hablando, haciéndole entender que no podía seguir viviendo así, sin un «porqué». Necesitaba renovar su propósito. En ese momento experimentó una epifanía; pensó que si reavivaba su propio propósito ayudaría a otros a encontrar los suyos. Sintió profundamente que Julia le decía que tomara ese camino.

Aferrándose al mensaje de su hija, Strecher no perdió el tiempo. Dedicó una gran parte de sus investigaciones a comprender el poder del propósito. También volvió a la enseñanza. Como podréis imaginar, no fue fácil. «Veía la cara de Julia en cada estudiante», dijo. Con el tiempo, se comprometió a desarrollar nuevos propósitos en su vida. Uno de ellos sería «enseñar a cada uno de mis estudiantes como si fueran mi propia hija».

Y sucedió algo singular: Strecher empezó a sentirse mejor. Todavía seguía sufriendo, pero salió de la oscuridad en la que se encontraba. Su progreso no fue inmediato en absoluto, pero empezó a levantarse con más ganas cada día. Comenzó a disfrutar de la vida de nuevo. Y, en una fascinante confluencia de eventos, su investigación estaba ayudando a explicar la transformación que estaba experimentando.

Strecher descubrió que, a lo largo de la historia, cuando la gente se dedica a un propósito autotrascendente, o mayor que ellos mismos, se vuelven capaces de más de lo que nunca pensaron que fuera posible. Cree que esto sucede porque cuando nos concentramos profundamente en algo que va más allá de nosotros mismos, nuestro ego se minimiza. Una gran parte del papel de nuestro ego es, literalmente, protegernos. Es el que nos dice que nos detengamos y huyamos cuando nos enfrentamos a amenazas. Cuando trascendemos nuestro «yo» y minimizamos nuestro ego, podemos vencer los miedos, las ansiedades y los mecanismos psicológicos de protección que tan frecuentemente nos impiden lograr un mayor progreso. Todo un mundo nuevo de posibilidades se despliega.

Cuando trascendemos nuestro «yo» y minimizamos nuestro ego, todo un mundo nuevo de posibilidades se despliega ante nosotros.

Al concentrarse en ayudar a los demás y enseñar a sus alumnos como si fueran su propia hija, Strecher fue capaz de superar la pérdida de Julia. Al concentrarse en salvar la vida de Kyle Holtrust, Boyle fue capaz de levantar un coche de mil setecientos kilos. Aunque estas historias parezcan diferentes a primera vista, ambas son ejemplo de cómo los individuos que tienen un propósito autotrascendente pueden superar el dolor, el miedo y el cansancio para conseguir lo que parece imposible.

Para comprender mejor cómo funciona este fenómeno, resulta ilustrativo remitirnos a un lugar insólito: la ciencia del ejercicio físico.

¿EL CANSANCIO ES IMAGINARIO?

A principios de los noventa, en un laboratorio de fisiología ubicado en la Universidad de Ciudad del Cabo, en Sudáfrica, un doctor en medicina y científico del ejercicio, llamado Tim Noakes, desveló una forma radicalmente nueva de ver el cansancio. Hasta entonces, las ideas imperantes sostenían que el cansancio tenía lugar en el cuerpo. A una cierta intensidad o duración del esfuerzo físico, lo que demandamos a los músculos empieza a ser demasiado y, finalmente, estos fallan. Pregunta a cualquier deportista, desde un corredor de maratón hasta un levantador de pesas, y sabrán de qué hablas. No es una sensación particularmente agradable. Lo que al principio son pinchazos, empeora y empeora hasta que ya no se puede soportar. El ritmo del corredor se ralentiza hasta que va arrastrando los pies; el levantador de pesas no puede levantarlas ni una vez más. A pesar de sus intentos, simplemente se quedan sin energía y sus músculos dejan de contraerse.

Noakes, sin embargo, no estaba convencido de que el cansancio se produjera en el cuerpo ni de que los músculos se quedaran realmente sin combustible. Se preguntaba por qué tantos atletas, aparentemente abrumados por la fatiga, de repente, eran capaces de acelerar durante el último tramo de la carrera cuando la meta estaba a la vista. Si los músculos estuvieran verdaderamente extenuados, conjeturó, estos acelerones llegando a la línea de meta serían imposibles. Para probar este hecho, conectó sensores eléctricos a unos atletas y les ordenó levantar peso con las piernas hasta que ya no pudieran más. (En la ciencia del ejercicio físico esto se llama «inducir el fallo muscular»). Cuando los pesos golpearon el suelo y todos los sujetos avisaron de que ya no podían contraer los músculos, Noakes generó una corriente eléctrica con el sensor. Para sorpresa de todos, especialmente para aquellos cuyas piernas estaban agotadas, los músculos se contrajeron. Aunque no podían hacerlo por ellos mismos, Noakes probó que sus músculos realmente daban más de sí. Los participantes se sentían exhaustos, pero, empíricamente, sus músculos no lo estaban.

Noakes repitió versiones similares del experimento y observó el mismo resultado. Aunque los sujetos afirmaban estar totalmente exhaustos y ser incapaces de contraer los músculos tras ejercitarlos hasta lo que les parecía el límite, cuando se aplicaba el estímulo eléctrico, los músculos producían una fuerza adicional, sin excepción. Esto lo llevó a concluir que, en contra de la creencia popular, el cansancio físico no sucede en el cuerpo, sino en el cerebro. Los músculos no se agotan; es nuestro cerebro el que los frena cuando aún pueden dar más de sí. Noakes especula que se trata de un modo de protegernos programado de manera innata. Fisiológicamente, podríamos llevar nuestros cuerpos al límite (es decir, a la lesión y el fallo de los órganos), pero el cerebro interviene y crea la ilusión de un límite antes de que verdaderamente nos dañemos. El cerebro, remarca Noakes, es nuestro «gobernador central» del cansancio. Es nuestro «ego» el que nos abate cuando se enfrenta al miedo y la amenaza. En otras palabras, nos vemos forzados a retirarnos cuando la cosa se pone difícil. Pero, como Boyle y Strecher han demostrado, es posible sobreponerse al gobernador central.

PROPÓSITO Y SUPERACIÓN. EL REGENTE CENTRAL

El Sendero de los Apalaches transcurre a lo largo de más de tres mil quinientos kilómetros desde la montaña Springer, en Georgia, hasta el monte Katahdin, en Maine. La mayoría de la gente tarda entre cinco y siete meses en hacer el recorrido completo. Pero en el 2011, una joven llamada Jennifer Pharr Davis intentó batir el récord de velocidad realizando el trayecto en menos de cincuenta días.

Desafortunadamente, en el duodécimo día de su «intento», con más de dos mil seiscientos kilómetros por recorrer, Pharr Davis estaba destrozada, extenuada y dispuesta a rendirse. Tal vez la peor combinación para una senderista –calambres en las piernas y diarrea– había estado causando estragos en su cuerpo durante los últimos cuatro días. Los pensamientos negativos y el miedo le estaban envenenando la mente. «Era la tormenta perfecta –nos dijo Pharr Davis–. Ya iba mal de tiempo y pensé: "No hay manera de que consiga el récord". Me rendí». Se aproximaba a un punto de los caminos en New Hampshire donde había quedado con su marido, Brew, quien la estaba apoyando en el viaje. Se sentía triste por rendirse, pero aliviada por haber terminado.

Todo empezó siete años antes, cuando Pharr Davis tenía veintiuno. Tras acabar la universidad, se dio cuenta de que su educación, tradicional, había transcurrido entre cuatro paredes. No sabía nada acerca del medioambiente y sentía que le faltaba algo central en su experiencia humana. Aunque no estaba completamente segura de por qué, anhelaba conectar con la naturaleza.

Así que, tras graduarse en el 2005, puso rumbo a los Apalaches por primera vez. La experiencia le enseñó mucho más allá de lo básico del excursionismo con mochila: «Conocí a gente maravillosa y me sentí asombrada de una manera indescriptible –relató–. Aprendí a poner a la gente y las experiencias por encima de lo material». Pero, quizás más que nada, conectó con la naturaleza de manera íntima: «Descubrí que la naturaleza no estaba separada de mí, sino que podía ser parte de ella, fluir con ella». Pharr Davis dijo que se sentía unida al máximo con Dios a lo largo del camino. «Me di cuenta de que quizás mi talento es una habilidad para moverme velozmente en el entorno salvaje. Como cristiana, me sentí obligada a utilizar ese don».

Y vaya que lo usó. Pharr Davis se convirtió en una apasionada senderista y pasó una proporción creciente de su tiempo en la naturaleza. Tan solo unos pocos años después, en el 2008, con más entrenamiento a sus espaldas y con el apoyo (durante el camino y fuera de él) de su marido, recorrió los Apalaches en cincuenta y siete días. Marcó el mejor tiempo nunca antes registrado para una mujer. Para entonces, hacer senderismo se había convertido en una parte fundamental de su vida. Comenzó a pensar: «A lo mejor puedo batir el récord del mundo».

El récord mundial estaba en cuarenta y siete días y medio y se había mantenido por una larga lista de atletas masculinos competitivos, especializados en pruebas de alta resistencia. Aunque el hecho de que Pharr Davis batiera el récord mundial sería comparable a que una mujer venciera a todos los profesionales masculinos del Maratón de Boston (es decir, algo impensable), tenía una confianza en sí misma inquebrantable y el apoyo de su marido. Se consagraron a ello y dedicaron los tres años siguientes de su vida a entrenar y prepararse.

Avancemos hasta al 28 de junio del 2011, cuando el viaje y las oportunidades de Pharr Davis de batir el récord mundial se paralizaron de forma abrumadora según se aproximaba a su marido por aquellos caminos de New Hampshire. «Finalmente, llegué hasta Brew y le dije que me rendía –dijo–, pero a él no le parecía bien». Brew, que estaba apoyándola, le recordó que había renunciado a mucho por ella y que era un trabajo en equipo. Solo entonces, mirando a su marido a los ojos, fue cuando se dio cuenta de algo crucial: «Hasta entonces, todo había sido entre yo y el récord. Era una esclava del récord; era todo en lo que pensaba». En ese momento, sin embargo, Pharr Davis tuvo una revelación que lo cambió todo:

> Dejé totalmente a un lado el récord. Empecé a caminar alentada por una fuerza mayor. Quería honrar a Dios, retornar a las razones que me llevaron a iniciarme en el senderismo: el amor por la naturaleza y por mi marido y hacer uso de mi don. Recordé que cuando más cerca me siento de Dios es cuando recorro los caminos siendo una con la naturaleza, cuando amo a mi marido y cuando disfruto de mi don. De pronto, ya no se trataba de un récord, ya no se trataba de mí. Todo se convirtió en un acto de devoción a algo superior.

Independientemente de que a lo largo del camino su malestar físico creciese o menguase, su angustia se evaporó tras el cambio de paradigma. Una vez que dejó de concentrarse en ella misma y empezó a hacerlo en pensamientos que iban más allá, comenzó a salir velozmente del profundo agujero en el que estaba. Se sintió renovada, refrescada y energizada. Nos contó que el cansancio disminuyó y le resultó más cómodo afrontar sus miedos. Con su mente absorta en el amor por su marido, la naturaleza y Dios, siguió caminando.

Treinta y cuatro días después, tras superar los setenta y seis kilómetros al día de promedio en los terrenos más sinuosos, Pharr Davis había conseguido lo imposible. Batió el récord del mundo por veintiséis horas, logro que le valió el título de Aventurera del Año de *National Geographic*.*

Cuando compartimos la historia de Pharr Davis con Strecher, el profesor de la Universidad de Míchigan que estudia el propósito, respondió con un correo inusualmente corto: «Guau». Después nos contó que la experiencia de Pharr Davis en el Sendero de los Apalaches es un profundo ejemplo de minimización del ego. Nos explicó que estaba sirviéndose del poder del propósito para superar sus miedos y dudas y nos remitió a los nuevos descubrimientos neurológicos, que arrojan luz sobre lo que pudo haber estado ocurriendo en el interior de su cabeza.

En un estudio reciente publicado en las Actas de la Academia Nacional de Ciencias, los investigadores, incluido Strecher, usaron IRMf para examinar lo que sucedía dentro del cerebro cuando las personas están expuestas a mensajes amenazantes. Los individuos a los que se les pedía que reflexionaran profundamente sobre sus valores fundamentales antes de recibir el mensaje amenazador mostraron una actividad neuronal más elevada en la parte del cerebro asociada con la «valoración positiva». En otras palabras, su neurología básica se volvió más receptiva ante situaciones que de otro modo serían amenazantes. Estaban desactivando al regente central. En lugar de frenarlos al enfrentarse a una amenaza, el cerebro los llevaba hacia el desafío. Lo que es más, esos efectos no estaban confinados únicamente al laboratorio. Los individuos que meditaron sobre sus valores fundamentales realmente consiguieron trascender las amenazas y temores

* En la primavera de 2016, un atleta de alta resistencia llamado Karl estableció el nuevo récord en cuarenta y cinco días y veintidós horas. Curiosamente, cuando Brad entrevistó a Meltzer para la revista *Runner's World*, dijo que cuando atravesaba momentos oscuros, mostraba gratitud a aquellos que lo apoyaban e inmediatamente se sentía mejor. Cuanto menos pensaba en sí mismo, mejor lo hacía.

en sus vidas en una frecuencia mucho mayor que un grupo de control.

Lo que logró físicamente Pharr Davis en los Apalaches es extraordinario, e indudablemente requiere de un don que provenga, al menos parcialmente, de los genes. Pero lo que hizo mentalmente no es menos destacable, y es accesible a todos nosotros. Al centrarnos en algo que va más allá de nosotros mismos y meditar sobre nuestros valores fundamentales, podemos afrontar los desafíos con más valentía y mejorar nuestro rendimiento.

Al centrarnos en algo que va más allá de nosotros mismos y meditar sobre nuestros valores fundamentales, podemos afrontar los desafíos con más valentía y mejorar nuestro rendimiento.

El rendimiento físico no es lo único que mejora con un propósito autotrascendente. En un metaanálisis de más de doscientos mil trabajadores (no deportistas) de numerosas industrias, los investigadores descubrieron que creer que el trabajo de uno tiene un impacto positivo en otros está relacionado con un mejor rendimiento. Otro estudio sugiere que el propósito reduce el cansancio e incluso ayuda a cumplir retos como hacer dieta o dejar de fumar. Tiene sentido. En situaciones que resultan aterradoras o abrumadoras, nuestro cerebro –nuestro regente central, nuestro ego, nuestro «yo»– inmediatamente trata de protegernos del fracaso. Nos frena y nos dice que vayamos en otra dirección. Incluso si el fracaso no implica daños físicos, a nuestro ego tampoco le gustan los emocionales; no quiere arriesgarse a sentirse avergonzado, así que nos marca el camino seguro. Es únicamente cuando trascendemos nuestro «yo» cuando podemos superar los límites autoimpuestos.

Paradójicamente, cuanto menos pensamos en nosotros mismos, mejores nos volvemos.

PRÁCTICAS DE RENDIMIENTO

- Nuestro «ego», «yo» o «regente central» sirve de mecanismo de protección que nos impide llegar a nuestros auténticos límites.
- Cuando se enfrenta a grandes desafíos, nuestro ego está biológicamente programado para detenernos, diciendo que vayamos en dirección contraria.
- Centrándonos en un propósito autotrascendente o en una razón por la que hacer algo que va más allá de nuestro «yo», podemos superar nuestro ego y los límites autoimpuestos.
- En la medida de lo posible, conecta tus actividades con un propósito mayor (tendrás más información sobre cómo realizarlo en el capítulo nueve). De este modo, cuando haces frente a retos imponentes y tu mente te dice que abandones, puedes preguntarte a ti mismo por qué los asumes. Si la respuesta es «por alguien o algo mayor que yo mismo», será más probable que sigas adelante.
- Pensar menos en uno mismo es una de las mejores maneras de mejorar.

PROPÓSITO Y MOTIVACIÓN

Un propósito autotrascendente no solo nos permite supe rar nuestros mayores miedos y trascender nuestros límites, sino que también mejora nuestro rendimiento en actividades menos heroicas, cotidianas. En un estudio, investigadores de la Escuela Wharton de la Universidad de Pensilvania encontraron que los empleados de los hospitales que limpiaban los orinales o fregaban el suelo lo hacían mejor y presentaban niveles más altos de satisfacción cuando su trabajo se consideraba vital para la curación de los pacientes. Se les recordaba constantemente que manteniendo el hospital limpio estaban minimizando el riesgo de propagación de microorganismos y, por tanto, daños en los pacientes, que de por sí eran vulnerables. Ya no veían su trabajo como simplemente quitar vómito del suelo; lo veían como salvar vidas. Algunos hospitales incluso han retirado el título de «limpiador» o «cuidador» en favor de otros como «miembro del equipo de salud y seguridad» o «trabajador de salud ambiental».

Otro estudio revela que los estudiantes universitarios que trabajaban pidiendo donaciones por teléfono a otros alumnos mejoraron su rendimiento después de que un recién graduado les hablara de lo agradecido que estaba por su trabajo. Aunque no era cualquier alumno; había asistido a la universidad gracias a las becas obtenidas a través de los esfuerzos de los estudiantes. En el mes siguiente, los representantes estudiantiles consiguieron un 171 % más de dinero.

Estos son solo dos de los muchos ejemplos que muestran cómo conectar el trabajo con un propósito mayor mejora el rendimiento diario, incluso en tareas rutinarias. Simplemente pregúntate: ¿eres más capaz de darlo todo si sabes que así beneficias a alguien más o a un propósito mayor? Para casi todas las personas de alto rendimiento a las que preguntamos, la respuesta fue un entusiasta sí.

Simplemente pregúntate: ¿eres más capaz de darlo todo si sabes que así beneficias a alguien más o a un propósito mayor? Para casi todas las personas de alto rendimiento a las que preguntamos, la respuesta fue un entusiasta sí.

Para saber más sobre por qué esto es así, sobre cómo el propósito nos ayuda a superar nuestros miedos, decidimos, una vez más, trascender barreras disciplinarias y recurrir a la ciencia del ejercicio físico.

Al igual que Noakes, Samuele Marcora que dirigió un estudio en la Facultad de Ciencias del Deporte y el Ejercicio Físico de la Universidad de Kent, cree que el cansancio tiene un componente tanto físico como mental. Pero difiere de él en que el cansancio es más complicado que el simple hecho de que un regente central protector nos frene cuando nos aproximamos a nuestros límites.

En lugar de eso, Marcora opina que nuestras percepciones del esfuerzo asociado a una actividad (es decir, lo difícil que nos parece algo) influyen continuamente en la motivación para realizar dicha actividad. Cuando la sensación de esfuerzo es mayor que la motivación, vamos más lentos o aflojamos hasta que ambos están en equilibrio. Por consiguiente, cuanto más motivados estamos, mayor sensación de esfuerzo estamos dispuestos a tolerar. Según él, un atleta puede mejorar su rendimiento reduciendo esta sensación (es decir, entrenando su cuerpo para que, así, correr una milla en cinco minutos *parezca* fácil) o aumentando su motivación.

En lo que se refiere a incrementar la motivación, un conjunto amplio de investigaciones sugiere que hacer algo por los demás es mucho más efectivo que los incentivos tradicionales, como el dinero o la reputación. Quizás por esto, después de batir récords de forma increíble –algo en lo que, inevitablemente, hay dolor y sufrimiento–, los atletas nunca dicen estar pensando en lo maravilloso que sería ser campeón o cuánto dinero ganarían. Más bien, después de cruzar la línea de meta, casi siempre cuentan que, cuando el dolor los embarga, empiezan a pensar en su familia, en su dios o en su amigo con cáncer. Eran capaces de soportarlo, de decir «más» cuando el cuerpo gritaba «menos», porque estaban sumamente motivados por un propósito autotrascendente.

Uno de nuestros ejemplos favoritos es Ashton Eaton, el decatleta dos veces campeón olímpico de quien algunos aseguran que es el mejor de todos los tiempos. Con el fin de batir el récord mundial en el 2015, Eaton tuvo que correr más de 4:18 en la prueba final, los 1.500 metros. Esto representó un desafío significativo en sí mismo; pero él ya había completado las otras nueve pruebas, y casi se había hecho con el oro. En otras palabras, estaba extenuado y no iba a ganar mucho por darlo todo; especialmente porque el récord que intentaba batir era el suyo propio, establecido unos años antes.

No obstante, decidió ir a por todas. ¿Por qué?, te preguntarás. Eaton dijo a los medios que cuando lo embargó el dolor, «solo estaba pensando: "No es para mí, así que debo hacerlo"». Cuando le siguieron preguntando, respondió: «En realidad, solo estaba pensando en mí mismo sentado en el sofá cuando era pequeño, viendo a gente como Michael Johnson o Carl Lewis saltar y correr, por lo cual estoy hoy aquí. Pensé que quizás hubiera algún niño sentado en el sofá en algún lugar y que, si batía este récord, le inspiraría a hacer algo». Eaton corrió los 1.500 metros en 4:17.

Otro ejemplo es Meb Keflezighi, quien, en el 2014, se convirtió en el primer estadounidense en ganar el Maratón de Boston desde hacía más de treinta años. Su histórica victoria fue muy especial porque ocurrió justo un año después del horrible ataque terrorista en la carrera del 2013. Él atribuye su increíble hazaña a la inspiración que sintió mientras corría por aquellos que murieron en el ataque (conocido como el *Boston Bombing*). Incluso se escribió los nombres en el dorsal. Representando a las víctimas del ataque, pero también como corredor estadounidense a la cabeza, corrió con un gran propósito y motivación. «Hacia el final recordé a las víctimas que fallecieron –dijo–. Me ayudaron a seguir adelante».

Aunque las investigaciones de Marcora y los ejemplos de Eaton y Keflezighi pertenecen al mundo del atletismo, es fácil imaginar esta teoría cobrando vida también en otros ámbitos. Al vincular su trabajo a un propósito mayor, por ejemplo, el personal de hospital y los representantes estudiantiles incrementaron enormemente su motivación. Como consecuencia, eran capaces de resistir un mayor esfuerzo en el trabajo, incluso si eso significaba limpiar más o llamar a más alumnos con una atención y un compromiso mayores. Finalmente, lo hicieron mejor.

El propósito fomenta la motivación; esta nos permite resistir una sensación de esfuerzo mayor, lo cual, frecuentemente, desemboca en un mejor resultado.

El propósito fomenta la motivación; esta nos permite resistir una sensación de esfuerzo mayor, lo cual, frecuentemente, desemboca en un mejor resultado. Esta ecuación es válida para cualquier campo, desde la pista hasta el lugar de trabajo. Y, como estamos a punto de ver, sucede incluso en el estudio del artista.

Emil Alzamora lleva el arte en sus venas. Tanto su madre como su abuela fueron artistas de éxito. Creció en Lima (Perú), a pocos minutos del estudio de cerámica donde su familia trabajaba. Dibujaba antes de caminar. «El arte estaba por todas partes –recuerda–. Estaba totalmente inmerso en él». Aunque nunca se sintió presionado por su familia para dedicarse al arte, siempre se sintió naturalmente atraído a ello. Finalmente se mudó a los Estados Unidos, donde asistió a la Facultad de Bellas Artes de la Universidad de Florida y se graduó *magna cum laude*. El único problema era que estaba bien formado en teoría e historia del arte, pero no había aprendido mucho sobre escultura, la disciplina que más le interesaba.

Para tener la experiencia real que necesitaba, se mudó a Nueva York y empezó a trabajar en Polich Tallix, una fábrica de fundición reconocida internacionalmente. Allí trabajó junto a algunos de los mejores escultores del mundo. «Requirió un gran esfuerzo –explica–, pero, por primera vez, estaba descubriendo lo que significaba ser escultor». Alzamora aprendió rápido y emergió velozmente en el mundo del arte. No pasó mucho tiempo hasta que sus obras se expusieron por todo el mundo, incluido el edificio de las Naciones Unidas, la sede mundial de Pepsi y el Museo de la Reina. También ha recibido reseñas positivas por sus numerosas publicaciones, incluso en la prestigiosa sección de arte del *New York Times*. Pero, mientras la aclamación y los elogios son grandes, para él el trabajo que hay detrás es incluso mayor. «Me siento como un atleta de alta resistencia –nos contó–. Mi acercamiento a la escultura conlleva una gran tribulación física. Una batalla constante contra el cansancio».

Ahora bien, las exigencias físicas le resultan insignificantes en comparación con su deber hacia la familia. Intentar vivir del arte es arriesgado; no ofrece seguridad laboral ni garantías. El artista está sujeto a la voluntad del dueño de la galería, del crítico y del coleccionista, por lo que los altibajos son comunes. Aunque conlleva años de trabajo duro, riesgo y demora en los ingresos tener una oportunidad para llegar a la cima del mundo del arte, una vez allí, mantenerse puede resultar una dura batalla. Como mencionamos en la introducción de este libro, la ansiedad e incluso la depresión predominan en los artistas; Alzamora nos admitió su propia ansiedad. Pero nos dijo que cuando se levanta por la mañana, su «misión es promover el crecimiento y la positividad a través de la victoria de mi arte sobre la ansiedad».

«Es verdaderamente arduo lidiar con todas las partes del mundo del arte –confesó–. Puede ser un ambiente hostil, donde abundan la política y las puñaladas por la espalda». Continuó diciéndonos que a menudo se sentía desalentado y agotado de todos los aspectos mercantiles de la industria: la «venta» no solo de su obra, sino también de sí mismo. «Si por mí fuera, me levantaría, desayunaría y me dedicaría el día entero al arte, todos los días. Desafortunadamente, ya no puedo hacer eso».

Alzamora es realista; entiende que tiene que ganarse la vida para mantener a su familia. Pero eso no hace más fácil resistir todo lo que envuelve al arte, lo cual le consume más tiempo y energía según se vuelve más famoso. Nos contó que cuando está disgustado –al borde de querer dejarlo todo– no piensa en las potenciales recompensas económicas o en la aclamación que tendrá su próxima gran obra: «Cuando estoy realmente mal y ahogándome, me recuerdo por qué hago esto –dijo–. Creo arte para hacer a la gente sonreír, llorar, conectarse los unos con los otros y con la Tierra. Ser una parte de algo más grande. Eso me hace resistir y que valga la pena».

PROPÓSITO Y CORAJE

La doctora en Psicología de la Universidad de Pensilvania Angela Duckworth señala que Alzamora es un artista particularmente «atrevido». Duckworth ganó una beca MacArthur para genios por su trabajo sobre el «coraje» o la tendencia a mantener el interés y el esfuerzo enfocados a objetivos a largo plazo. La gente valiente resiste y persevera cuando otros se rinden.

Duckworth descubrió que el coraje no es innato, sino que puede ser cultivado con el tiempo. Aunque no hay un único camino para desarrollarlo, va frecuentemente acompañado por un gran sentido del propósito. Especialmente cuando las cosas se ponen difíciles, las personas valientes recurren a una causa mayor para inspirarse y seguir adelante. Como ella y sus compañeros escribieron en un artículo en el 2014: «Las experiencias muy desagradables pueden volverse más llevaderas cuando se considera que tendrán consecuencias positivas para la autotrascendencia». De nuevo el poder del propósito; esta vez como un coraje subyacente.

> Cuando las cosas se ponen difíciles, las personas valientes recurren a una causa mayor para inspirarse y seguir adelante.

Quizás el caso más extremo de coraje se puede ver en los supervivientes del Holocausto. Incluso después de haber sido privados del alimento y torturados, y de haber visto a sus seres queridos ser enviados a las cámaras de gas, continuaron luchando por vivir. Si bien para aquellos que no los experimentaron estos horrores son inimaginables, Viktor Frankl, psiquiatra y superviviente del Holocausto, ha arrojado luz sobre cómo él y otros lograron sobrevivir. En su libro *El hombre en busca de sentido*, escribió «el hombre que se hace consciente de la responsabilidad que tiene con respecto a un ser humano que amorosamente lo espera, o a una obra sin acabar, nunca podrá tirar su vida por la borda».

Claro que este es el ejemplo más extremo, y de ningún modo pretendemos comparar el hecho de resistir momentos difíciles en la oficina o el gimnasio con sobrevivir al Holocausto. Pero hemos decidido incluir las ideas de Frankl porque ejemplifican de manera muy profunda y extrema cómo estar motivado por propósitos autotrascendentes permite resistir, incluso, las situaciones más duras y horribles.

PRÁCTICAS DE RENDIMIENTO

- Estamos constantemente equilibrando la sensación de esfuerzo, o lo difícil que sentimos que es algo, con la motivación.
- Si queremos resistir un mayor esfuerzo, lo cual a menudo desemboca en una mejor realización, necesitaremos incrementar nuestra motivación.
- La mejor manera de incrementar la motivación es conectar nuestro trabajo con un propósito o causa mayor.
- Concentrarse en acciones que ayuden a los otros no solo hace del mundo un lugar mejor, sino que también a ti te hará mejor.
- Sobre todo cuando nos sentimos cansados o agotados, deberíamos pensar en por qué estamos haciendo lo que estamos haciendo.

DAR PARA RECIBIR

El cansancio suele embargarnos en los peores momentos. Si eres atleta, posiblemente estás en la mejor forma, o en camino de lograrlo. Si eres un hombre o una mujer de negocios, tal vez acabas de conseguir un nuevo ascenso, para lo cual te has dejado la piel. Si eres artista, a lo mejor te estás acercando a la conclusión de tu obra de arte. Y un día, de repente, ya no te apetece seguir más. Has perdido el rumbo, la pasión y el interés. Te agotas.

El cansancio está íntimamente ligado a nuestra respuesta de lucha o huida ante el estrés. Tras un período prolongado de demasiado estrés, nuestro detonante de la «huida», que nos apremia a escapar de lo que quiera que nos esté causando este estrés, surte efecto. El agotamiento es bastante común en las personas que intentan obtener lo mejor de sí mismas. Esto es así porque crecer y mejorar continuamente requiere tener más estrés durante días, semanas, meses y años. Como comentamos en la sección 1 de este libro, alternar períodos de estrés y descanso ayuda a prevenir el agotamiento. Aun así, cuando llegamos cerca del límite (y recuerda que ese es el objetivo), corremos el riesgo de forzar demasiado y cruzar la delgada línea. Cuando esto sucede, empezamos a sentirnos agotados.

La concepción tradicional sobre el agotamiento es que es recomendable tomar un descanso prolongado de la actividad, sea cual sea. A veces puede ser efectivo, pero frecuentemente no hay opción. Un candidato olímpico no puede dejar de entrenar en los seis meses anteriores a una prueba clasificatoria y la mayoría de la gente no puede tomarse tres meses de descanso de sus trabajos. Por no mencionar cuando la gente se retira de cualquier proyecto que los ha llevado al agotamiento; muchos pierden su conexión y nunca vuelven.

La buena noticia es que la ciencia del comportamiento ofrece una aproximación alternativa para gestionar el agotamiento que no requiere de tiempo libre y tiene el verdadero potencial de fortalecer tu impulso y tu motivación. Vamos a llamarlo «dar para recibir», y está basado en las investigaciones de los profesores de Psicología Shelley Taylor, de la Universidad de California, en Los Ángeles, y Adam Grant, de la Escuela Wharton de la Universidad de Pensilvania. La premisa básica de «dar para recibir» consiste en que en lugar de alejarse del trabajo cuando el agotamiento aparece, en realidad lo que hay que hacer es acercarse más a él; solo que de forma diferente.

Esa otra manera es dar en tu campo puede tomar muchas formas, incluido hacer de voluntario o de tutor, pero el punto esencial es que has de concentrarte en ayudar a los demás. Esto activa los centros de recompensa y placer del cerebro. No solo te hace sentir mejor, sino que también ayuda a reconectar emociones positivas con tu propósito. Por este motivo, dar resulta frecuentemente en energía renovada y motivación. En su éxito de ventas *Dar y recibir*, Grant hace referencia a investigaciones de distintos ámbitos, desde la enseñanza hasta la enfermería, para demostrar que dar es un poderoso antídoto contra el agotamiento.

Dar es un poderoso antídoto contra el agotamiento.

Pero ¿acaso la enseñanza y la enfermería no son esencialmente ámbitos de ayuda a los demás? En teoría, sí; por eso atraen a personas que están inclinadas por naturaleza a dar. Sin embargo, como diría cualquier profesor o enfermero, es muy fácil olvidarse del impacto directo en el estudiante o el paciente y, en lugar de eso, sentirse como un engranaje pequeño en una máquina ineficiente. Por eso se ha probado que dar oportunidades a los profesores y enfermeros de ayudar a los otros de manera que produzca resultados tangibles reduce el agotamiento. Grant escribe que tener una «sensación de impacto duradero protege contra el estrés, previene la extenuación» y alienta a la gente con trabajos de alto estrés a que busquen oportunidades para dar de una manera más íntima.

Aunque podríamos hablar eternamente de las apasionantes investigaciones de Grant sobre el poder del dar, su historia personal no es menos interesante. Mucho antes de convertirse en un autor superventas y en uno de los profesores mejor valorados de los Estados Unidos, era un buceador competitivo, dos veces ganador en secundaria de la condecoración All-America, antes de bucear en Harvard.

Durante nuestra conversación sobre el dar, Grant recordó su último año de instituto, cuando hizo frente a un caso grave de agotamiento. «Por aquel entonces –nos contó–, bucear era mi vida. Practicaba nueve horas al día durante el verano entre mi penúltimo y último año de instituto, tanto que me ponía cinta aislante en los pies como una segunda capa de piel para aguantar [las] ampollas [que me salieron] de rasparme con el trampolín todo el rato». Su entrenamiento había ido incluso mejor de lo esperado y estaba en una excelente posición cuando se encaminó al mayor encuentro de su último año de instituto. Estaba en la mejor forma de su vida, nos dijo, «preparado para rendir al máximo». Pero se permitió un día de descanso. Lo que debería haber sido el culmen de sus cuatro años de duro trabajo y dedicación resultó ser un desastre. Fracasó en el buceo y fue vencido por un grupo de deportistas a los cuales había vencido con facilidad anteriormente. «Entré en un lugar oscuro –nos dijo–. Estaba deprimido y no quería volver a pisar un trampolín».

En su mente, Grant estaba acabado en el deporte, y ya no quería bucear. Pero otros miembros de la comunidad de buceo no soportaban ver acabar su carrera de esa manera, especialmente cuando los mejores años estaban ante él. Tras toneladas de insistencia, sus instructores finalmente lo convencieron de volver a la piscina. No como deportista, sino como instructor de jóvenes buceadores. «Me rejuveneció totalmente –relató acerca de su función como entrenador–. Me supuso una cantidad tremenda de gozo trabajar con otros buceadores y verlos mejorar. Me recordaban cuánto amaba por encima de todo el buceo, cuánto crecimiento personal experimenté a través de este deporte». No mucho después de convertirse en instructor, Grant mismo estaba de nuevo a bordo, continuando con una exitosa carrera universitaria de buceador.

Esta historia resonó especialmente con uno de nosotros. Como leíste anteriormente, Steve casi dejó de correr. Hubo un tiempo en que no quería saber nada del deporte por el que había entregado gran parte de sus veintidós primeros años de vida. Pero no fue un parón prolongado ni la psicología deportiva lo que lo llevó de vuelta a la comunidad de corredores, sino el hecho de ser entrenador. Mucho antes de ser entrenador olímpico, ya lo fue de corredores de instituto.

Al igual que le sucedió a Grant al entrenar a los buceadores, Steve encontró la realización siendo voluntario para entrenar a un grupo desorganizado de corredores adolescentes que necesitaban un instructor. En esos momentos, tenía el corazón tan roto que no podía correr una milla en menos de cuatro minutos. Hasta que vio lo emocionados que estaban los niños que entrenaba por correr un kilómetro en menos de seis minutos y no pudo evitar sonreír. Momentos como ese le recordaron de qué iba el deporte: juego limpio y el sencillo acto de esforzarse para superarse a uno mismo. Desplazando su objetivo de intentar ser el mejor corredor de América a ayudar a los otros, de manera lenta pero segura, Steve recuperó el amor por el deporte.

PRÁCTICAS DE RENDIMIENTO

- Encuentra oportunidades para dar en el contexto donde trabajas; estas pueden ser más intensas, como hacer de entrenador u orientador, o menos, como escribir un consejo sincero en un foro *online*.
- El único criterio es que «lo que das» esté unido íntimamente con tu trabajo y que des sin esperar nada a cambio.
- Mientras que dar es especialmente poderoso para prevenir y revertir el agotamiento, se debería aun así aspirar a evitarlo con un descanso apropiado.

EL PODER DEL PROPÓSITO

Mientras que algunos tal vez posean un propósito autotrascendente, otros puede que no. Y la idea de que uno pueda sencillamente sacárselo de la manga parece inútil. Porque un propósito autotrascendente no surge de la nada: viene de tu interior. Solo tienes que encontrarlo. El profesor Strecher, de la Universidad de Míchigan, ha creado una herramienta que ayuda a los individuos a crear sus propios propósitos autotrascendentes basados en sus valores fundamentales. Utilizando su proceso paso a paso, dimos con el siguiente propósito para escribir este libro:

> Ayudar a la gente a descubrir cómo podían sacar lo mejor de sí mismos de forma saludable y sostenible y prevenir el agotamiento, la insatisfacción o la infelicidad.

Hemos hecho referencia a este propósito durante el proceso de escritura del libro y hemos reflexionado sobre ello regularmente, sobre todo en los momentos de desaliento, miedo o cansancio extremo. En el siguiente capítulo, te guiaremos por el proceso de desarrollo de tu propio propósito autotrascendente (reiterando que ya lo tienes) y te recomendaremos algunas de las mejores maneras de sacarle partido.

Pero, primero, para reafirmar el poder del propósito, te dejamos con estas palabras del superviviente del Holocausto y psiquiatra Viktor Frankl:

> Declarando que el hombre es responsable y que debe actualizar el sentido potencial de su vida, deseo recalcar que el verdadero significado de la vida ha de ser descubierto en el mundo, más que en el interior del hombre o en su propia psique, como si fuera un

sistema cerrado. He llamado a esta característica constitutiva «la autotrascendencia de la existencia humana». Denota el hecho de que el ser humano siempre apunta y está dirigido a algo o alguien diferente a uno mismo, sea un significado al que dar cuerpo o un ser humano con el que encontrarse. Cuanto más se olvida uno de sí mismo, entregándose a una causa o a amar a otra persona, tanto más humano es y más se realiza. Lo que se llama autorrealización no es en absoluto una meta alcanzable, por la sencilla razón de que cuanto más se esforzara uno por alzanzarla, más se alejaría. En otras palabras, la autorrealización solo es posible como efecto colateral de la autotrascendencia.

9

DESARROLLA TU PROPÓSITO

En este capítulo desarrollarás tu propósito.* Si ya tienes uno, toma esto como una oportunidad para afinarlo y reafirmarlo. Después de hallar tu propósito, aprenderás algunas maneras sencillas de entrelazarlo con tu vida, asegurándote de que vives alineado con él y aprovechas su poder de mejorar tu rendimiento. Pero antes de zambullirnos en ello, es importante disipar unos cuantos errores comunes:

- No necesitas ser religioso, ni siquiera espiritual, para tener un propósito.
- El propósito no es una cuestión mística. Como estás a punto de descubrir, el proceso de crear un propósito se basa en la reflexión racional.

* Este proceso está inspirado en la original aplicación para móvil *On Purpose,* desarrollado por Victor Strecher. Agradecemos a Strecher no solo por ayudarnos a encontrar nuestro propósito, sino también por concedernos permiso para utilizar su proceso para ayudarte a que encuentres el tuyo. Para más información sobre su enfoque, puedes visitar www.JoolHealth.com.

- Está muy bien tener más de un propósito. Por ejemplo, en el capítulo anterior hemos compartido contigo nuestro propósito de escribir este libro, pero también tenemos otros propósitos relacionados con otras áreas de nuestras vidas.
- También es correcto tener un solo propósito. Algunas personas tienen un propósito que abarca todo lo que hacen. Por ejemplo:

    - «Servir y honrar a mi dios siendo lo mejor que pueda cada día».
    - «Aportar energía positiva a todo lo que hago y compartir esa energía con todo aquel con quien interactúo».
    - «Detenerme y reflexionar sobre cómo mis acciones (antes de actuar) afectarán a otros».

- Nadie te impide tener un propósito centrado en ti mismo. Pero como has leído en el capítulo anterior, los propósitos autotrascendentes no solo hacen que el mundo sea un lugar mejor, sino que también mejoran tu rendimiento. De modo que, si bien no es una exigencia, te animamos a encontrar modos de aplicar tus fortalezas a algo más grande que tú mismo.
- Tu propósito puede cambiar con el tiempo. De hecho, ¡debería hacerlo! Quizás lo único constante en la vida es el cambio. Revisa este proceso tan frecuentemente como quieras.

Desarrollar un borrador inicial de tu propósito debería llevarte unos quince o veinte minutos, y sugerimos hacerlo de una sentada. Aunque recomendamos fuertemente que todos pasen por este proceso,* si tienes completamente claro tu propósito, puedes saltar a la página 248, donde analizamos cómo aprovechar el poder de mejorar tu rendimiento.

ELIGE TUS PRINCIPALES VALORES

Los valores principales son tus creencias fundamentales y tus principios guía. Son aquello que más te importa, y te ayudan a dictar tu conducta y tus acciones. Selecciona hasta cinco valores principales de la lista que sigue. Esta lista no es exhaustiva, así que si se te ocurre alguno que no ves aquí, adelante, úsalo.

- Amabilidad
- Autocontrol
- Coherencia
- Compromiso
- Comunidad
- Coraje
- Creatividad
- Diversión
- Educación
- Eficiencia
- Entusiasmo
- Espiritualidad
- Éxito
- Experiencia
- Honestidad
- Independencia
- Inspiración
- Lealtad
- Motivación
- Optimismo
- Pragmatismo
- Relaciones
- Reputación
- Responsabilidad
- Seguridad
- Tradición
- Veracidad
- Vitalidad

Por ejemplo, al desarrollar nuestro propósito de escribir este libro seleccionamos los siguientes valores principales:

- Comunidad
- Creatividad

* Queremos decir que a nosotros (esto es, Brad y Steve) no nos gusta cuando los libros incluyen actividades de este tipo. Pero os aseguramos que esta merece la pena.

- Experiencia
- Gozo
- Relaciones

PERSONALIZA TUS PRINCIPALES VALORES

Escribe una frase o dos para cada valor principal que lo «personalice», lo haga más propiamente tuyo. Así es como nosotros personalizamos los valores principales subyacentes a nuestra decisión de escribir este libro:

- **Comunidad**: ayudar a los lectores a extraer más de sí mismos y a disfrutar del proceso de hacerlo.
- **Creatividad**: unificar ideas dispares procedentes de distintos campos, de manera que resulte algo significativo y que proporcione nuevas comprensiones.
- **Gozo**: ¡pasarlo bien! ¡Nos encanta aprender y adoramos el reto de comunicar, así que deberíamos recordarlo y disfrutar de ello! Si disfrutamos en el proceso de escribir, es más probable que nuestro trabajo salga mejor.
- **Experiencia**: obtener conocimiento en un campo que nos apasiona a los dos: la salud y la excelencia humana. Aplicar lo que aprendemos en nuestras vidas y compartir este conocimiento con los lectores para que también ellos puedan aplicarlo a las suyas.
- **Relaciones**: aprovechar esta oportunidad de desarrollar relaciones con personas interesantes con las que podemos seguir en contacto y aprender de ellas, más allá del proceso de escribir este libro.

ORDENA JERÁRQUICAMENTE TUS VALORES PRINCIPALES

Ahora viene la parte difícil. Una vez personalizados tus valores principales, ordénalos jerárquicamente, siendo el primero el que más profundamente valoras (es decir, el más importante). Por ejemplo, nuestro orden quedaba así:

1. Creatividad
2. Comunidad
3. Relaciones
4. Experiencia
5. Gozo

ESCRIBE LA DECLARACIÓN DE TU PROPÓSITO

Enhorabuena. Has seleccionado tus valores principales y reflexionado sobre ellos. Ahora estás preparado para escribir la declaración de tu propósito. Esta formulación de tu propósito debería reflejar tus valores centrales personalizados y tendría que oscilar entre una y tres frases. Aquí tienes algunos ejemplos:

- «Ayudar a la gente a descubrir cómo pueden extraer lo mejor de sí mismos de una manera saludable y sostenible y evitar el agotamiento, la insatisfacción y la infelicidad».
- «Estar disponible cuando me necesiten. ¡Yo tengo tanta ayuda y amor de otras personas cuando lo necesito...!».
- «Ofrecer a los niños de mi escuela un edificio limpio».
- «Estudiar y entender la naturaleza; luego, ofrecer este conocimiento a otros».
- «Comprometerme más con mi compañera».

- «Ser el mejor atleta que pueda, para inspirar a otros a hacer retroceder sus propios límites».
- Crear un arte que haga a la gente sonreír, llorar, conectar entre sí y conectar con la Tierra.

MEJORA EL PODER DE TU PROPÓSITO

Esperamos que hayas encontrado este proceso para desarrollar un propósito tan valioso como nosotros. No te preocupes si no estás seguro de haber dado con el propósito perfecto. De hecho, si te has sentido así, te animamos a revisar tu propósito (y el proceso que te ha conducido hasta él) la próxima vez que hojees este libro. Siempre animamos a que se refine, especialmente más bien pronto. Ahora bien, antes de que transcurra mucho tiempo, deberías sentir que tu propósito es adecuado, es decir, que refleja quién eres y aquello en lo que crees. Ahora es el momento de utilizar tu propósito. Lo que sigue son modos prácticos para que puedas recordarlo de manera sistemática y potencies su poder. Como estás a punto de leer, nada de lo que sugerimos es demasiado difícil, ni exige un tiempo excesivo. En conjunto, estos consejos no deberían suponer más de tres minutos al día. Pero estas maneras sencillas de entrelazar el propósito en tu vida rinden notables dividendos. Están pensados para hacer que estés más sano, te sientas más feliz y seas mejor persona. Y aunque esta última frase parezca que nace del canon de la autoayuda, pronto verás que en realidad procede de la ciencia.

Señales visuales

Escribe tu propósito y colócalo estratégicamente en lugares en los que sea probable que necesites un empujoncito. De este modo, cuando las cosas se pongan difíciles, tu propósito estará ahí para recordarte por qué estás trabajando tan duramente. Como analizamos en el capítulo anterior, la investigación muestra que reflexionar sobre tus principales valores y tu propósito cambia literalmente tu cerebro de tal manera que te lleva a superar el miedo y aumentar la motivación y el coraje. Incluso si tan solo vislumbras tu propósito durante un segundo, quizás sin ni siquiera procesarlo del todo, simplemente por tenerlo en tu campo visual puede ayudar. Los estudios apuntan a que las señales visuales no conscientes (es decir, las que no procesamos plenamente) pueden modificar la percepción del esfuerzo, haciendo que algo que es objetivamente difícil parezca más fácil. Y como hemos dicho en el capítulo anterior, comprometerte conscientemente con tu propósito, aunque sea solo unos pocos segundos, puede tener efectos profundos sobre tu cerebro y sobre la motivación posterior.

> Escribe tu propósito y colócalo estratégicamente en lugares en los que sea probable que necesites un empujoncito.

He aquí unos cuantos ejemplos de cómo los grandes triunfadores utilizan estratégicamente señales visuales para recordar su propósito cuando es probable que más lo necesiten:

- Un ciclista profesional coloca su propósito en el manillar de su bicicleta. Cuando su velocidad, y el dolor asociado, aumentan, su tendencia natural es a bajar la cabeza y mirar hacia abajo. Cada vez que hace esto, estará viendo su propósito: *inspirar a otras personas a salir de sus zonas de confort y vivir sus vidas plenamente*. Y luego, invitar a seguir rompiendo las barreras y a soportar un poco más el sufrimiento.

- Una ejecutiva de nivel medio de una compañía del sector sanitario a veces se frustra cuando el personal de primera línea la llama con lo que ella cree que son cuestiones estúpidas acerca de un informe publicado por su departamento. Se da cuenta de que es muy breve y cortante en el teléfono y a veces incluso ignora totalmente las llamadas. Ella escribe el propósito de su trabajo específico –marcar una diferencia en las vidas de otros seres humanos– en una nota adhesiva que pega en su teléfono. De este modo, cada vez que suena el teléfono, relaciona las preguntas sobre el informe, por triviales que puedan ser, con el propósito último de ese informe: mejorar los cuidados del paciente. Por tanto, cada vez que suena el teléfono, recuerda que ofrecer una respuesta meditada y correcta es un paso para ayudar a que las personas enfermas sanen, marcar una diferencia en las vidas de otras personas.
- Una artista creó una versión artística de su propósito y la hizo ampliar. Pero no la colgó en el estudio. La colgó en su oficina. Como has oído antes, la parte más difícil del trabajo, para muchos artistas, es todo lo que no es arte. Tener su propósito colgado en la oficina hace que recuerde por qué soporta el trabajo administrativo: para poder desarrollar su arte y conmover a la gente.
- ¡Nosotros (Steve y Brad) pusimos nuestro propósito en nuestros ordenadores! Cuando nos sentábamos a escribir, nos recordaba por qué estábamos trabajando. Confiamos en que estés leyendo un libro mejor de lo que habría sido sin esto. De hecho, sin nuestro propósito, ni siquiera estamos seguros de si hubiéramos comenzado a escribirlo. Compartiendo el tiempo con nuestros trabajos más tradicionales, escribir el libro era espantoso. Nuestra

> ocupación anterior era mucho más segura económicamente, pero no estábamos ayudando a la gente a descubrir cómo pueden obtener lo mejor de sí mismos de una manera saludable y sostenible y a evitar el agotamiento, la insatisfacción y la infelicidad. Este pequeño recordatorio nos dio el coraje y la confianza para seguir escribiendo.

Esperamos que estos ejemplos puedan ayudarte a pensar en los lugares perfectos para tener presente tu propósito, lugares en los que puedas necesitar un poco de coraje extra para superar el miedo o un empujón en la motivación para resistir. La clave es que tu propósito esté en algún lugar que sea probable que mires durante las dificultades. Te recomendamos también pegar tu propósito en el espejo de tu cuarto de baño. Esto es un hermoso modo de indicar el comienzo de tu día y ayuda a que saques el máximo de ese día.

Diálogo interno

El diccionario de Merriam-Webster define *mantra* de varios modos. La definición más frecuente es «una palabra o frase que se repite a menudo o que expresa las creencias fundamentales de alguien». Otra definición es «una fórmula mística de invocación». Una invocación, por su parte, se define como «la acción de invocar algo o a alguien para recibir ayuda; convocar lo sobrenatural». Si unimos todo esto, nuestra definición funcional de mantra se convierte en «repetir una palabra o frase que importa y que tiene poderes aparentemente místicos y sobrenaturales».

Diríase que un propósito es el mantra perfecto. Un propósito es una afirmación que no solo importa, sino que es lo que más importa. Y, como aprendiste en el capítulo anterior, el propósito contiene un abanico de poderes aparentemente místicos y sobrenaturales: desde aumentar el coraje y vencer el miedo hasta proporcionar resistencia incluso en las circunstancias más difíciles. No debería sorprender, por tanto, que utilizar nuestro propósito como mantra durante el diálogo interno (repitiéndolo en nuestras cabezas) pueda tener significativos efectos que potencien nuestro rendimiento.

Hay amplia evidencia de que el diálogo interno estimula la ejecución. En concreto, algunos estudios muestran que aumenta la motivación y la voluntad de soportar situaciones incómodas. El diálogo interno es más efectivo cuando lo que nos decimos a nosotros mismos es breve, específico y, lo más importante, coherente. Así, si tu propósito es a largo plazo, al utilizarlo como estrategia en el diálogo interno quizás quieras condensarlo en unas cuantas palabras que capten su esencia. El diálogo interno es especialmente útil en situaciones en las que nuestros cuerpos o nuestras mentes nos están diciendo que paremos, pero nosotros queremos seguir haciendo cosas. Nos ayuda a mantener la cabeza fría y evitar el secuestro de la amígdala, o la toma de poder del cerebro por parte de las emociones, tal como vimos en el capítulo cuatro. Y especialmente si el contenido del diálogo interno refleja un propósito trascendente, puede empoderarnos para hacer más de lo que habíamos considerado posible.

Como podrás imaginar, esta estrategia es muy frecuente en atletismo. Todos los atletas con los que hablamos durante la escritura de este libro nos dijeron que ellos utilizan el diálogo interno. Durante los últimos kilómetros de un maratón, por ejemplo, la maratonista olímpica Desiree Linden nos decía que el diálogo interno es tan importante, si no más, que la hidratación. Pero el diálogo interno es una estrategia que puede extrapolarse a otros campos con gran utilidad. Independientemente de lo que hagas –estés utilizando tu cuerpo, tu mente o tu alma–, repetir un mantra dirigido por el propósito durante momentos de miedo, dolor o aprensión puede reportar grandes beneficios. Hacerlo nos enraíza, atenúa las emociones negativas y silencia nuestro ego, al que, como aprendiste en el capítulo ocho, nada le gusta más que decirnos que abandonemos. Aunque el diccionario de Merriam-Webster puede definir los beneficios de un mantra como místicos, a estas alturas deberías saber que, en realidad, son bastante científicos.

Reflexión nocturna

Cuando te hablamos de las señales visuales, te recomendamos que pusieses tu propósito en el espejo del cuarto de baño para poder verlo cada mañana al empezar el día. Cerrando el círculo, creemos que también es una buena idea reflexionar sobre tu propósito cada noche. En particular, te animamos a preguntarte: en una escala del 1 al 10 (en lo que 10 es «completamente» y 1 «en absoluto»), ¿has vivido hoy consciente de tu propósito? Después de establecer tu jerarquía, dedica uno o dos minutos a reflexionar sobre lo que podrías haber hecho de manera diferente para llegar más cerca del 10. Si te has puesto un 10, piensa en lo que hiciste para llegar hasta allí. Este acto, breve y sencillo, te ayuda mucho a realizar los cambios necesarios para vivir en pleno alineamiento con tu propósito, que como ya sabes mejora tu rendimiento prácticamente en todo. Si bien es adecuado hacer el ejercicio mentalmente, la investigación sugiere que escribir estas reflexiones aumenta no solo tu rendimiento sino también tu salud.

Se ha mostrado que la «escritura expresiva» –un tipo de diario escrito que implica explorar asuntos que son fundamentales para nuestra vida– fortalece las células de nuestro sistema inmunitario. Además, la escritura expresiva está asociada con una disminución de la depresión y la ansiedad, una reducción de la presión sanguínea, lo que supone un menor número de visitas al médico, una mejora en las funciones pulmonares y hepáticas, y un aumento de la positividad y las relaciones sociales. Los científicos suponen que produce resultados tan profundos porque nos proporciona un espacio seguro para reflexionar sobre los temas que son más importantes para nosotros. De otro modo, muchos inhibimos esos pensamientos y esos sentimientos, guardándolos para nosotros. Pero como todo el que ha mantenido embotellados sentimientos profundos sabe, hacerlo produce una gran tensión. Sin embargo, al mismo tiempo, compartirlos con otros puede ser una experiencia incómoda. Al permitir que las palabras que reflejan nuestros valores y nuestras emociones más profundas se derramen en el papel, liberamos tensión, y al hacerlo mejoramos nuestra salud. En palabras de James Pennebaker, profesor de la Universidad de Texas en Austin, y pionero de la investigación en escritura expresiva: «Tomar distancia de vez en cuando y evaluar dónde nos encontramos en la vida es realmente importante». Si algo encarna la definición que ofrece Pennebaker de escritura expresiva, es cuando reflexionamos sobre nuestro propósito en un esfuerzo por determinar hasta qué punto vivimos de acuerdo con él.

UNA VIDA ORIENTADA POR UN PROPÓSITO

Si bien recordar tu propósito aporta grandes beneficios, lo que realmente queremos es que actúes a partir de él. No hay nada que aumente el rendimiento, la vitalidad y la salud como vivir con un propósito. Si te quedas con una sola enseñanza de este libro, esperamos que sea esta. Una vez has desarrollado un propósito, haz lo que puedas para llevar una vida que te permita realizarlo. Cuanto más cerca puedas estar del 10 –vivir completamente alineado con tu propósito–, más feliz y sano serás. En palabras de Ryan Hall, el corredor estadounidense de maratón más rápido de todos los tiempos, vivir a partir de tu propósito «es el mejor sentimiento del mundo».

CONCLUSIÓN

No hay nada más gratificante ni satisfactorio que fijarse un objetivo más allá de los límites de lo que nos parece posible, y luego perseguirlo sistemáticamente. En un giro paradójico, a menudo, cuando mejor estamos es cuando nos sumergimos totalmente en el proceso de mejorar. Todos los grandes triunfadores de los que has oído hablar en este libro comparten la incapacidad de conformarse. Aunque pueden hallarse en la cumbre de sus respectivos campos, siguen fuertemente motivados para mejorar. Esperamos que te sientas inspirado para adoptar una actitud mental similar en tus propios propósitos. A lo largo de este libro, hemos hablado de los principios clave que subyacen a un rendimiento máximo saludable y sostenible:

- Esfuerzo + descanso = desarrollo.
- El poder de desarrollar rutinas óptimas y planificar el día.
- Un propósito.

Aunque esperamos que hayas disfrutado leyéndolo, la verdadera diversión comienza cuando te alejas de estas páginas y aplicas estos principios en tu propia vida. Toma nota: ninguno de los grandes triunfadores de los que te hemos hablado seguía una prescripción exacta. Más bien, tomaron los principios del rendimiento y las prácticas con ellos relacionadas y los hicieron suyos, adaptándolos para que encajaran en sus estilos singulares y en las exigencias específicas de sus actividades. Te animamos a hacer lo mismo. Para ayudarte a que empieces, hemos resumido en las páginas siguientes las prácticas clave que corresponden a cada principio. Piensa en esto como la base de una receta que, con el tiempo, convertirás en algo propio. Cuando lo hagas, estaremos encantados de escuchar tu experiencia. Por favor, mándanos tus historias y tus aprendizajes a info@peakperformance.email. Compartiremos estas historias, junto con los últimos hallazgos en la ciencia del rendimiento, en nuestro boletín, al que puedes suscribirte visitando www.peakperformancebook.net. Esperamos que este libro sea solo el comienzo, y poder crear una comunidad de individuos que compartan un deseo de aprender y mejorar.

Para nosotros, el proyecto de este libro representaba un rendimiento máximo. Aunque no siempre fue fácil, hicimos lo mejor que supimos para practicar lo que predicábamos. Ahora que te toca emprender tu propio camino, queremos agradecerte por acompañarnos en el nuestro.

CRECE SISTEMÁTICAMENTE ALTERNANDO ENTRE ESTRÉS Y DESCANSO

Esfuérzate

Busca «retos apenas manejables» en áreas de tu vida en las que quieras crecer

- Retos apenas manejables son aquellos que exceden ligeramente tus capacidades en un momento determinado.
- Si sientes que tienes totalmente el control, haz que el próximo reto sea un poco más difícil.
- Si te sientes ansioso o tan excitado que no puedes centrarte, reduce un poco la marcha.

Cultiva la concentración profunda y la práctica perfecta

- Define un propósito y objetivos concretos cada vez que te propongas realizar un trabajo importante
- Concéntrate profundamente, aunque hacerlo no siempre sea placentero.
- Elimina aquello que te distrae, como los móviles: recuerda que ojos que no ven, corazón que no siente.
- Realiza solo una tarea cada vez. La próxima ocasión en la que pienses en hacer varias cosas al mismo ticmpo, no olvides que la investigación muestra que no es efectivo.
- Recuerda que la cualidad vence a la cantidad.

Trabaja con módulos diferenciados

- Divide tu trabajo en módulos de cincuenta a noventa minutos (esto puede variar según la tarea). Comienza con tiempos más breves si te encuentras luchando para mantener la atención.

- Si el trabajo concentrado es algo nuevo para ti, empieza con módulos tan breves como diez a quince minutos. A medida que cultives una práctica concentrada, aumenta poco a poco la duración.
- Para casi todas las actividades, dos horas debería ser el límite máximo de un módulo.

Cultiva una actitud mental de crecimiento o de ponerte retos

- Recuerda que el modo de ver algo cambia de manera fundamental cómo tu cuerpo responde a ello.
- En las situaciones en las que sientas estrés, recuerda que es el modo natural que tiene tu cuerpo de prepararte para un reto. Haz una respiración profunda y canaliza la elevada estimulación y la agudizada percepción hacia la tarea que te ocupa.
- Esfuérzate por ver el estrés de manera productiva, e incluso darle la bienvenida. No solo rendirás más, sino que también mejorarás tu salud.

Ten el coraje de descansar

Desarrolla el músculo de la atención plena a través de la meditación para poder elegir más fácilmente descansar

- Encuentra un momento en el que las distracciones sean mínimas, como al comienzo de la mañana, después de cepillarte los dientes o antes de irte a dormir.
- Siéntate en una postura cómoda y, si es posible, en un lugar tranquilo.
- Pon una alarma para que no tengas que distraerte pensando en la hora.

- Empieza inspirando y espirando profundamente por la nariz.
- Concéntrate en la respiración; cuando aparezcan pensamientos, obsérvalos, pero luego deja que se vayan. Vuelve a dirigir la atención a la sensación de respirar.
- Comienza con un minuto solo, y poco a poco aumenta la duración, añadiendo entre treinta y cuarenta y cinco segundos cada día o cada pocos días.
- La frecuencia es más importante que la duración. Es mejor meditar diariamente, aunque eso signifique hacer sesiones individuales breves.

Aplica en la vida cotidiana el músculo de la atención que estás desarrollando

- Mantén «conversaciones tranquilas» durante los períodos estresantes; recuerda que tú eres distinto de las emociones y las sensaciones que estás experimentando.
- Date cuenta de cuándo quieres «desconectar» y elige dejar atrás el estrés. Hacer unas cuantas respiraciones profundas ayuda, porque activa la corteza prefrontal, el centro de tu cerebro que dirige y controla.

Realiza pausas inteligentes y deja que tu subconsciente se ponga a trabajar

- Cuando estés trabajando en una tarea extenuante y estés bloqueado, ten el valor de dejarla.

    - Abandona lo que estés haciendo, al menos durante cinco minutos.
    - Cuanto más estresante sea la tarea, más larga debería ser la pausa.

    - En el caso de tareas realmente agotadoras, piensa en la posibilidad de dejarlo hasta la mañana siguiente.

- Durante las pausas, realiza actividades que exijan poca concentración.

    - Da un paseo breve.
    - Siéntate en la naturaleza.
    - Medita.
    - Recupérate socialmente.
    - Date una ducha.
    - Friega los platos.

- Puede que tengas un momento «ajá» de comprensión durante tu pausa. Si lo tienes, estupendo. Pero incluso si no lo tienes, tu mente subconsciente sigue trabajando. Cuando vuelvas a lo que estabas haciendo, es más probable que realices progresos.

Da prioridad al sueño

- Redefine el sueño como algo productivo.
- Proponte dormir al menos entre siete y nueve horas cada noche. Para quienes realizan una actividad física intensa, diez horas no es demasiado.
- El mejor modo de averiguar cuál es la cantidad correcta de sueño que necesitas es estar entre diez y catorce días yendo a dormir cuando estés cansado y despertándote sin despertador. Calcula el tiempo medio que has dormido. Eso es lo que necesitas.
- Para un mejor sueño nocturno sigue estos consejos:

- Asegúrate de estar con luz natural (es decir, no eléctrica) durante el día. Esto te ayudará a mantener un ritmo circadiano sano.
- Haz ejercicio. La actividad física vigorosa hace que nos cansemos. Cuando estamos cansados, dormimos. Pero no hagas ejercicio demasiado cerca de la hora de dormir.
- Limita el consumo de cafeína, y elimínala por completo de cinco o seis horas antes de ir a dormir.
- Utiliza tu cama solo para dormir y para mantener relaciones sexuales. No para comer, ver la televisión, trabajar con tu ordenador portátil ni cualquier otra actividad. La única excepción es leer un libro de papel antes de irte a dormir.
- No bebas alcohol poco antes de irte a dormir. Aunque el alcohol acelera la caída en el sueño, a menudo perturba las fases posteriores, que son las más importantes.
- Limita la exposición a luz azul por la noche.
- Después de cenar no empieces a realizar actividades duras o estresantes, sean mentales o físicas.
- Si luchas contra una mente acelerada, trata de incluir una sesión de meditación *mindfulness* breve antes de ir a dormir.
- Cuando te sientas somnoliento, no luches contra ello. Lo que estés haciendo, sea lo que sea, puede esperar hasta mañana.
- Mantén tu habitación tan oscura como sea posible. Si es factible, coloca cortinas opacas.
- Ten tu móvil totalmente FUERA del dormitorio. No en silencio. Apagado.

- Intenta hacer una siesta de entre diez y treinta minutos para ayudarte a restablecer la energía y tener una tarde calmada.

Tómate descansos o vacaciones largas

- Independientemente del trabajo que realices, tómate al menos un día a la semana libre.
- Hasta donde te sea posible, planifica tus días libres y tus vacaciones de manera estratégica para que vayan a continuación de períodos de estrés acumulado.
- Cuanto más te estreses, más deberías descansar.
- Tanto en los días libres aislados como en las vacaciones largas, desconecta realmente del trabajo. Desconecta tanto física como mentalmente y emprende actividades que encuentres relajantes y restauradoras.

LO PRINCIPAL PARA UNA BUENA EJECUCIÓN

Optimiza tu rutina

Desarrolla regímenes de precalentamiento para actividades/actuaciones importantes

- Decide qué estado mental y corporal exige tu actuación.
- Desarrolla una secuencia de actividades que coloquen tu mente y tu cuerpo en ese estado.
- Sé constante: utiliza la misma rutina cada vez que emprendes la actividad con la que se halla relacionada.
- Recuerda el impacto del estado de ánimo sobre el rendimiento; una mente positiva llega muy lejos.

Crea «un espacio propio»

- Busca espacios físicos para dedicarlos a actividades exclusivas.
- Rodéate de objetos que inviten a las conductas deseadas.
- Trabaja de manera regular en el mismo lugar, utilizando los mismos materiales.
- Con el tiempo, tu entorno aumentará tu productividad en un nivel neurológico profundo.

Condiciónate para las actuaciones

- Relaciona conductas claves con indicaciones o rutinas específicas.
- Sé constante y perseverante; ejecuta siempre la misma rutina antes de la conducta con la que está emparejada.
- Si es posible, relaciona las actividades clave con el mismo contexto (por ejemplo, el momento del día, el entorno físico, etcétera).
- Si tu objetivo requiere entornos variables, desarrolla rutinas que puedan ejecutarse en cualquier parte (por ejemplo, el hábito de respirar profundamente, el diálogo interno, etcétera).
- La constancia es la reina. La mejor rutina no tiene sentido si no la practicas regularmente.

Planifica tu día

Conviértete en un minimalista para ser un maximalista

- Piensa en todas las decisiones que tomaste durante el día.
- Identifica las que no son importantes, las que «realmente no te interesan».

- Hasta donde puedas, automatiza esas decisiones que realmente no importan. Ejemplos habituales incluyen decisiones sobre:

    * La ropa.
    * Qué comer.
    * Cuándo realizar las actividades diarias (por ejemplo, hacer ejercicio siempre a la misma hora del día para que no necesites pensar en ello).
    * Dejar de asistir a reuniones sociales. (No siempre es una buena idea, pero durante períodos importantes de trabajo, muchos grandes triunfadores adoptan una política estricta de decir no a los eventos sociales).

- No dediques energía a las habladurías, la política o preocuparte por lo que otros piensan de ti.
- Considera las consecuencias que se derivan (por ejemplo, el transporte diario de casa al trabajo, las presiones económicas, etcétera) de decisiones de larga duración, como dónde vivir.

Establece la relación entre actividades y niveles de energía

- Descubre tu cronotipo (es decir, si eres una alondra matutina o una lechuza nocturna).
- Planifica tu día de acuerdo a lo anterior. Sé muy consciente de cuándo programas determinadas actividades, teniendo en cuenta las exigencias de cada una de ellas para emparejarlas con tu nivel de energía.
- Ten en cuenta el momento del día en el que estás más alerta para «el trabajo más importante».

- Programa las tareas menos exigentes para períodos en los que estás menos alerta.
- ¡No luches contra el cansancio! En lugar de eso, utiliza ese tiempo para recuperarte y producir ideas creativas que puedas poner en práctica durante tu siguiente ciclo de alta energía y alta concentración.
- Recuerda que trabajar alineado con tu cronotipo no solo maximiza tu rendimiento, sino que también asegura un equilibrio adecuado entre estrés y descanso.

Rodéate sabiamente

- Reconoce el enorme poder de la gente de la que te rodeas.
- Haz lo que puedas para cultivar tu propia comunidad de apoyo, de manera que te rodees de una cultura del rendimiento. La energía positiva, la motivación y el impulso son contagiosos.
- Recuerda que al ser positivo y mostrar motivación, no solo te estás ayudando a ti, sino también a todas las personas que hay en tu vida.
- No te acompañes de demasiada negatividad o pesimismo. Una cadena es tan fuerte como el más débil de sus eslabones.

Cumple

- No hay sustituto para cumplir con lo que tengas que hacer, un día tras otro, si quieres perfeccionar tu arte.
- Recuerda que las actitudes a menudo siguen a las conductas; a veces, lo mejor que puedes hacer es simplemente empezar.

APROVECHA EL PODER DEL PROPÓSITO

Trasciende tu yo

Supera tu «ego»

- Recuerda que tu «ego», «yo» o «regente central» sirve como mecanismo de protección que te impide alcanzar tus verdaderos límites. Al enfrentarte a retos importantes, tu ego está biológicamente programado para hacerte callar, diciéndote que vayas en otra dirección.
- Al centrarte en un objetivo autotrascendente o en una razón para hacer algo más allá de tu yo, puedes superar tu ego y atravesar tus límites autoimpuestos.
- Hasta donde sea posible, relaciona tus actividades con un objetivo mayor. De este modo, cuando haces frente a retos importantes y tu mente te dice que abandones, puedes preguntarte por qué lo estás haciendo. Si la respuesta es «para alguien o algo más grande que yo», es más probable que sigas adelante.
- Pensar menos en ti mismo es una de las mejores maneras de mejorarte.

Aumenta tu motivación

- Recuerda que estás constantemente equilibrando la percepción del esfuerzo, o lo difícil que algo te parece, con la motivación. De este modo, si quieres resistir mejor el esfuerzo, puede que necesites aumentar tu motivación.
- Para aumentar la motivación, vincula tu trabajo con un objetivo o una causa más grande.

- Centrarte en actividades que ayuden a otros no solo hará del mundo un lugar mejor, también te ayudará a convertirte en alguien que alcance más elevadas realizaciones.
- Piensa en por qué haces lo que haces, especialmente cuando te sientas cansado.

Busca compensaciones para evitar el agotamiento

- Busca oportunidades para evitar el agotamiento, en el marco de tu trabajo. Pueden ser actividades intensas, como la de entrenador o mentor, o menos intensas, como publicar consejos en foros *online*.
- El único criterio es que el dar se halle estrechamente unido a tu trabajo y que des sin esperar recibir nada a cambio.
- Si bien dar es especialmente potente para evitar y revertir el agotamiento, deberías intentar evitar llegar a sentirte exhausto alternando el estrés con un descanso apropiado.

Desarrolla y mejora tu propósito

Desarrolla tu propósito utilizando los ejercicios de las páginas 245 a 247

- Elige tus valores fundamentales.
- Personaliza tus valores fundamentales.
- Jerarquiza tus valores fundamentales.
- Escribe tu declaración de propósitos.

Invoca tu propósito de manera estratégica

- Utiliza señales visuales para recordar tu propósito cuando sea más probable que necesites un empuje.

- Desarrolla un mantra basado en tu propósito y utilízalo en la conversación contigo mismo cuando las cosas se pongan difíciles.
- Reflexiona sobre tu propósito cada noche (intenta utilizar la escritura expresiva). Piensa en hasta qué punto vives alineado con tu propósito, esforzándote por acercarte cada vez más, con el tiempo, a un alineamiento constante.

BIBLIOGRAFÍA Y FUENTES

Introducción

Jim Clifton, *The Coming Jobs War* (Nueva York: Gallup Press, 2011), 1-2.

Laura A. Pratt; Debra J. Brody; y Qiuping Gu, «Antidepressant use in persons aged 12 and over: United States, 2005-2008», *NCHS Data Brief*, n.º 7 (octubre de 2011).

Matt Saccaro, «"I think America is Out of Hand": The Shocking Numbers that Reveal Just How Burnt Out American Workers Are», *Salon*, 29 de junio, 2015, http://www.salon.com/2015/06/29/i_think_america_is_out_of_hand_the_shocking_numbers_that_reveal_just_how_burnt_out_american_workers _are/.

Julie Bosman y Michael J. de la Merced, «Borders Files for Bankruptcy», *New York Times Dealbook*, 16 de febrero 2011, http://dealbook.nytimes.com/2011/02/16/borders-files-for-bankruptcy/?_r=0.

Zeynep Tufekci, «The Machines Are Coming», *New York Times*, 18 de abril de 2015, http://www.nytimes.com/2015/04/19/opinion/sunday/the-machines-are -coming.html?_r=0.

«An Open Letter: Research Priorities for Robust and Beneficial Artificial Intelligence», *FutureOflife.org*, consultado el 11 de noviembre 2015, http://futureof life.org/ai-open-letter/.

Rory Cellan-Jones, «Stephen Hawking Warns Artificial Intelligence Could End Mankind», *BBC*, 2 de diciembre de 2014, http://www.bbc.com/news/technology-30290540.

Kevin Lynch «Introduction: 60 at 60», consultado el 20 de noviembre de 2015, http://www.guinnessworldrecords.com/news/60at60/2015/8/introduction-393032.

«Chronological Listing of U.S. Milers Who Have Broken 4:00 in the Mile», *Track & Field News*, última actualización el 8 de octubre del 2016, http://www.trackandfieldnews.com/index.php/archivemenu/13-lists/1476-tafn-us-sub-400-milers.

Andrew Powell-Morse, «The Historical Profile of the NBA player: 1947-2015», *SeatSmart*, 4 de marzo del 2015, http://seatsmart.com/blog/history-of-the-nba -player/.

Addie Thomas, «Global Nutrition Supplements Market: History, Industry Growth, and Future Trends by PMr», *Nasdaq Globe Newswire*, 27 de enero del 2015, http://globenewswire.com/news-release/2015/01/27/700276/10117198/en/global-nutrition-and-supplements-Market-history-industry-growth-and-Future-trends-by-pMr.html.

Marika Beale et al., «Examining the Enhancement Drink NeuroBliss®: Lack of Effect on Mood and Memory in Late daolescents», *Impulse: The Premier Undergraduate Neuroscience Journal* (2014): 1-8, http://impulse.appstate.edu/sites/impulse.appstate.edu/files/Beale%20et%20al%20%282%29.pdf.

Stephen V. Faraone et al., «The Worldwide Prevalence of ADHD: Is It an American Condition?», *World Psychiatry* 2, n.º 2 (junio del 2003): 104-113.

«Attention-Deficit/Hyperactivity Disorder (ADHD)», Centers for disease Control and Prevention, última actualización, 5 de octubre del 2016, http://www.cdc.gov/ncbddd /adhd/data.html.

A.D. Desantis, E. M. Webb y S. M. Noar, «Illicit Use of Prescription ADHD Medications on a College Campus: a Multimethodological approach», *Journal of American College Health* 57, nº. 3 (noviembre-diciembre 2008): 315-324.

Arianna Yanes, «Just Say Yes? The Rise of "Study Drugs" in College», *CNN*, 18 de abril del 2014, http://www.cnn.com/2014/04/17/health/adderall-college-students/.

Alan Schwarz, «Workers Seeking Productivity in a Pill are Abusing A.D.H.D. Drugs», *New York Times*, 18 de abril del 2015, http://www.nytimes.com/2015/04/19/us/workers-seeking-productivity-in-a-pill-are-abusing-adhd-drugs.html?_r=0.

Erik Parens, «A Symptom of Modern Life», Room for Debate, *New York Times*, 21 de abril del 2015, http://www.nytimes.com/roomfordebate/2015/04/21/using-adderall-to-get-ahead-not-to-fight-adhd/a-symptom-of-modern-life.

Olivier de Hon, Harm Kuipers y Maarten van Bottenburg, «Prevalence of Doping Use in Elite Sports: A Review of Numbers and Methods», *Sports Medicine* 45, nº 1 (enero del 2015): 57-69.

Josie Feliz, «National Study: Teens Report Higher Use of Performance Enhancing Substances», *Partnership for Drug-Free Kids*, 22 de julio del 2014, http://www.drugfree.org/newsroom/pats-2013-teens-report-higher-use-of-performance-enhancing-substances.

«Anti-Doping», USA Triathlon, consultado el 20 de noviembre del 2015, http://www.usatriathlon.org/audience/athlete-resources/anti-doping.aspx.

David Epstein, «Everyone's Juicing», *ProPublica*, 17 de septiembre del 2015, http://www.propublica.org/article/raids-steroid-labs-suggest-market-for-steroids-beyond-elite-athletes.

Deloitte University Press, *Global Human Capital Trends 2014,* consultado el 16 de noviembre del 2015, https://dupress.deloitte.com/dup-us-en/focus/human-capital-trends/2014.html?icid=hp:ft:01.

LexisNexis, *The 2010 International Workplace Productivity Survey*, consultado en el 2015, http://www.multivu.com/players/english/46619-lexis-nexis-international-Workplace-productivity-survey/.

Jada A. Graves y Katy Marquardt, «The Vanishing Lunch Break», *U.S. News & World Report*, 9 de octubre del 2013, http://money.usnews.com/money/careers/articles/2013/10/09/the-vanishing-lunch-break-2.

Daniel Hamermesh y Elena Stancanelli, «Americans Work Too Long (and Too Often at Strange Times)», *Vox*, 29 de septiembre del 2014, http://www.voxeu.org/article/americans-work-long-and-strange-times.

Project: Time Off, The Hidden Costs of Unused Leave, consultado el 17 de noviembre del 2015, http://www.projecttimeoff.com/sites/default/files/PTO_HiddenCosts_Report.pdf.

Lydia Saad, «The "40-hour" Workweek is Actually Longer by Seven Hours», *Gallup*, 29 de agosto del 2014, http://www.gallup.com/poll/175286/hour-workweek-actually-longer-seven-hours.aspx.

Staples Business Advantage, 2015 *Workplace Index*, consultado el 17 de noviembre del 2015, https://go.staplesadvantage.com/workplaceindex.

Ben Moshinsky, «Bank of America Intern's 5 a.m. E-Mail Before Death Worried Mom», *Bloomberg*, 22 de noviembre del 2013, http://www.bloomberg.com/news/articles/2013-11-22/bank-of-america-staff-quizzed-as-coroner-probes-intern-s-death.

Jackie Wattles, «Goldman Sachs Bans Interns from Staying Overnight at the Office», *CNN Money*, 17 de junio del 2015, http://money.cnn.com/2015/06/17/news/companies/goldman-limit-intern-hours/.

D. Smith Bailey, «Burnout Harms Workers' Physical Health Through Many Pathways», *Monitor on Psychology* 37, n.º 6 (junio de 2006): 11.

Shahm Martini et al., «Burnout Comparison Among Residents in Different Medical specialties», *Academic Psychiatry* 28, n.º 3 (septiembre de 2004): 240-242.

Carol Peckham, «Physician Burnout: It Just Keeps Getting Worse», *Medscape*, 26 de enero del 2015, http://www.medscape.com/viewarticle/838437.

Joachim Bauer et al., «Correlation Between Burnout Syndrome and Psychological and Psychosomatic Symptoms Among Teachers», *International Archives of Occupational and Environmental Health* 79, n.º 3 (marzo de 2006): 199-204.

Ji Hye Yu, Su Jin Chae, y Ki Hong Chang, «The Relationship Among Self-Efficacy, Perfectionism, and Academic Burnous in Medical School Students», *Korean Journal of Medical Education* 28, n.º 1 (marzo del 2016): 49-55.

Mark Mcguinness, «The Dark Side of Creativity: Burnout», *Lateral Action*, consultado el 17 de noviembre del 2015, http://lateralaction.com/articles/the-dark-side-of-creativity-burnout/.

Simon Kyaga, *Creativity and Psychopathology* (Estocolmo: Karolinska Institutet, 2014).

Eystein Enoksen, «Drop-out Rate and Drop-out Reasons among Promising Norwegian Track and Field Athletes: a 25 year study», *Scandinavian Sports Studies Forum*, n.º 2 (2011): 19-43.

Jeffrey B. Kreher y Jennifer B. Schwartz, «Overtraining Syndrome», *Sports Health* 4, n.º 2 (2012): 128-138.

W. P. Morgan et al., «Psychological Characterization of the Elite Female Distance Runner», *International Journal of Sports Medicine* 8, n.º S2 (1987): 124-131.

John Raglin et al., «Training Practices and Staleness in 13-18-Year-Old Swimmers: A Cross-cultural Study», *Pediatric Exercise Science*, n.º 12 (2000): 61-70.

Capítulo 1

Matt Fitzgerald, «Deena Kastor's Comfort Zone», *competitor.com*, 2 de noviembre de 2009, http://running.competitor.com/2009/11/training/deena-kastors-comfort-zone_6616.

Stephen Seiler, «What is Best Practice for Training Intensity and Duration Distribution in Endurance Athletes?», *International Journal of Sports Physiology and Performance,* n.º 5 (2010): 276-291.

Mihaly Csikszentmihalyi, *Creativity: The Psychology of Discovery and Invention* (Nueva York: HarperCollins Publishers, 1996): 21-127. (Publicado en castellano por Paidós Ibérica con el título *Creatividad: La psicología del descubrimiento y la invención*).

Roy F. Baumeister et al., «Ego Depletion: Is the Active Self a Limited Resource?», *Journal of Personality and Social Psychology* 74, n.º 5 (1998): 1252-1265.

Mark Muraven, et al., «Self-Control as Limited Resource: Regulatory Depletion Problems», *Journal of Personality and Social Psychology* 74, n.º 3: 774-789.

Dylan D. Wagner et al., «Self-Regulatory Depletion Enhances Neural Responses to Rewards and Impairs Top-Down Control», *Psychological Science* 24, n.º 11 (noviembre del 2013): 2262-2271.

Malte Friese et al., «Suppressing Emotions Impairs Subsequent Stroop Performance and Reduces Prefrontal Brain Activation», *PLoS ONE* 8, n.º 4 (abril del 2013): e60385.

Michael Inzlicht y Jennifer N. Gutsell, «Running on Empty: Neural Signals for Self-Control Failure», *Psychological Science* 18, n.º 11 (2007): 933-937.

Kelly McGonigal, *The Willpower Instinct: How Self-Control Works, Why It Matters, and What You Can Do to Get More of It* (Nueva York: Avery, 2012), 55-81. (Publicado en castellano por Books4pocket, con el título *Autocontrol. Cómo funciona la voluntad, por qué es tan importante y qué podemos hacer para mejorarla*).

Josh Waitzkin, *The Art of Learning: An Inner Journey to Optimal Performance* (Nueva York: Free Press, 2007), 181-182. (Publicado en castellano por Urano con el título *El arte de aprender*).

Capítulo 2

David G. Myers, *Psychology*, 6.ª ed. (Michigan: Worth Publishers, 2001), 604. (Publicado en castellano por Editorial Médica Panamericana con el título *Psicología*).

Manu Kapur, «Productive Failure in Learning the Concept of Variance», *Instructional Science* 40, n.º 4 (julio del 2012): 651-672.

Kurt VanLehn et al., «Why Do Only Some Events Cause Learning During Human Tutoring?», *Cognition and Instruction* 21, n.º 3 (2003): 209-249.

Daniel Kahneman, *Thinking, Fast and Slow* (Nueva York: Farrar, Straus and Giroux, 2011), 3-31. (Publicado en castellano por Debate y Debolsillo con el título *Pensar rápido, pensar despacio*).

Ian A. McKenzie et al., «Motor Skill Learning Requires Active Central Myelination», *Science* 346, n.º 6207 (17 de octubre del 2014): 318-322.

Capítulo 3

Frederick Reif y Sue Allen, «Cognition for Interpreting Scientific Concepts: A Study of Acceleration», *Cognition and Instruction* 9, n.º 1 (1992): 1-44.

K. Anders Ericsson, «Deliberate Practice and the Acquisition and Maintenance of Expert Performance Medicine and Related Domains», *Academic Medicine* 79, n.º s10 (octubre de 2004): s70-81.

Robyn M. Dawes, *House of Cards: Psychology and Psychotherapy Built on Myth* (Nueva York: Free Press, 1994), 55-56.

Richard Gawel, «The Use of Language by Trained and Untrained Experienced Wine Tasters», *Journal of Sensory Studies* 12, n.º 4 (diciembre de 1997): 267284; D. Valentin et al., «What's in a Wine Name? When and Why do Wine Experts Perform Better than Novices?», *Abstracts of the Psychonomic Society* 5 (2000): 36.

K. Anders Ericsson, Ralf Th. Krampe, y Clemens Tesch-Romer, «The Role of Deliberate Practice in the Acquisition of Expert Performance», *Psychological Review* 100, n.º 3 (1993): 363-406.

K. Anders Ericsson, «The Influence of Experience and Deliberate Practice on the Development of Superior Expert Performance», en *The Cambridge Handbook of Expertise and Expert Performance*, ed. K. Anders Ericsson et al. (Nueva York: Cambridge University Press, 2006), 685-706.

K. Anders Ericsson, «The Acquisition of Expert Performance: An Introduction to Some of the Issues», en *The Road to Excellence: The Acquisition of Expert Performance in the Arts and Sciences, Sports, and Games*, ed. K. Anders Ericsson (Mahwah, NJ: Lawrence Erlbaum Associates, Inc., Publishers, 1996), 1-50; K. Anders Ericsson y A. C. Lehmann, «Expert and Exceptional Performance: Evidence of Maximal Adaption to Task Constraints», *Annual Review of Psychology* 47 (1996): 273-305.

Christina Grape et al., «Does Singing Promote Well-Being? An Empirical Study of Professional and Amateur Singers During a Singing Lesson», *Integrative Physiological & Behavioral Science* 38, n.º 1 (enero de 2002): 65-74.

J. M. Watson y D.L. Strayer, «Supertaskers: Profiles in Extraordinary Multitasking Ability», *Psychonomic Bulletin & Review* 17, n.º 4 (agosto del 2010): 479-485.

Gisela Telis, «Multitasking Splits the Brain», *Science*, 15 de abril del 2010, http://www.sciencemag.org/news/2010/04/multitasking-splits-brain.

Joshua S. Rubinstein, David E. Meyer y Jeffrey E. Evans, «Executive Control of Cognitive Processes in Task Switching», *Journal of Experimental Psychology: Human Perception and Performance* 27, n.º 4 (2001): 763-797.

«Injury Prevention & Control: Motor Vehicle Safety», Centers for Disease Control and Prevention, última vez consultado el 7 de marzo del 2016, http://www.cdc.gov/motor vehiclesafety/distracted_driving/.

Patrick Anselme y Mike J. F. Robinson, «What Motivates gambling Behavior? Insight into Dopamine's Role», *Frontiers in Behavioral Neuroscience* 7 (2013): 182.

Michelle Drouin, Daren H. Kaiser y Daniel A. Miller, «Phantom Vibrations among Undergraduates: Prevalence and Associated Psychological Characteristics», *Computers in Human Behavior* 28, n.º 4 (julio del 2012): 1490-1496.

Justin Worland, «How Your Cell Phone Distracts You Even When You're Not Using It», *Time*, 4 de diciembre del 2014, http://time.com/3616383/cell-phone-distraction/.

Walter Mischel, *The Marshmallow Test: Mastering Self-Control* (Nueva York: Little, Brown and Company, 2014): 233-273. (Publicado en castellano por Debate con el título *El test de la golosina. Cómo entender y manejar el autocontrol*).

K. Anders Ericsson, «The Path to Expert Golf Performance: Insights from the Masters on How to Improve Performance by Deliberate Practice», en *Optimising Performance in Golf*, ed. Patrick R. Thomas (Brisbane, Australia: Australian Academic Press, 2001), 1-57; K. Anders Ericsson, «Development of Elite Performance and Deliberate Practice: An Update From the Perspective of the Expert Performance Approach», en *Expert Performance in Sports: Advances in Research on Sport Expertise*, ed. Janet L. Starkes y K. Anders Ericsson (Champaign, IL: Human Kinetics, 2003), 49-81.

Julia Gifford, «The Secret of the 10% Most Productive People? Breaking!», *DeskTime*, 20 de agosto del 2014, http://blog.desktime.com/2014/08/20/the-secret-of-the-10-most-productive-people-breaking/.

Awwad J. Dababneh, Naomi Swanson, y Richard L. Shell, «Impact of Added Rest Breaks on the Productivity and Well Being of Workers», *Ergonomics* 44, n.º 2 (2001): 164-174.

P. S. Tiwari y L.P. Gite, «Evaluation of Work-Rest Schedules During Operation of a Rotary Power Tiller», *International Journal of Industrial Ergonomics* 36, n.º 3 (marzo del 2006): 203-210.

Wolfram Boucsein y Michael Thum, «Design of Work/Rest Schedules for Computer Work Based on Psychophysiological Recovery Measures», *International Journal of Industrial Ergonomics* 20, n.º 1 (julio de 1997): 51-57.

Traci L. Galinsky et al., «A Field Study of Supplementary Rest Breaks for Data-Entry Operators», *Ergonomics* 43, n.º 5 (2000): 622-638.

A. J. Crum et al., «Mind Over Milkshakes: Mindsets, not Just Nutrients, Determine Ghrelin Response», *Health Psychology* 30, n.º 4 (julio del 2011): 424-429.

Lisa S. Blackwell, Kali H. Trzesniewski y Carol Sorich Dweck, «Implicit Theories of Intelligence Predict Achievement Across an Adolescent Transition: A Longitudinal Study and an Intervention», *Child Development* 78, n.º 1 (enero/febrero del 2007): 246-263.

Abiola Keller et al., «Does the Perception that Stress Affects Health Matter? The Association with Health and Mortality», *Healthy Psychology* 31, n.º 5 (septiembre del 2012): 677-684.

Lee J Moore, et al., «The effect of challenge and threat states on performance: An examination of potential mechanisms», *Psychophysiology* 49, n.º 10 (octubre del 2012): 1417-1425.

Alia K. Crum, Peter Salovey, y Shawn Achor, «Rethinking Stress: The Role of Mindsets in Determining the Stress Response», *Journal of Personality and Social Psychology* 104, n.º 4 (abril del 2013): 716-733.

Graham Jones, Sheldon Hanton, y Austin Swain, «Intensity and Interpretation of Anxiety Symptoms in Elite and Non-Elite Sports Performers», *Personality and Individual Differences* 17, n.º 5 (noviembre de 1994): 657-663.

Brad Stulberg, «Should I Give Whitewater Kayaking a Try?», *Outside,* 9 de noviembre del 2015, https://www.outsideonline.com/2034356/should-i-give-whitewater-kayaking-try.

Capítulo 4

Sara W. Lazar et al., «Meditation Experience is Associated with Increased Cortical Thickness», *Neuroreport* 16, n.º 17 (28 de noviembre del 2005): 1893-1897.

Amy F. T. Arnsten, «Stress Signalling Pathways that Impair Prefrontal Cortex Structure and Function», *Nature Reviews Neuroscience* 10, n.º 6 (junio del 2009): 410-422.

Antoine Lutz et al., «Altered Anterior Insula Activation During Anticipation and Experience of Painful Stimuli in Expert Meditators», *NeuroImage 64* (1 de enero del 2013): 538-546.

Stephen Seiler, Olav Haugen y Erin Kuffel, «Autonomic Recovery after Exercise in Trained Athletes: Intensity and Duration Effects», *Medicine & Science in Sports & Exercise* 39, n.º 8 (agosto del 2007): 1366-1373.

M. Tudor, L. Tudor y K. I. Tudor, «Hans Berger (1873-1941) «The history of Electroencephalography», *Acta Medica Croatica* 59, n.º 4 (2005): 307-313.

Susan Whitfield-Gabrieli y Judith M. Ford, «Default Mode Network Activity and Connectivity in Psychopathology», *Annual Review of Clinical Psychology* 8 (abril del 2012): 49-76.

Marcus E. Raichle et al., «A Default Mode of Brain Function», *Proceeding of the National Academy of Sciences of the United States of America* 98, n.º 2 (16 de enero del 2001): 676-682.

Mason Currey, *Daily Rituals: How Artists Work* (Nueva York: Knopf, 2013), 120-121. (Publicado en castellano por Turner con el título *Rituales cotidianos. Cómo trabajan los artistas*).

Frank Stewart, *A Natural History of Nature Writing* (Island Press, 1994), 4.

Jonathan Smallwood y Jonathan W. Schooler, «The Science of Mind Wandering: Empirically Navigating the Stream of Consciousness», *Annual Review of Psychology* 66 (enero del 2015): 487-518.

Simone M. Ritter y Ap Dijksterhuis, «Creativity –The Unconscious Foundations of the Incubation Period», *Frontiers in Human Neuroscience* 8 (2014): 215. S

Hantanu P. Jadhav et al., «Awake Hippocampal Sharp-Wave Ripples Support Spatial Memory», *Science* 336, n.º 6087 (15 de junio del 2012): 1454-1458.

Capitulo 5

Steven Pressfield, *The War of Art: Winning the Inner Creative Battle* (Nueva York: Rugged Land, LLC, 2002), 125. (Publicado en castellano por Black Irish Entertainment LLC con el título *La guerra del arte: Rompe las barreras y vence tus batallas creativas internas*).

Marily Oppezzo y Daniel L. Schwartz, «Give your Ideas Some Legs: The Positive Effect of Walking on Creative Thinking», *Journal of Experimental Psychology: Learning, Memory, and Cognition* 40, n.º 4 (2014): 1142-1152.

Patti Neighmond, «Walking 2 Minutes an Hour Boosts Health, But It's No Panacea», *NPR*, 1 de mayo del 2015, http://www.npr.org/sections/healthshots/2015/05/01/403523463/two-minutes-of-walking-an-hour-boosts-health-but-its-no-panacea; Srinivasan Beddhu et al., «Light-Intensity Physical Activities and Mortality in the United States

General Population and CKD Subpopulation», *Clinical Journal of the American Society of Nephrology* 10 (julio del 2015): 1-9.

Marc G. Berman, John Jonides y Sephen Kaplan, «The Cognitive Benefits of Interacting with Nature», *Psychological Science* 19, n.º 12 (2008): 1207-1212.

J. E. Stellar, «Positive Affect and Markers of Inflammation: Discrete Positive Emotions Predict Lower Levels of Inflammatory Cytokines», *Emotion* 15, n.º 2 (abril del 2015): 129-133.

Lorenzo S. Colzato et al., «Prior Meditation Practice Modulates Performance and Strategy Use in Convergent- and Divergent-Thinking Problems», *Mindfulness* (2014): 1-7.

C. J. Cook y B. T. Crewther, «The Social Environment During a Post-Match Video Presentation Affects the Hormonal Responses and Playing Performance in Professional Male Athletes», *Physiology & Behavior* 130 (10 de mayo del 2014): 170-175.

Brad Stulberg, «Use your Mind to Restore Your Body After a Run», *Runner's World*, 28 de junio del 2016, http://www.runnersworld.com/recovery/use-your-mind-to-restore-your-body-after-a-run.

Jeffrey M. Jones, «In U.S., 40% Get less than Recommended Amount of Sleep», *Gallup*, 19 de diciembre del 2013, http://www.gallup.com/poll/166553/less-recommended-amount-sleep.aspx.

Maria Konnikova, «Why Can't We Fall asleep?», *The New Yorker*, 7 de julio del 2015, http://www.newyorker.com/science/maria-konnikova/why-cant-we-fall-asleep.

Anne-Marie Chang et al., «Evening Use of Light-Emitting eReaders Negatively Affects Sleep, Circadian Timing, and Next-Morning Alertness», *Proceeding of the National Academy of Sciences of the United States of America* 112, n.º 4 (27 de enero del 2015): 1232-1237.

Maria Konnikova, «The Work We Do While We Sleep», *The New Yorker*, 8 de julio del 2015, http://www.newyorker.com/science/maria-konnikova/why-we-sleep.

Erin J. Wamsley y Robert Stickgold, «Memory, Sleep and Dreaming: Experiencing Consolidation», *Sleep Medicine Clinics* 6, n.º 1 (marzo del 2011): 97-108.

S. Groch et al., «The Role of REM Sleep in the Processing of Emotional Memories: Evidence from Behavior and Event-Related Potentials», *Neurobiology of Learning and Memory* 99 (enero del 2013): 1-9.

Matthew P. Walker y Els van der Helm, «Overnight Therapy? The Role of Sleep in Emotional Brain Processing», *Psychological Bulletin* 135, n.º 5 (septiembre del 2009): 731-748.

June J. Pilcher et al., «Interactions Between Sleep Habits and Self-Control», *Frontiers in Human Neuroscience* (11 de mayo del 2015).

Gary Wittert, «The Relationship Between Sleep Disorders and Testosterone in Men», *Asian Journal of Andrology* 16, n.º 2 (marzo-abril del 2014): 262-265.

P.T. Res, «Protein Ingestion Before Sleep Improves Postexercise Overnight Recovery», *Medicine & Science in Sports & Exercise* 44, n.º 8 (agosto del 2012): 1560-1569.

Cheri D. Mah et al., «The Effects of Sleep Extension on the Athletic Performance of Collegiate Basketball Players», *Sleep* 34, n.º 7 (1 de julio del 2011): 943-950.

Kathleen McCann, «Ongoing Study Continues to Show that Extra Sleep Improves Athletic Performance», *American Academy of Sleep Medicine*, 4 de junio, 2008, http://www.aasmnet.org/articles.aspx?id=954.

Mark R. Rosekind et al., «Alertness Management: Strategic Naps in Operational Settings». *Journal of Sleep Research* 4, n.º 2 (1995) 62-66.

Michael J. Breus, «Nap vs. Caffeine vs. More Nighttime Sleep?», *Psychology Today*, 20 de julio del 2009, https://www.psychologytoday.com/blog/sleep-newzzz/200907/nap-vs-caffeine-vs-more-nighttime-sleep.

Clifford B. Saper, Thomas C. Chou y Thomas E. Scammell, «The Sleep Switch: Hypothalamic Control of Sleep and Wakefulness», Trends in Neurosciences 24, n.º 12 (1 de diciembre del 2001): 726-731.

«Sleep Hygiene Tips», Centers for Disease Control and Prevention, 10 de diciembre del 2014, http://www.cdc.gov/sleep/about_sleep/sleep_hygiene.html.

«What is Sleep Hygiene?», National Sleep Foundation, consultado el 17 de noviembre del 2015, https://sleepfoundation.org/ask-the-expert/sleep-hygiene.

«Sleep Hygiene Tips», American Sleep Association, consultado el 17 de noviembre del 2015, https://www.sleepassociation.org/patients-general-public/insomnia/sleep-hygiene-tips/.

Scott Cacciola, «The Secret to Running: Not running», *The Wall Street Journal*, 20 de septiembre del 2012, http://www.wsj.com/articles/sB1000087239639044 4032404578006274010745406.

Carmen Binnewies, Sabine Sonnentag y Eva J. Mojza, «Daily Performance at Work: Feeling Recovered in the Morning as a Predictor of Day-Level Job Performance», *Journal of Organizational Behavior* 30, n.º 1 (2009): 67-93.

Carmen Binnewies, Sabine Sonnentag y Eva J. Mojza, «Recovery During the Weekend and Fluctuations in Weekly Job Performance: A Week-Level

Study Examining Intra-Individual Relationships», *Journal of Occupational and Organizational Psychology* 83, n.º 2 (junio del 2010): 419-441.

Jessica de Bloom, *How Do Vacations Affect Workers' Health and Well-Being?* (Oisterwijk, Netherlands: Uitgeverij BoXpress, 2012).

Dalia Etzion, «Annual Vacation: Duration of Relief from Job Stressors and Burnout», *Anxiety, Stress, & Coping* 16, n.º 2 (2003): 213-226.

Leslie A. Perlow y Jessica L. Porter, «Making Time Off Predictable and Required», *Harvard Business Review*, octubre 2009, https://hbr.org/2009/10/making-time-off-predictable-and-required.

Capítulo 6

Kim Constantinesco, «Olympic Hopeful and Filmmaker Alexis Pappas Churns Miles and Words for the Perfect Mix», *Purpose2Play*, 17 de diciembre del 2015, http://purpose2play.com/olympic-hopeful-and-filmmaker-alexi-pappas-churns-miles-and-words-for-the-perfect-mix/.

John Kounious y Mark Beeman, «Aha! The Cognitive Neuroscience of Insight», *Current Directions in Psychological Science* 18 (2009): 210-216.

Sheena Lewis, Mira Dontcheva y Elizabeth Gerber, «Affective Computational Priming and Creativity», *CHI 2011 Conference on Human Factors in Computing Systems* (2011).

Anthony Blanchfield, James Hardy y Samuele Marcora, «Non-Conscious Visual Cues Related to Affect and Action Alter Perception of Effort and Endurance Performance», *Frontiers in Human Neuroscience* 8 (11 de diciembre del 2014): 967.

Travis Proulx y Steven J. Heine, «Connections from Kafka: Exposure to Meaning Threats Improves Implicit Learning of an Artificial Grammar», *Psychological Science* 20, n.º 9 (septiembre del 2009): 1125-1131.

Stephen King, *On Writing: A Memoir of the Craft* (Nueva York: Scribner, 2000), 155. (Publicado en castellano por Debolsillo con el título *Mientras escribo*).

Silvano Zipoli Caiani, «Extending the Notion of Affordance», *Phenomenology and the Cognitive Sciences* 13, n.º 2 (junio del 2014): 275-293.

Mihaly Csikszentmihalyi, *The Evolving Self: A Psychology for the Third Millennium* (Nueva York: HarperCollins Publishers, Inc., 1993), 139-141. (Publicado en castellano por Kairós con el título *El yo evolutivo. Una psicología para un mundo globalizado*).

Mason Currey, *Daily Rituals: How Artists Work* (Nueva York: Knopf, 2013), 120-121. (Publicado en castellano por Turner con el título *Rituales cotidianos: Cómo trabajan los artistas*).

A. M. Graybiel, «Habits, Rituals, and the Evaluative Brain», *Annual Review of Neuroscience* 31 (2008): 359-387.

O. Beauchet, «Testosterone and Cognitive Function: Current Clinical Evidence of a Relationship», *European Journal of Endocrinology* 155, n.º 6 (diciembre del 2006): 773-781.

Capítulo 7

Drake Baer, «The Scientific Reason Why Barack Obama and Mark Zuckerberg Wear the Same Outfit Every Day», *Business Insider*, 28 de abril del 2015, http://www.businessinsider.com/barack-obama-mark-zuckerberg-wear-the-same-outfit-2015-4.

Michael Lewis, «Obama's Way», *Vanity Fair*, octubre del 2012, http://www.vanityfair.com/news/2012/10/michael-lewis-profile-barack-obama.

Neil Vidmar, «The Psychology of Trial Judging», *Current Directions in Psychological Science* 20 (2011): 58-62.

Ed Yong, «Justice is Served, But More So After Lunch: How Food-Breaks Sway the Decisions of Judges», *Discover*, 11 de abril del 2011, http://blogs.discovermagazine .com/notrocketscience/2011/04/11/justice-is-served-but-more-so-after-lunch-how-food-breaks-sway-the-decisions-of-judges/#.VplKhvher40.

Nicholas Bakalar, «Doctors and Decision Fatigue», *New York Times*, 27 de octubre del 2014, http://well.blogs.nytimes.com/2014/10/27/doctors-and-decision-fatigue/?_r=0.

Kathleen D. Vohs et al., «Making Choices Impairs Subsequent Self-Control: A limited-Resource Account of Decision Making, Self-Regulation, and Active Initiative», *Journal of Personality and Social Psychology* 94, n.º 5 (2008): 883-898.

Joseph Tzelgov, «Automaticity and Processing Without Awareness», *Psyche* 5, n.º 3 (abril de 1999).

Till Roenneberg, *Internal Time: Chronotypes, Social Jet Lag, and Why You're So Tired* (Colonia, Germany: DuMont Buchverlag, 2010).

Brigitte M. Kudielka et al., «Morningness and Eveningness: The Free Cortisol Rise after Awakening in 'Early Birds' and 'Night Owls,'» *Biological Psychology* 72, n.º 2 (mayo del 2006): 141-146.

J. A. Horne y O. Ostberg, «A Self-Assessment Questionnaire to Determine Morningness-Eveningness in Human Circadian Rhythms», *International Journal of Chronobiology* 4, n.º 2 (1976): 97-110.

Mareike B. Wieth y Rose T. Zacks, «Time of Day Effects on Problem Solving: When the Non-Optimal is Optimal», *Thinking & Reasoning* 17, n.º 4 (2011): 387-401.

Scott E. Carrell, Mark Hoekstra y James E. West, «Is Poor Fitness Contagious? Evidence from Randomly Assigned Friends», *Journal of Public Economics* 95 (agosto del 2011): 657-663.

Ron Friedman et al., «Motivational Synchronicity: Priming Motivational Orientations with Observations of Others' Behaviors», *Motivation and Emotion* (marzo del 2010): 34-38. doi: 10.1007/s11031-009-9151-3.

Paula M. Niedenthal, «Embodying Emotion», *Science* 316, n.º 5827 (18 de mayo del 2007): 1002-1005.

Philip L. Jackson, Andrew N. Meltzoff, y Jean Decety, «How Do We Perceive the Pain of Others? A Window into the Neural Processes Involved in Empathy», *NeuroImage* 24, n.º 3 (1 de febrero del 2005): 771-779.

Emma Seppälä, *The Happiness Track: How to Apply the Science of Happiness to Accelerate Your Success* (Nueva York: HarperCollins Publishers, 2016), 162. (Publicado en castellano por Sirio con el título *La estela de la felicidad*).

Nicholas A. Christakis y James H. Fowler, «The Spread of Obesity in a Large Social Network over 32 Years», *The New England Journal of Medicine* 357 (2007): 370-379.

Nicholas A. Christakis y James H. Fowler, «Quitting in Droves: Collective Dynamics of Smoking Behavior in a Large Social Network», *The New England Journal of Medicine* 358, no. 21 (22 de mayo del 2008): 2249-2258.

James Clear, «What is Actually Required for Success?», *James Clear (blog)*, consultado 13 diciembre del 2015, http://jamesclear.com/required-for-success.

Jocelyn K. Glei y Scott Belsky, *Manage Your Day-to-Day: Build Your Routine, Find Your Focus, and Sharpen Your Mind* (Amazon Publishing, 2013), 103.

Capítulo 8

Alexis Huicochea, «Man Lifts Car Off Pinned Cyclist», Tuscon.com, 28 de julio del 2006, http://tucson.com/news/local/crime/article_e7f04bbd-309b-5c7e-808d-1907d91517ac.html.

Julie Halpert, «On Purpose», *Michigan Today*, 5 de marzo del 2014, http://michigantoday.umich.edu/on-purpose/.

T. D. Noakes, «Time to Move Beyond a Brainless Exercise Physiology: The Evidence for Complex Regulation of Human Exercise Performance», *Applied Physiology, Nutrition, and Metabolism* 36, n.º 1 (febrero del 2011): 23-35.

T. D. Noakes, «J.B. Wolffe Memorial Lecture. Challenging Beliefs: ex Africa semper aliquid novi», *Medicine & Science in Sports & Exercise* 29, n.º 5 (mayo de 1997): 571-590.

Brad Stulberg, «What's the point?», *Blue Ridge Outdoors Magazine*, 22 de julio del 2015, http://www.blueridgeoutdoors.com/go-outside/whats-the-point/.

Emily B. Falk et al., «Self-Affirmation Alters the Brain's Response to Health Messages and Subsequent Behavior Change», *Proceedings of the National Academy of Sciences of the United States of America* 112, n.º 7 (17 de febrero del 2015): 1977-1982.

Stephen E. Humphrey, Jennifer D. Nahrgang y Frederick P. Morgeson, «Integrating Motivational, Social, and Contextual Work Design Features: A Meta-Analytic Summary and Theoretical Extension of the Work Design Literature», *Journal of Applied Psychology* 92, n.º 5 (septiembre del 2007): 1332-1356.

T. D. Shanafelt et al., «Career Fit and Burnout Among Academic Faculty», *Archives of Internal Medicine* 169, n.º 10 (25 de mayo del 2009): 990-995.

P. R. Harris et al., «Self-Affirmation Reduces Smokers' Defensiveness to Graphic On-Pack Cigarette Warning Labels», *Health Psychology* 26, n.º 4 (julio del 2007): 437-446.

A. M. Grant y D. A. Hofmann, «It's Not All About Me: Motivating Hand Hygiene Among Health Care Professionals by Focusing on Patients», *Psychological Science* 22, n.º 12 (diciembre del 2011): 1494-1499.

Adam Grant, «How Customers Can Rally Your Troops», *Harvard Business Review*, junio del 2011, https://hbr.org/2011/06/how-customers-can-rally-your-troops.

Samuele M. Marcora, «Do We Really Need a Central Governor to Explain Brain Regulation of Exercise Performance?», *European Journal of Applied Physiology* 104 (2008): 929-931.

Daniel Pink, Drive: *The Surprising Truth About What Motivates Us* (Nueva York: Riverhead Books, 2012): 145. (Publicado en castellano por GESTIÓN 2000 con el título *La sorprendente verdad sobre qué nos motiva*).

David S. Yeager et al., «Boring But Important: A Self-Transcendent Purpose for Learning Fosters Academic Self-Regulation», *Journal of Personality and Social Psychology* 107, n.º 4 (octubre del 2014): 559-580.

Viktor Frankl, *Man's Search for Meaning* (Boston: Beacon Press, 2006), 80. (Publicado en castellano por Herder con el título *El hombre en busca de sentido*).

Shelley E. Taylor, «Tend and Befriend Theory», en *Handbook of Theories of Social Psychology*, ed. Paul A.M. van Lange, Arie W. Kruglanski, y E. Tory Higgins (Londres: Sage Publications, 2012).

David Conrad e Yvonne Kellar-Guenther, «Compassion Fatigue, Burnout, and Compassion Satisfaction among Colorado Child Protection Workers», *Child Abuse & Neglect* 30, n,º 10 (octubre del 2006): 1071-1080.

Adam M. Grant, *Give and Take: Why Helping Others Drives Our Success* (Nueva York: Viking, 2013), 166.

Brad Stulberg, «The Cure for Fitness Burnout», *Men's Fitness*, 15 de octubre del 2014, http://www.mensfitness.com/training/pro-tips/cure-fitness-burnout.

Capítulo 9

Anthony Blanchfield, James Hardy y Samuele Marcora, «Non-Conscious Visual Cues Related to Affect and Action Alter Perception of Effort and Endurance Performance», *Frontiers in Human Neuroscience* 8 (11 de diciembre del 2014): 967.

Antonis Hatzigeorgiadis, Nikos Zourbanos, Evangelos Galanis and Yiannis Theodorakis, «Self-Talk and Sports Performance: A Meta-analysis», *Perspectives on Psychological Science* 6, n.º 4 (julio): 348-56.

Karen A. Baikie y Kay Wilhelm, «Emotional and Physical Health Benefits of Expressive Writing», *Advances in Psychiatric Treatment* 11, n.º 5 (agosto del 2005): 338-346.

RECONOCIMIENTOS

Escribir este libro fue el último esfuerzo de equipo, no solo entre nosotros dos, sino también entre muchos otros individuos que contribuyeron cada uno a su manera. Si te ha gustado *Máximo rendimiento*, haz el favor de unirte a nosotros en un momento de gratitud hacia las siguientes personas. Su huella está en todas las páginas que acabas de leer.

En primer lugar, y de manera destacada, queremos agradecer a nuestro equipo principal, sin el cual este libro todavía estaría en nuestras cabezas y no en el papel. A Caitlin Stulberg, una increíble esposa de uno de nosotros y una increíble editora de ambos. Terminamos el manuscrito en menos de tres meses, y muchos nos preguntaron cómo trabajábamos tan rápidamente. La respuesta es Caitlin. Caitlin editaba capítulo a capítulo, más deprisa que cualquier profesional con quien hayamos trabajado, y eso además de su trabajo diario como abogada. Cada página de este libro es mejor gracias a ella, y no solo por sus interminables revisiones, sino también, e incluso más todavía, por su interminable apoyo.

A nuestro agente, Ted Weinstein, quien corrió el riesgo con dos jóvenes escritores que tenían poca experiencia. Ted fue decisivo a la hora de dar forma a la propuesta y, con ello, al libro. Encarna la profesionalidad, y es un placer trabajar con él y, lo que quizás es más importante, es maravilloso aprender de él.

Al fantástico equipo de Rodale Books, incluyendo a Aly Mostel y Angie Giammarino. Y especialmene a nuestro editor, Mark Weinstein, quien creyó en la idea de est obra desde el comienzo. Mark nos dio la libertad de escribir el libro que queríamos escribir, y luego lo mejoró. No hay nada más que un autor pueda pedir de un editor. También queremos agradecer a los lectores de nuestros primeros borradores, pues sus comentarios mejoraron mucho este libro. Se tomaron el tiempo y emplearon la energía necesarios para leer el manuscrito cuando vivía todavía en múltiples documentos de Microsoft Word. Cada una de ellas nos ofreció valiosos comentarios a lo largo de horas de teléfono, Skype y conversaciones de café. Vaya nuestro agradecimiento para Sarah Baum, Mark Davies, Cally Macumber, Jonathan Marcus, Alan McClain, Hillary Montgomery, Alan Penskar, Melissa Stern, Eric Stulberg, Linda Stulberg, Phoebe Wright, y los miembros del equipo de la Universidad de Houston del año 2015 (Caleb Beacham, Nikita Prasad, Mackenzie Ilari, Cam Laverty, Maria Gonzales, Rick Hawley, Kody Anderson, Jennifer Dunlap, Matt Parmley, Justin Barrett, Gabe Lara, Brian Barraza, Meredith Sorensen, GJ Reyna y Trevor Walker). Y especialmente gracias a Emily Magness, que demostró que es, con mucho, la mejor escritora de la familia Magness. Sus revisiones y sus críticas fueron un añadido valiosísimo para el libro.

Sería un grave descuido no mencionar a nuestros mentores, quienes nos animaron a escribir este libro y cuya impresión sobre nosotros a lo largo de los años dio forma a este mensaje. Somos afortunados por tener profesores durante toda la vida, y es una bendición estar rodeados por un círculo de sabiduría, amabilidad y cuidado. Gracias especiales a David Epstein, Mario Fraioli, Vern Gambetta, Adam Grant, Bruce Grierson, Alex Hutchinson, Mike Joyner, Bob Kocher y Kelly McGonigal.

También queremos agradecer a las publicaciones con las que colaboramos regularmente, incluyendo *Blue Ridge Outdoors* (especialmente al editor de Brad, Will Harlan); *New York Magazine* (sobre todo a la editoria de Brad, Melissa Dhal); *Outside* (en particular a los editores de Brad, Erin Beresini, Meaghen Brown, y Wesley Judd), *Running Times* (sobre todo a los editores de Steve, Jonathan Beverly, Scott Douglas y Erin Strout), y *Runner's World* (concretamente a los editores de Brad, Katie Neitz y Meghan Kita). Gracias además a *Outside*, *New York Magazine* y *Runner's World*, donde aparecieron por primera vez algunas de las historias y las intuiciones de este libro en las columnas de Brad. Es verdaderamente un honor escribir de manera habitual para tan elegantes revistas.

Y, desde luego, gracias a todos los triunfadores cuyas historias hemos compartido en estas páginas. Si bien son demasiados para nombrarlos individualmente, queremos reconocer a unos cuantos con quienes nos sentimos especialmente cercanos durante el proceso de información. Estas estrellas fueron más allá, hasta el punto de invitarnos a entrar en sus vidas: Emil Alzamora, Matt Billingslea, Matt Dixon, Megan Gaurnier, David Goss, Dave Hamilton, Mike Joyner, Bob Kocher, Jennifer Pharr Davis, Brandon Rennels, Darren Smith y Vic Strecher.

Finalmente, gracias a los miembros de nuestras familias que nos han apoyado siempre para que lográsemos nuestro propio máximo rendimiento. Sin ellos, nada de todo esto habría sido posible: Caitlin, Linda y Bob Stulberg, Eric Stulberg, Lois Stulberg, Bob y Elaine Appel, Randee y Bob Bloom, William y Elizabeth Magness, y Phillip y Emily Magness.

SOBRE LOS AUTORES

Brad Stulberg escribe sobre la ciencia del rendimiento humano. Es columnista de la revista *Outside*, así como del *New York Magazine*, y ha escrito también para *Forbes, NPR*, *Los Angeles Times*, *Runner's World* y *The Harvard Public Health Review.* Brad es muy conocido por su capacidad de fundir la ciencia más reciente con historias personales cautivadoras, ofreciendo a los lectores intuiciones prácticas que puedan aplicar en sus propias vidas. Anteriormente, trabajó como asesor para McKinsey & Company, donde asesoraba a algunos de sus altos ejecutivos de diversas partes del mundo en una gran variedad de temas. Es un atleta ávido y un entusiasta del ejercicio al aire libre. Brad vive en el norte de California con su esposa, Caitlin, y sus dos gatos. Sigue a Brad en Twitter @Bstulberg.

© Drevan Anderson-Kaapa

Steve Magness es entrenador de algunos de los mejores corredores mundiales de larga distancia y ha entrenado a muchos atletas individuales para las pruebas olímpicas y a equipos para campeonatos mundiales y olimpiadas. Habitualmente entrena en la Universidad de Houston. Bien conocido por su integración de ciencia y práctica, Steve ha estado en la vanguardia de la innovación en el deporte. Es profesor adjunto de resistencia y preparación en la St. Mary's University y ha sido un destacado experto en *Runner's World, New York Times, New Yorker, BBC, Wall Street Journal* y *ESPN The Magazine.* Su primer libro, *The Science of Running*, se publicó en el 2014. Como corredor, el propio Steve alcanzó en la universidad los 4:01/milla. Vive en Houston (Texas). Sigue a Steve en Twitter @SteveMagness.

Para más información, visita:
www.peakperformancebook.net

ÍNDICE TEMÁTICO

C

D

E